아마존 웹 서비스 완벽 활용법

Host Your Web Site In The Cloud

Amazon Web Services Made Easy   제프 바 지음 / 최용호 옮김

365일 24시간
끄떡없는
웹 사이트
구축과 운영

위키북스

아마존 웹 서비스 완벽 활용법

지은이 **제프 바**

옮긴이 **최용호**

펴낸이 **박찬규** | 엮은이 **윤가희** | 표지디자인 **아로와 & 아로와나**

펴낸곳 **위키북스** | 주소 **경기도 파주시 교하읍 문발리 파주출판도시 535-7**

전화 **031-955-3658, 3659** | 팩스 **031-955-3660**

초판발행 **2013년 04월 26일**

등록번호 **제406-2006-000036호** | 등록일자 **2006년 05월 19일**

홈페이지 **wikibook.co.kr** | 전자우편 **wikibook@wikibook.co.kr**

ISBN 978-89-98139-20-9

「이 도서의 국립중앙도서관 출판시도서목록 CIP는 e-CIP 홈페이지 | http://www.nl.go.kr/cip.php에서 이용하실 수 있습니다.
CIP제어번호: CIP2013002973」

아마존 웹 서비스
완벽 활용법

• 차 례 •

06장 | Amazon SQS - 확장형 아키텍처 만들기   139

08장 | Amazon SimpleDB: 클라우드 DB   223

카르멘에게 이 책을 바칩니다.

당신의 전적인 사랑과 지원과 격려에 감사합니다.

당신이 없다면 나는 아무것도 할 수 없답니다!

• 역자 서문 •

아마존의 웹 서비스 인프라인 AWS가 세상에 나온 지 10년이 다 돼 간다. 클라우드 서비스에 대한 높은 관심만큼이나 AWS에 대한 관심은 많았지만 우리나라에서는 크게 활성화되지 않았다. 그러나 최근 들어 amzaon.com에서 한국 시장을 중요하게 여기고 시장을 적극 공략하고 있으며, 그에 맞춰 아마존 서비스에 대한 사람들의 관심도 높아지고 있다. 이러한 추세에 맞춰 이 책을 번역하게 되어 감사하게 생각한다.

아시다시피, 혹은 이미 해 보셨겠지만, AWS를 이용하면 초기 비용을 전혀 들이지 않고, 아주 조금의 시간만 들여서 자신의 웹 사이트 인프라를 구축하고 서비스를 제공할 수 있다. 일반 호스팅을 이용할 때와 동일한 방식으로 접속해서 필요한 작업을 처리할 수 있고, 웹 환경에서 모든 인스턴스를 조작할 수 있다. 항상 힘들게 생각되던 파일 분산 저장이나 용량이 늘어날 때의 디스크 추가 및 관리, 데이터베이스 백업 및 업그레이드 같은 작업을 S3나 RDS를 이용해 손쉽게 처리할 수 있다. 최근에는 EC2-VPC 플랫폼을 활용해 프라이빗 클라우드 보안 환경도 구축할 수 있으므로 아마존 웹 서비스는 계속 발전할 것이다.

이 책은 AWS 입문서라고 보면 된다. 따라서 AWS의 기본 서비스인 S3, EC2, SQS, ARD의 기본 개념과 초기 활용법을 자세히 설명한다. 또한 웹 사이트에서 실제로 돌아가는 예제를 제공한다는 사이트포인트 시리즈의 기본 원칙에 따라 실제로 따라 하면서 AWS의 각종 서비스를 사용할 수 있게 구성돼 있다. 이 책을 통해 AWS의 기본 서비스를 운용할 수 있기를 기대한다.

신기술을 활용하는 모든 플랫폼이 그렇듯이 AWS의 기능 역시 계속 진화 발전하고 있다. 따라서 이 책에 제시된 일부 기능이 어느 시점에서는 개선되어 실제로 없어질 수 있으며, 새로운 기능이나 서비스도 계속 추가되고 있다. 이 책이 AWS를 활용하는 데 밑거름이 되길 바란다.

마지막으로, AWS 초기부터 에반젤리스트로 활동하면서 이 책을 쓴 제프 바와 번역의 기회를 주신 위키북스 박찬규 사장님과 코드 및 내용 감수, 국어 교정, 편집 작업을 진행해 주신 위키북스 직원분들께도 감사한다.

– 2013년 3월 최용호

• 서문 •

2002년 봄, 어느 날 필자는 필자의 아마존 어소시에이츠(Amazon Associates) 계정으로 로그인했다. 첫 페이지의 작은 박스 안에 필자를 황홀케 하는 문구, "Amazon Now Has XML!"가 있었다. 아마존은 제품 카탈로그의 많은 부분을 XML 형식으로 제시했다. 아마존 어소시에이츠 프로그램과 연계된 개발자는 데이터를 내려받고, 마케팅 사이트를 생성하고, Amazon.com 사이트로 트래픽을 보내서 수수료를 벌 수 있다.

필자가 생각하기에 이것은 매우 흥미로웠고 그래서 바로 한번 해 보기로 했다. 먼저, 문서를 내려받고 코드를 재작성하고 깊은 감명을 받았다. 필자는 괜찮은 부분도 많았지만 개선해야 할 내용도 많다는 것을 알았다. 그래서 그 모든 내용을 정리해 아마존이 공개한 피드백 이메일 주소로 메일을 보냈다.

한 상황은 또 다른 상황으로 이어지는 법이다. 이른 여름, 필자는 아마존 본사에서 개최된 매우 흥미로운 콘퍼런스에 아마존의 초청을 받아 참석했다. 아마존 측에서는 5~6명의 외부 개발자를 시애틀로 초청했으며, 이 콘퍼런스의 주된 목적은 그들의 서비스를 직접 이용하는 사용자들의 피드백을 받고 미래에 대한 그들의 계획을 이야기하는 것이었다. 그 모임에 참석해서 그들의 이야기를 들었을 때 필자는 확실한 감명을 받았으며, 그들이 생각하는 그림이 크다는 것을 확신했다. 그리고 그들은 아마존 기술 플랫폼을 공개하고 개발자를 참여시킬 계획이 있다는 것도 알려주었다.

필자는 3년 동안 마이크로소프트에서 일하면서 플랫폼이 얼마나 많은 도움이 되는지 실제로 체험할 수 있었으며, 필자의 생각도 긍정적으로 바뀌었다. 그런 점에서 볼 때 아마존은 개발자 프로그램, 예제 코드, 더 많은 문서, 기타 여러 가지가 필요해 보였다. 필자는 아마존에 이바지할 수 있다는 생각이 들었고, 그래서 필자를 초청했던 담당자와 채팅을 하게 되었다. 그 채팅에서 필자는 아마존의 새로운 웹 서비스에 필자가 일정한 역할을 할 수 있을 것 같으므로, 이와 관련된 인터뷰를 원한다고 말했다.

아마존의 웹 서비스에 필자가 얼마나 관심있는지 보여주기 위해 필자는 AWS 초기 버전을 위한 PHP 래퍼를 작성하고 그것을 PIA라고 불렀다. PIA는 PHP Interface to Amazon의 약어다. 놀랍게도 그때 그 래퍼가 AWS 토론 포럼(Discussion Forum)[1]에 가면 아직도 있다.

필자는 아마존과 인터뷰를 했고, 그해 여름이 가기 전에 아마존의 수석 요원으로 채용됐다. 필자의 공식적인 임무는 Perl을 이용해 비즈니스 분석 도구를 작성하는 것이었다. 그러나 필자의 상관은 필자가 필자의 시간 중 10~20% 정도를 들여서 웹 서비스가 제대로 가고 있는지 확인하는 작업을 도와달라고 요청했다.

아마존에서 일을 시작하고 몇 주 지나지 않아서 아마존 어소시에이츠 팀의 관리자는 콘퍼런스에서 발표할 생각이 있는지 필자에게 물었다. 그녀는 콘퍼런스에서 발표할 사람을 채용할 계획이 예전부터 있었지만 적절한 사람을 찾기가 쉽지 않았다고 이야기했다. 필자는 예전에 대중을 대상으로 강연을 많이 했었고, 아마존에서 강연을 하게 된 것이 행복했다. 첫 번째 발표는 성공적이었고 얼마 지나지 않아서 회사에서는 또 다른 콘퍼런스 강연을 제안했으며 이러한 제안은 계속됐다. 웹 서비스에 10~20%의 시간만 들이기로 했던 계획이 40~50%로 늘려야 할 지경이 됐다. 이에 필자는 예제 코드를 작성하고, AWS 포럼에 올라온 질문에 답하고, 개발자 커뮤니티의 초기 구성원들이 성공적으로 자리 잡는 데 도움이 될만한 많은 일을 하게 됐다.

수개월이 지나고 나서 회사는 필자에게 다음과 같은 제안을 했다. "우리는 연설을 맡을 에반젤리스트를 고용할 계획이 있었다. 그런데 당신이 이미 그 일의 상당 부분을 맡아서 하고 있다. 당신이 그 일을 맡아서 하면 어떻겠는가?" 필자는 가족과 상의한 후에 그렇게 하기로 했다. 그것이 2003년 4월이었다. 필자는 그렇게 해서 필자가 알기에는 세계에서 최초의 웹 서비스 에반젤리스트가 되었다.

1　http://solutions.amazonwebservices.com/connect/thread.jspa?threadID=183

이 역할을 맡으면서 필자는 전 세계를 다니면서 다양한 포럼, 콘퍼런스, 사용자 그룹, 대학 수업, 회사의 기술팀에서 강연했다. 필자는 여러 도시의 개발자들과 일대일 미팅을 했으며, 이러한 미팅을 통해서 개발자들이 무엇을 하고 있으며, 그들을 더 잘 도우려면 어떻게 해야 하는지도 배웠다.

그렇게 시간이 지나면서 우리는 많은 인프라 서비스를 만들고 개정했으며, EC2(Elastic Compute Cloud), S3(Simple Storage Service), SQS(Simple Queue Service), SimpleDB (Simple Database)가 그에 해당한다. AWS 팀이 서비스를 설계, 구현, 배포, 운영할 때 그것을 처음으로 보는 것이나 우리의 개발자 커뮤니티가 수십만 명의 개발자들이 참여할 정도로 성장하는 것을 바라보는 것은 이 역할을 하면서 받은 실제적인 특권이었다.

올해 초, AWS 관련 책을 집필하자는 요청을 받았을 때 필자가 지난 7년 동안 배운 것 중 일부를 나눌 완벽한 기회라고 생각했다.

독자 여러분에 대한 감사의 글

필사가 이 글을 즐겁게 쓴 만큼 여러분도 이 책을 즐겁게 읽기를 소망한다. 책을 읽다가 필자와 다른 생각이 있다면 언제든지 여러분의 생각을 알려주기 바란다.

헌사

무엇보다도 사랑하는 아내, 카르멘에게 감사한다. 책을 내면 어떠냐고 말하자 그녀는 전폭적인 지원을 했으며, 왜 10여 년 전부터 책을 내라는 자신의 충고를 받아들이지 않았는지 궁금해하기도 했다.

그다음에, 나를 항상 놀라게 하는 아이들, 스티븐, 앤디, 티나, 비안카, 그레이스에게 감사한다. 책을 쓰는 동안 아이들은 참아주고, 방해하지 않고, 용기를 주고, 건강한 간식과 식사를 챙겨주기까지 했다. 필자는 아이들과 "책을 다 쓰면 해줄게"라고 약속했던 모든 것들을 하나씩 해 줄 수 있게 됐다.

AWS에서 일하고 있는 필자의 동료들은 필자의 작업에 많은 관심을 주었다. 필자의 상관인 스티브 라부신은 필자의 저술 프로젝트를 내부적으로 옹호해 주었으며, 이에 대해 아무런 조건도 내걸지 않았다(심지어 헌사에도 언급하지 말라고 요청했다). 아마존닷컴의 대표인 제프 베조스는 참 놀라운 회사를 만들었으며, 그 회사는 AWS와 같은 탁월한 녀석을 세상에 내놓았다. 필자가 소속된 AWS Developer Relations의 동료에게 감사한다. 내부적으로 리뷰에 참여한 모든 이들은 신중하고도 자세한 피드백을 제공했으며, 이는 큰 도움이 됐다.

마지막으로, 전문 검토자인 키스 허진스와 테크니컬 에디터인 앤드류 테트로의 도움과 피드백에도 감사드린다.

• 들어가며 •

이 책의 주된 독자

이 책은 웹 애플리케이션을 한두 개 만져본 웹 개발자를 대상으로 한다. 그리고 이 책은 아마존 웹 서비스를 사용해 여러분이 클라우드 컴퓨팅 세계로 넘어가도록 하는 것을 목적으로 한다. 이 책은 PHP 언어를 사용한다. 그러나 여러분이 다른 서버 측 스크립트 언어에 익숙하다면 예제들이 명확하고 이해하기 쉽다는 것을 알 것이다. 이 책은 또한 여러분이 HTML과 CSS의 기본 내용을 알고 있다고 가정한다. 그리고 리눅스 명령어 라인에 익숙하다고 가정한다. 파일 시스템 생성이나 마운팅과 같은 기본적인 시스템 관리 작업도 알고 있으면 도움이 될 것이다.

이 책이 끝날 때쯤이면 여러분은 클라우드 컴퓨팅의 개념을 확실히 알게 될 것이고, 확장성과 신뢰성을 겸비한 새로운 부류의 웹 애플리케이션을 가동할 때 클라우드 컴퓨팅이 어떤 역할을 하는지도 알게 될 것이다. 또한, 여러분은 아마존 웹 서비스를 구성하고 있는 S3, EC2, SQS, SimpleDB를 확실하게 이해할 것이다. 여러분이 PHP로 명령어, 툴, 프로세스를 작성할 때 여러분의 웹 애플리케이션에서 이들 서비스를 원활하게 사용할 수 있을 것이다.

이 책에서 다룰 내용

이 책은 11장으로 구성돼 있다. 3장~10장은 아마존 웹 서비스를 자세히 설명하고, 마지막 11장에서는 예제 애플리케이션의 작성 방법을 살펴본다. 이 책을 처음부터 읽어볼 것을 권장한다. 그렇지만 특정 웹 서비스를 자세히 알고 싶다면 해당 장을 집중해서 읽기 바란다.

1장: 클라우드 컴퓨팅 소개

1장에서는 클라우드 컴퓨팅의 기본적인 내용을 배울 것이다. 그리고 클라우드 컴퓨팅의 구축 방법과 예전의 호스팅 기술과 무엇이 다른지도 살펴본다. 또한, 조직이나 개인이 클라우드 컴퓨팅을 사용하려면 어떻게 해야 하는지도 살펴볼 것이다.

2장: AWS 개요

2장에서는 개념을 실제 서비스에 접목하기 시작한다. 이를 위해 AWS의 각 서비스의 기본적인 내용을 더 자세히 배운다. 각 웹 서비스를 자세히 설명하고 핵심 용어를 소개한다.

3장: 개발 환경 준비

지금쯤이면 언제 시작하는지 불안해할 시점이다. 그러나 프로그래밍을 시작하기 전에 필요한 개발 환경을 제대로 확보해야 한다. 3장에서는 비주얼 및 명령어 라인 도구를 설치하고 설정할 것이며, CloudFusion PHP 라이브러리에 대해서도 설명할 것이다.

4장: Amazon S3 – 데이터 저장

4장에서는 첫 번째 PHP 스크립트를 작성할 것이다. Amazon S3와 Amazon CloudFront를 먼저 살펴본다. 그리고 데이터를 저장하고 검색하고 배포하는 방법을 배운다.

5장: Amazon EC2 – 웹 호스팅

5장은 EC2 인프라와 웹 서비스를 설명한다. EC2 인스턴스를 시작하고, 스토리지 공간을 생성 및 첨부하고, IP 주소를 할당하기 위해 AWS Management Console을 어떻게 사용하는지 그 방법을 살펴볼 것이다. 이 모든 것을 코드로 처리하기 위해 PHP 스크립트를 만들 것이다. 마지막으로, 여러분 자신의 Amazon Machine Image를 만들 것이다.

6장: Amazon SQS - 확장형 아키텍처 만들기

이번 장에서는 작업량이 많거나 가변적일 때 이를 처리하기 위해 규모를 조정할 수 있는 애플리케이션을 구축하는 방법을 배울 것이다. 이때 Amazon SQS를 사용해 구축된 메시지 패싱 아키텍처를 사용한다. 이 방법이 얼마나 강력한지 알 수 있는 예로써 이미지 내려받기 및 프로세싱 파이프라인을 만들 것이며, 여기에 있는 네 개의 큐는 다양한 크기의 리소스에 독립적으로 할당될 수 있다.

7장: EC2 모니터링, 오토 스케일링, 일래스틱 로드 밸런싱

7장에서는 EC2의 강력한 세 가지 기능인, 모니터링, 스케일링, 로드밸런싱의 사용 방법을 가르친다. 이들 기능을 활용하면 시스템 성능을 샅샅이 알 수 있고, 작업량에 따라 규모를 올리거나 낮출 수 있으며, 여러 개의 EC2 인스턴스로 작업량을 분배할 수 있다.

8장: Amazon SimpleDB-클라우드 DB

8장에서는 Amazon SimpleDB를 사용해 구조적인 데이터와 반구조적인(semi-structured) 데이터를 저장하고 검색하는 방법을 배운다. 또한, RSS 피드를 파싱하고 저장하는 애플리케이션을 구축할 것이고, Amazon SQS를 사용해 성능을 향상시킬 것이다.

9장: Amazon RDS

9장에서는 Amazon RDS를 살펴본다. 이 서비스를 사용하면 여러분의 애플리케이션에서 관계형 데이터베이스를 사용할 수 있고, SQL로 질의할 수 있다. Amazon RDS는 관계형 DB의 질의 성능이 요구되는 경우에 SimpleDB를 대체할 수 있는 강력한 서비스다. 이 장에서는 데이터베이스 인스턴스를 생성하고, 백업하고, 규모를 조정하고, 필요 없을 때 삭제하는 방법을 배운다.

10장: 고급 AWS

10장에서는 SimpleDB에서 AWS의 사용량을 추적하는 방법을 배울 것이다. 또한, Amazon EC2의 Elastic Block Storage 기능을 살펴보고, 백업 처리 방법을 설명하고, 공개 데이터 세트에 관해 학습하고, 다수의 EBS 볼륨의 상단에 RAID 장비를 만들어서 성능이나 용량을 증가시키는 방법을 살펴본다. 마지막으로, EC2 인스턴스 메타데이터의 검색 방법을 배우고, 시스템 다이어그램을 구축한다.

11장: 최종 마무리: CloudList

앞 장들에서 배운 모든 지식을 결합해 EC2 서비스, S3, SimpleDB를 사용하는 항목별 광고 애플리케이션을 만든다.

이 책의 웹 사이트

이 책을 지원하는 웹 사이트의 URL은 http://www.sitepoint.com/books/cloud1/이며, 이 사이트에서 지원하는 기능은 다음과 같다.

코드 아카이브

본문을 읽다 보면 소스 코드 제목 위에서 파일명을 볼 것이다. 이 파일명은 코드 아카이브의 파일로서 이 책의 최종 예제가 들어 있는 ZIP 파일 안에 압축된 파일이다. 이 책의 웹 사이트에서 Code Archive 링크를 클릭하면 해당 파일을 내려받을 수 있다.

업데이트와 정오표

정오표에서 자유로운 책은 없으며, 배려심이 있는 독자들은 최소한 한두 개의 실수는 용인한다. 이 책의 웹 사이트에 있는 Corrections and Typos 페이지에는 오탈자와 코드 오류에 관련된 최신 정보가 있으며, 브라우저와 관련된 표준의 새로운 릴리즈에 대한 필수 업데이트 정보를 제공할 것이다. 일부 번역본은 정오표가 반영되어 있을 것이다.[1]

---

1   http://www.sitepoint.com/books/cloud1/errata.php

SitePoint 포럼

이 책과 관련해서 다른 개발자와 대화를 하고 싶으면 SitePoint의 온라인 커뮤니티에 가입할 수 있다.[2] 이 포럼에서는 이 책에 제시된 솔루션에 관련된 많은 정보를 제공하며, 경험이 풍부한 많은 웹 개발자들이 활동하고 있다. 새로운 트릭을 배우고, 급한 질의에 대한 답을 얻고, 그냥 좋은 시간을 보내기에 적절한 곳이다.

SitePoint 뉴스레터

SitePoint는 이 책 이외에 The SitePoint Tribune, The SitePoint Tech Times, The SitePoint Design Viewer와 같은 무료 이메일 뉴스레터를 발행한다. 이런 뉴스레터를 읽으면 웹 개발에서 알아야 할 최신 뉴스, 제품 릴리즈, 동향, 팁, 기법을 얻을 수 있다. SitePoint 뉴스레터를 구독하고 싶으면 http://www.sitepoint.com/newsletter로 가기 바란다.

SitePoint 팟캐스트

웹 개발자와 디자이너를 위한 뉴스, 인터뷰, 오피니언, 새로운 생각을 보고 싶으면 SitePoint 팟캐스트에 가입한다. 여기서는 웹 업계의 최신 주제, 초빙 강연, 업계 유력 인사들의 인터뷰를 접하고 토론할 수 있다. 이를 보려면 http://www.sitepoint.com/podcast로 가기 바란다. 아니면 아이튠즈에서도 볼 수 있다.

---

2   http://www.sitepoint.com/forums

피드백

포럼에서 답을 얻을 수 없거나 다른 이유로 우리와 접촉하고 싶으면 book@sitepoint.com으로 메일을 보내기 바란다. 우리의 이메일 지원 시스템은 여러분의 질의를 추적할 수 있게 되어 있으며, 담당자는 여러분의 질문에 친절하게 답할 것이다. 개선하기 위한 제안이나 실수를 지적하는 내용이라면 특별히 환영한다.

위키북스 홈페이지

번역서 《아마존 웹 서비스 완벽 활용법》의 소스코드를 내려받거나 오류 확인은 아래 위키북스 홈페이지에서 확인할 수 있다.

www.wikibook.co.kr

위 위키북스 홈페이지에 들어가서 《아마존 웹 서비스 완벽 활용법》 표지를 클릭하면 [소스코드]나 [정오표] 메뉴를 볼 수 있다.

이 책에 사용된 규약

이 책에서는 여러 유형의 정보를 나타내기 위해 다양한 서체와 배치 스타일을 사용했다. 하나씩 살펴보자.

마크업 예

HTML이나 CSS의 마크업을 고정 폭 서체로 표시할 것이다. 그 예는 다음과 같다.

```
<h1>A perfect summer's day</h1>
<p>It was a lovely day for a walk in the park. The birds
were singing and the kids were all back at school.</p>
```

마크업이 본문에 있는 코드 일부에 들어 있다면 파일명을 소스의 상단에 표기할 것이다. 그 예는 다음과 같다.

```
                                                                    example.css
.footer {
    background-color: #CCC;
    border-top: 1px solid #333;
}
```

파일 일부만 표시되면 '발췌'라는 단어로 파일의 일부임을 알릴 것이다.

```
                                                                example.css(발췌)
border-top: 1px solid #333;
```

기존 예제에 코드를 추가하게 되면 새로운 코드는 굵게 표시한다.

```
function animate() {
    new_variable = "Hello";
}
```

내용 전개를 위해 기존 코드가 필요하면 코드를 모두 반복하지 않고 수직 생략 부호인 ⋮으로 표시할 것이다.

```
function animate() {
    ⋮
    return new_variable;
}
```

코드의 여러 줄이 실제로 한 줄로 들어가야 하지만 편집 지면 때문에 여러 줄로 두어야 하면 이를 표시하기 위해서 ➥ 기호를 붙일 것이다.

```
URL.open("http://www.sitepoint.com/blogs/2007/05/28/user-style-sheets-come-of-
➥age/");
```

팁, 노트, 중요, 경고

 팁

팁은 작지만, 여러분에게 도움이 될 만한 내용이다.

 노트

노트는 특정 주제의 핵심 내용은 아니지만, 주제와 관련 있는 유용한 자투리 정보다.

 중요

주의를 기울여야 하는 중요한 사항이다.

 경고

경고는 실수할 가능성이 있는 것을 강조해서 알려주는 것이다.

Amazon Web Service

클라우드 컴퓨팅 소개

몇 년 전까지만 해도, 필자는 7층에 있는 사무실 창 너머로 시애틀의 축구/야구 경기장을 볼 수 있었다. 대규모 인력을 수용하는 고가의 시설들은 현재 대부분 비어 있으며, 이것들은 경제가 호황일 때 연이어서 지어졌다. 필자의 계산으로는 이 건물들이 기껏해야 최대 1% 정도 활용되고 있다. 평균적으로 이들 건물은 비어 있다. 수억 달러의 자본이 잠들어 있는 것이다. 필자는 지난 몇 년 동안 여러 번 이 경기장 비유를 사용했으며, 주된 목적은 클라우드 컴퓨팅의 비즈니스 가치를 사람들에게 이해시키기 위해서다.

이제, 경기장 대신 규모가 큰 회사의 데이터 센터를 생각해 보자. 데이터 센터에는 비싸지만, 시간이 지나면서 급격하게 가치가 떨어지는 서버들이 있으며, 이들 서버는 회사 웹 사이트로 밀려드는 방문자, 일괄 처리 작업, 대용량의 데이터를 위해 기다리고 있지만 모두 사용되고 있지는 않다. 그 이유는 역사적으로 볼 때 웹 트래픽을 예측하고 리소스를 배치하는 일에 문제가 있었기 때문이다. 예측을 보수적으로 하면 공급되는 리소스가 부족해서 "**성공 재해**(success disaster)"의 위험이 생기고, 이 경우 신규 사용자가 급증하면 그들이 정상적인 서비스를 받지 못한다. 과도하게 낙관적인 예측은 리소스의 공급 과잉으로 이어지고, 이는 비용 상승과 회사 리소스 낭비를 초래한다.

이 책에서 보게 되겠지만 클라우드 컴퓨팅을 도입하면 비용을 효과적으로 통제할 수 있을 뿐만 아니라 기술적으로도 섬세한 솔루션을 확보해 위 문제를 해결할 수 있다. 서두에서 언급한 경기장 비유로 잠깐 돌아가 보자. 매주 들어온 관중에 맞춰 경기장이 정확한 크기로 만들어지고 사용된 다음에 허문다고 가정해 보자. 이렇게 하면 경기장에는 실제 관중 수에 딱 맞는 충분한 좌석, 주차 공간, 휴게실, 부대시설이 갖추어질 것이다. 이 시나리오대로 라면 50명을 위해 만들어진 경기장이 5만 명을 위해 만들어진 경기장만큼 비용 효과적일 수 있다.

물론 이런 시나리오를 경기장에는 실현할 수 없다. 그러나 클라우드 컴퓨팅이라면 위와 같은 즉시 맞춤형 리소스 관리를 완벽하게 실현할 수 있으며 합당하기까지 하다. 데이터 처리 기반 설비인 서버, 스토리지, 대역폭은 클라우드로부터 확보되며 필요할 때 소모되고 필요한 시간이 지난 후 클라우드로 다시 반환된다. 이 모든 것이 몇 분 안에 이뤄진다. 이것은 예전의 정적이면서 확장성이 없는 인프라 모델에서 매우 긍정적으로 바뀐 변화로서 환영할만하다. 필요할 것 같다고 생각하는 것 대신에 실제로 필요한 것에 비용을 지불하면 애플리케이션의 비용 프로파일을 더 좋게 바꿀 수 있고 적은 노력으로 더 많은 일을 할 수 있다.

성공 재해 피하기

여러분이 한정된 리소스를 가진 초보 사업가라고 가정하자. 여러분은 새로운 웹 사이트에 대한 아이디어가 있고, 그 사이트가 얼마 후 페이스북이나 트위터보다 더 인기가 있을 것이라고 확신한다. 여러분은 사업 계획을 구체화하면서 첫 6개월 동안 얼마나 성장할 것인지 예측하는 도표를 그리기 시작했다. 애플리케이션의 프로토타입을 실행하고 성능을 벤치마킹한 결과 모든 계획대로 진행된다면 매달 새로운 서버를 한 대씩 구매해서 설치해야 하는 것으로 나왔다. 여러분은 용량이 부족하기를 원치 않으므로 새로운 서버의 주문, 수취, 설치, 설정에 충분한 시간을 할애하고자 한다. 다음 서버가 도착하기 전에 기존의 사용자에게 적절한 서비스를 제공하기 위해 충분한 용량을 확보하는 일은 중요하다. 시간이 지나면서 여러분은 사이트에 실제로 방문할지 방문하지 않을지 확실하게 결정하지 않은 사용자를 지원하기 위해 항상 **빠듯한** 돈을 쓰고 있는 자신을 발견할 것이다.

사이트를 구축하고 서비스를 시작하고 사용자가 오기를 기다린다. 그다음에 무슨 일이 일어날까? 예상 가능한 세 가지 결과가 있다. 트래픽 예상치가 너무 낮거나 적당하거나 너무 높을 수 있다.

사용자 수가 적다고 생각했다면 추정치가 낮게 나왔을 것이다. 이 상태에서 예상치보다 성장 속도가 더 높다면 초기 사용자가 가용 리소스를 이른 시일 안에 다 사용해 버릴 것이다. 이렇게 되면 사이트에는 과부하가 걸리고 속도가 느려져서 잠재적인 사용자가 사이트에 만족하지 않게 된다.

사용자 수가 많을 것으로 생각해서 실제로 필요한 것보다 더 많은 리소스를 확보했다면 큰 파티를 위한 준비를 했지만 실제로 실현하지 못한 경우다. 이 경우 비용 구조는 통제 범위를 넘어설 것이다. 왜냐하면, 사용자가 여러분의 서버 중 일부분만 활용할 것이기 때문이다. 고정 비용이 너무 비싸서 여러분의 사업은 실패할 것이다.

물론 처음에 정확하게 예측했고 여러분이 예상한 대로 성장할 수 있다. 이 경우에도 취약한 부분이 생긴다. 어느 날 아침 일어나고 보니 여러분의 웹 사이트 링크가 YouTube, 다음 아고라, 네이버 지식인의 첫 페이지에 올라가거나 YTN 앵커가 여러분의 사이트를 소개하고 있고 여러분의 사이트 URL이 화면 하단에 헤드라인 크롤을 따라 지나가고 있는 것을 발견할 수도 있다. 이 순간은 여러분이 기다렸던 순간이며, 명성과 행운을 누릴 절호의 기회다. 그러나 현재 여러분의 기반 시설은 쉽게 확장할 수 없이 고정되어 있으므로 이러한 갑작스러운 변화에 대처할 수 없다. 따라서 새로운 사용자들은 모두 실망할 것이다. 이날은 여러분이 성공한 날이지만 재해도 겪는 날이다. 즉, 성공 재해를 만난 날이다.

위에서 보았듯이 웹 트래픽을 예측하는 일은 매우 어렵다. 잘못 추측할 가능성이 매우 높으며, 비용 예측도 틀릴 가능성이 매우 높다.

클라우드 컴퓨팅을 활용하면 방금 설명한 것과 같은 트래픽 폭증을 준비하고 대처하는 데 필요한 수단을 확보할 수 있다. 시스템의 아키텍처를 적절하게 미리 구성해 두었고 확장성에 적합한지 테스트한 상태에서 클라우드 컴퓨팅을 기반으로 하는 솔루션을 이용하면 트래픽이 급증하더라도 서버가 다운되거나 여러분이 파탄에 이르지 않고 그 상황에 잘 대처할 수 있다.

클라우드 컴퓨팅 살펴보기

이제, 클라우드 컴퓨팅의 개념을 조금 더 깊이 파보자. 표면적으로 기술 서적인 이 책에서 필자는 비즈니스에 관해 말할 것임을 미리 알려둔다. 클라우드 컴퓨팅이 단지 새로운 기술에 머무르지 않고 그 이상의 무언가가 있다는 사실을 누구도 부정할 수 없다. 즉 클라우드 컴퓨팅은 기술이기도 하지만 새로운 비즈니스 모델이기도 하다. 기술로서의 클라우드 컴퓨팅은 확실히 흥미로우며 이에 대해서 충분히 이야기할 것이다. 그러나 클라우드 컴퓨팅을 주제로 토론하면서 비즈니스 모델, 양도, 금전 문제를 빼놓을 수는 없다. 어렸을 때 필자는 심각한 괴짜였으며 이러한 유형의 토론은 무의미하다고 생각했다. 그리고 필자는 돈에 대해 말하기보다 기술에 대해 말하던 사람이었다! 30년이 지난 이제야 깨달은 것이지만 진정한 기업가는 성공적인 비즈니스를 창출하기 위해 비즈니스와 기술을 혼합해서 활용할 수 있어야 한다.

클라우드란?

우리 중 대다수는 그림 1.1과 같은 구조 다이어그램을 본 적이 있을 것이다.

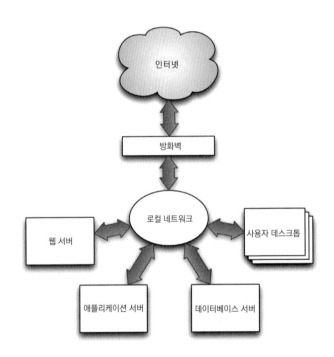

그림 1.1 인터넷은 한때 클라우드로 표현되었다

클라우드(구름 모양)는 인터넷을 나타내기 위해 사용됐다. 시간이 지나면서 '인터넷'의 의미는 바뀌었으며, 리소스에 접근하기 위한 수단뿐만 아니라 일반적으로 인터넷에 존재하는 것으로 여겨지는 리소스도 포함한다.

클라우드 컴퓨팅(cloud computing)이라는 용어는 이 책이 쓰이기 전 불과 몇 년 동안 널리 사용됐다. 어떤 사람은 클라우드 컴퓨팅이 새로운 개념이 아니라 기존에 있는 어떤 것의 또 다른 이름에 불과하다고 주장하기도 했다. 반면에 클라우드 컴퓨팅이 기존 웹 애플리케이션에 강력함을 불어넣는 하나의 실체로서 비치기도 했다. 이것은 아마 마케팅의 힘일 것이다.

벤더마다 세부적인 내용은 다를 수 있지만, **클라우드**라고 하면 일관성 있으며, 규모가 크고, 공개적으로 접근할 수 있는 리소스의 모음으로서, 이들 리소스는 계산, 저장, 네트워킹 기능을 수행하는 것으로 생각하면 된다. 이들 리소스는 웹 서비스 호출(HTTP 요청을 통해 접근되는 프로그래머블 인터페이스)을 통해 할당되며, 실제 소모되는 리소스를 기반으로 비용을 지불하면서 장기간 또는 단기간 사용할 수 있다.

클라우드는 본질적으로 다중 사용자 환경으로서 많은 사용자를 동시에 수용할 수 있도록 운용된다. 이를 위해서 클라우드는 사용자 신원을 관리 및 검증하고, 사용자에게 할당되는 리소스를 추적해야 하고, 각 사용자가 소유한 리소스에 대한 독점적인 접근을 보장해야 하며, 어떤 사용자가 다른 사용자들에 의해 간섭받지 않도록 보호할 수 있어야 한다. 이러한 관점에서 보면 각 벤더의 클라우드를 실행하는 소프트웨어는 운영체제와 유사하다.

클라우드 컴퓨팅은 기반이 되는 중요한 기술을 많이 구축하며, 여기에는 TCP/IP 네트워킹, 견고한 인터넷 연결, SOAP 및 REST 스타일의 웹 서비스, 상품으로 만들어진 하드웨어, 가상화, 온라인 지불 시스템이 포함된다. 이러한 기술들의 세부적인 내용은 겉으로 드러나지 않으며, 클라우드는 개발자에게 사용할 수 있는 리소스를 압축해서 이해할 수 있는 수준으로만 보여준다.

프로그래머블 데이터 센터

IT 리소스를 할당하는 전통적인 모델을 생각해 보자. 여기서 리소스라 함은 서버, 스토리지, IP 주소, 대역폭, 방화벽 같은 것이다.

여러분이 대기업에 다니고 있고 IT 리소스를 추가해야 할 상황이 생기면 누군가와 대화하면서 협상하는 일이 포함된 일련의 과정을 밟을 것이다. 아마도 이메일을 보내고 온라인으로 주문하거나, 그냥 전화기를 들고 필요한 리소스의 사양에 관해 누군가와 대화할 것이다. 리소스 추가 마지막 단계에서는 하드웨어의 위치를 지정하고 할당하고 설정하는 작업, 케이블과 라우터와 방화벽을 처리하는 작업, 이외에 여러 가지 작업을 직접 처리해야 한다. 어떤 조직에서는 이 모든 작업을 처리하는 데 12~18개월의 시간이 걸리기도 한다.

사업을 직접 하고 있다면 사용 중인 ISP에 전화해서 상담하고 늘어난 월 사용료를 합의한 뒤, 몇 시간이나 며칠 동안의 시간이 지난 후에 추가로 계약한 하드웨어에 접근한다.

위의 과정이 진행되는 가운데 여러분은 아마 리소스의 운영 및 비용 지불과 관련해서 장기로 계약을 할 것이다. 비용은 매달 나갈 것이며 하드웨어는 수명이 다 될 때까지 보유하는 것으로 계약이 이뤄질 것이다. 직접 구매보다 ISP를 이용하는 방법이 더 유연하다. 그러나 리소스를 대규모로 추가하거나 빼야 할 때 짧은 시간 안에 이것을 지원할 수 있는 ISP는 극히 드물다.

클라우드의 사용 과정은 간단하다. 클라우드에 웹 서비스를 요청하면 된다. 여러분의 요청을 클라우드가 처리하는 방법을 요약하면 다음과 같다.

1. 요청받기
2. 요청할 수 있는 퍼미션이 있는지 확인
3. 요청이 계정 제한을 넘지 않는지 검증
4. 여유 리소스의 위치 확인
5. 확보된 리소스를 여러분의 계정에 첨부
6. 리소스 초기화
7. 리소스 식별자를 반환해서 요청 완료 여부 최종 확인

위 과정이 모두 끝나면 여러분의 애플리케이션은 필요할 때 원하는 만큼 리소스에 독점적으로 접근할 수 있다. 또한, 애플리케이션이 리소스를 더 이상 필요로 하지 않으면 애플리케이션은 리소스를 클라우드로 반환할 수 있다. 이렇게 되면 리소스는 재사용을 위해 여유 리소스로서 표시된다.

개발자는 객체 지향 용어로 생각하는 것에 익숙하므로 개별 벤더의 클라우드를 객체로서 생각할 수 있다. 사실, PHP에서 클라우드를 다음과 같이 정의하는 것이 이상적이다.[1]

```php
class Cloud
{

    public function getDataCenters()
    {
```

---

[1] 이 소스는 실제 클라우드에 대한 것이 아니다. 메서드와 매개변수 이름은 설명을 위한 것이다.

```
          ⋮
    }

    public function allocateServer($dataCenter, $count)
    {
          ⋮
    }

    public function releaseServer($server)
    {
          ⋮
    }

    public function allocateDiskStorage($dataCenter, $gb)
    {
          ⋮
    }

    public function releaseDiskStorage($storage)
    {
          ⋮
    }
          ⋮
}
```

이 클라우드를 사용하는 방법은 다음과 같다. 첫째, 가용 데이터 센터의 목록을 검색한다($d). 그리고 목록에서 첫 번째 데이터 센터에 대한 참조를 저장한다($d1).

```
$c = new Cloud();
$d = $c->getDataCenters();
$d1 = $d[0];
```

그런 다음 데이터 센터에 서버를 할당하고($server) 약간의 스토리지 공간을 생성한다($storage).

```
$server = $c->allocateServer($d1, 1);
$storage = $c->allocateDiskStorage($d1, 100);
```

중요한 점은 대규모 리소스를 초기화, 통제, 감시, 조정하는 프로그램을 클라우드에 작성할 수 있다는 것이다. 예전에는 규모 조정 및 분배 결정(예: 서버 용량 추가, 기존 용량 할당)이 시스템 관리자의 숙고에 의해 수동으로 그리고 부정기적으로 이뤄졌지만, 이제는 규칙적으로 자동화되어 처리할 수 있다.

클라우드의 특징

클라우드가 무엇이고 클라우드가 어떻게 작업을 진행하는지 기본적인 내용을 이해했을 것이다. 이제, 클라우드의 가장 유용한 속성과 특징을 깊이 살펴보자. 몇 년 동안 공개 포럼에서 AWS에 관해 사람들과 대화를 나누고 난 필자는 AWS의 정의를 이야기하는 것보다 AWS의 특징을 이야기하는 것이 AWS를 더 잘 이해시킬 수 있다는 것을 알았다. AWS의 특징을 살펴보자.

일반적인 특징

AWS의 일반적인 특성은 다음과 같다.

탄력성

클라우드를 이용하면 필요에 따라 리소스 사용량을 늘리거나 줄일 수 있다. 사용량을 늘리거나 줄이는 데 걸리는 시간은 주나 월이 아니라 초나 분으로 측정된다.

규모의 경제

클라우드 제공업체는 규모의 경제를 활용할 수 있으며, 부동산, 전기, 에어컨, 대역폭, 하드웨어 등을 최상의 가격으로 조달할 수 있다. 클라우드 제공업체가 기반 설비를 저렴하게 공급하므로 클라우드 사용자도 저렴한 비용으로 리소스를 공급받을 수 있다. 또한, 클라우드 제공업체는 세계적인 규모의 시스템을 운용하는 데 필요한 기술력을 갖춘 전문 요원을 채용할 수 있다.

사용한 만큼만 지불

이것은 비즈니스 특징이라기보다는 일반적인 특징이다. 그 주된 이유는 클라우드 기반 서비스에서는 엔지니어가 이제 리소스 소모 및 전체 비용 수준에 즉각적인 영향을 미치는 방식으로 리소스 할당과 관련된 의사결정을 내릴 것이기 때문이다. 비즈니스를 효율적으로 진행하는 것은 엔지니어를 포함한 모든 이들의 일이다.

비즈니스 특징

AWS를 비즈니스 관점에서 정의하면 다음과 같은 특징이 있다.

선행 투자 없음

클라우드 컴퓨팅은 리눅스에 대해서 맞춤형 사용을 충족시키기 위해 만들어졌기 때문에 실제 수요가 일어나기 전에 대규모의 투자를 할 필요가 없다.

고정 비용이 변할 수 있음

기존에는 1년이나 3년 동안의 정해진 계약 기간 동안 일정한 리소스를 사용하기 위한 계약을 맺었다. 하지만 클라우드 컴퓨팅을 이용하면 리소스 소모가 실시간으로 변경되는 것을 허용한다.

자본 지출이 운영 지출로 됨

정해진 양의 리소스를 사용하기 위한 자본 지출은 장기간 이뤄지며 다년 계약으로 진행된다. 운영 지출은 클라우드 시스템의 실제 사용을 기반으로 이뤄지며 실시간으로 변경된다.

정교한 할당

클라우드 컴퓨팅에서는 시간과 리소스를 최소한으로 이용할 수 있다. 가령, 서버 사용량을 시간 단위로, 스토리지를 바이트 단위로 이용할 수 있다.

비즈니스의 유연성 확보

리소스를 장기간 계약하지 않으므로 비즈니스의 유형이나 양이 변할 때 신속하게 대처할 수 있다.

제공업체가 클라우드 비즈니스에 집중

클라우드 제공업체는 공공의 이용을 위해 클라우드를 제공하는 비즈니스를 한다. 따라서 클라우드 제공업체는 신뢰성, 적응성, 비용 효과성이 확보된 서비스를 제공하는 일에 집중할 수밖에 없다. 따라서 클라우드에는 제공업체의 모든 역량이 반영된다.

유연한 리소스 할당

클라우드에서는 리소스 할당이 유연하므로 1대의 서버를 100시간 동안 확보해서 운영하는 것만큼이나 100대의 서버를 1시간 동안 확보해서 운영하기가 쉽다. 따라서 대규모 확장 문제를 해결하는 방법에 있어서 혁신적인 생각을 할 수 있다.

기술적인 특징

AWS의 특징을 기술적인 관점에서 정의하면 다음과 같다.

규모 조정이 빠름

예상치 못한 변화(내부: 대량 계산 작업, 외부: 웹 사이트 트래픽)를 반영해야 할 때 새로운 하드웨어를 몇 분 안에 가동할 수 있다. 또한, 리소스가 필요 없을 때는 클라우드로 반환할 수 있다.

무한 확장은 착각

사람들은 클라우드가 무한에 가까운 확장성을 제공한다고 생각할 수 있다. 아직 필요하지 않은 데 미리 준비할 필요는 없다. 그리고 수요가 폭증하고 늘어나는 상황에 대처하는 것은 사용자가 아닌 클라우드 공급업체가 신경 써야 할 문제다.

리소스는 추상적이고 구분되지 않음

클라우드 컴퓨팅에서는 사용된 하드웨어의 기술적인 사양보다는 결과나 성능에 더 중점을 둔다. 시간이 지나면서 기본 하드웨어는 변경되고 개선될 것이다. 그러나 이것은 순전히 클라우드 제공업체가 고민해야 할 문제다. 특정 리소스의 세부 정보를 개인적으로 숙지할 필요가 없다.

클라우드는 빌딩 블록

클라우드는 IT 리소스를 개별적이고, 별도의 가격이 책정된, 소규모 빌딩 블록으로써 제공한다. 여러분은 클라우드에서 제공하는 서비스 중에서 필요한 것을 선택할 수 있다.

저렴한 테스팅 비용

클라우드는 테스팅에 대한 경제적인 장벽을 제거한다. 하드웨어를 장기로 계약하지 않고도 새로운 아이디어를 테스트하기 위해 임시 리소스에 접근할 수 있다.

잘못된 오해

지난 몇 년 동안 수천 명의 사람과 이야기를 나누어본 결과 클라우드에 관해서 사람들이 잘못 생각하고 있는 것이 많다는 사실을 깨달았다. 그 중 일부는 새로운 것이 나오면 느끼는 불안으로 만들어졌다. 다른 오해들은 모든 기술이 빠르게 발전하면서 새로운 서비스와 기능이 나오므로 인해서 생긴 것이다. 한 달이 멀다 하고 새로운 기술과 개선된 기능이 나오는 상황에서 이러한 오해는 어쩌면 당연할지도 모른다. 여기서는 가장 공통된 오해 중 일부를 소개한다. 이 목록의 일부는 캘리포니아 버클리 대학에서 진행한 연구에서 채택됐다.[2]

"클라우드는 일시적인 유행이다."

한때 촉망받던 기술 중 상당수가 결국은 역사의 쓰레기 더미에 묻힌 적이 많이 있으므로 클라우드에 대해서도 의심해 볼 이유는 있다. 변화하는 운영 환경에 빠르고도 비용 효과적으로 반응하는 것은 중요하며, 이것은 항상 염두에 두어야 할 내용이다. 그런 점에서 클라우드는 새로운 세계에 가장 적합한 기술이다.

"클라우드에 맞게 애플리케이션의 아키텍처를 다시 구성해야 한다."

이 말을 많이 듣는다. 클라우드가 제공하는 이점을 이용하기 위해서 일부 오래된 애플리케이션에서는 아키텍처를 다시 구성해야 하는 것이 맞지만, 상용이나 오픈 소스 스택을 사용하는 기존의 많은 애플리케이션에서는 조금만 변경해서 클라우드로 옮겨갈 수 있다. 앞에서 열거한 모든 특징을 자동으로 이용할 수는 없겠지만, 상당히 많은 이점을 여전히 활용할 수 있다.

"클라우드는 근본적으로 안전하지 않다."

회사의 소중한 데이터를 "아무 곳"에나 두는 것은 완전한 통제에 익숙한 IT 관리자에게 있어 두려운 일일 수 있다. 클라우드 공급업체는 이 문제를 잘 알고 있으며, 클라우드의 보안 문제를 매우 심각하게 관리하고 있다. 클라우드 공급업체들은 보안 업무와 정책을 사용자들에게 상세하게 알리고 있다. 고급 보안 시스템, 네트워크 어드레싱의 완전한 통제, SAS 70[3] 같은 인증서가 연계된 암호화 지원은 불안해하는 관리자에게 확신을 심어준다. 개발자, CIO, CTO가 클라우드의 안전성을 확인할 수 있게 AWS가 어떤 기능을 제공하는지 다음 장에서 살펴볼 것이다.

"클라우드에 장애가 발생하면 대책이 없다."

일부 개발자는 클라우드가 다운되면 어떻게 될지 걱정한다. 전통적인 데이터 센터와 달

---

2 Michael Armbrust, Armando Fox, Rean Griffith, Anthony D. Joseph, Randy H. Katz, Andrew Konwinski, Gunho Lee, David A. Patterson, Ariel Rabkin, Ion Stoica, Matei Zaharia, Above the Clouds: A Berkeley View of Cloud Computing (Berkeley: University of California, 2009), http://d1smfj0g31qzek.cloudfront.net/abovetheclouds.pdf

3 http://www.sas70.com/

리 AWS 클라우드는 고가용성을 보장하기 위한 기능적/지리적 이중화를 위해 매우 다양한 옵션을 제공한다.

"클라우드에 들어가면 나오기가 어렵다."

클라우드에서 기존 애플리케이션을 실행할 수 있으므로 기존 애플리케이션을 클라우드로 옮기는 것만큼 클라우드에서 운용되던 애플리케이션을 클라우드에서 빼는 일도 쉽다. 운영체제, 미들웨어, 애플리케이션은 아무런 변경 없이 또는 약간의 변경만으로 클라우드 환경에서 실행될 수 있다. 물론 클라우드에서 제공하는 서비스를 이용하기 위해 애플리케이션이 업데이트될 수 있으며, 이에 관해서는 이 책에서 다룰 것이다.

"클라우드는 오픈 소스 코드 실행에만 적합하다."

이 주장은 더는 성립되지 않는다. 상용 운영체제와 애플리케이션 소프트웨어는 이제 클라우드를 합법적인 소프트웨어 환경으로 인식하고 있으며, 자신들의 애플리케이션이 클라우드에 맞는 라이선스를 가질 수 있도록 필요한 작업을 한다. 앞서 가는 벤더들은 시간당 선금을 주고 사용할 수 있는 라이선스를 그들의 소프트웨어에 부여하고 있다. 여러분은 이제 수만 달러나 수십만 달러를 주고 데이터베이스 라이선스를 구매하기보다 같은 데이터베이스를 시간당 몇 달러의 비용을 내고 사용할 수 있다.

"클라우드 리소스가 너무 비싸다."

내부 IT 리소스와 그에 준하는 클라우드 컴퓨팅 리소스를 비교하는 일은 어렵다는 것이 입증됐다.[4] 내부 리소스의 모든 비용을 완벽하게 확인하려면 대다수의 중간 규모나 대규모 조직에도 없는 수준의 추적 및 비용 확인 작업이 요구된다. 시간당 비용이 고정된 내부 리소스와 작업하지 않을 때 아무런 비용도 들어가지 않는 클라우드 리소스를 비교하는 일은 크게 어렵지 않을 것이다.

위에서 설명한 내용이 왜 오해인지는 이 책의 다른 장들을 읽다 보면 더 자세히 알게 될 것이다.

---

4 James Hamilton의 블로그 포스트인 McKinsey Speculates that Cloud Computing May Be More Expensive than Internal IT 를 참고한다. URL은 http://perspectives.mvdirona.com/2009/04/21/McKinseySpeculatesThatCloudComputingMayBeMore ExpensiveThanInternalIT.aspx(http://goo.gl/smHs)다.

클라우드 활용 패턴

클라우드의 일반적인 활용 패턴을 몇 가지 살펴보자. 이번 절에서 살펴볼 내용은 여러분의 애플리케이션이나 작업이 AWS에 적합한지 결정할 때 도움이 될 것이다. 어느 한 시점에 모두 적용되는 것은 아니고 시간이 지나면서 선별적으로 적용될 것이다. 아래에 제시한 사례에서 "활용"은 클라우드의 공통 리소스인 서버, 스토리지, 대역폭을 결합해서 사용하는 경우를 나타낸다.

시간이 지나도 일관된 사용

날이 바뀌거나 시간이 바뀌더라도 활용이나 작업에 별다른 변화가 없는 내부 애플리케이션에 적절하다.

주기적인 내부 로드

일일 업무 마감이나 월 업무 마감처럼 예측할 수 있는 주기에 따라 실행되는 일괄 작업이나 데이터 처리 애플리케이션에 사용될 수 있다. 작업에 들어가는 시간이나 소모되는 리소스의 예측 가능성이 매우 높다.

주기적인 외부 로드

개별 시장 수요에 맞는 서비스를 제공하는 웹 사이트에 적용된다. 연예나 스포츠 이벤트에 관련된 사이트가 이 패턴에 적합하다.

급증하는 내부 로드

연구원과 분석가가 대규모의 일회성 처리 작업을 진행하는 환경에서 일반적으로 일어난다. 수요는 예측되지 않는다.

급증하는 외부 로드

알려지지 않은 사이트가 갑자기 인기를 얻을 때 이러한 현상이 일어난다. 일반적으로 단기간 동안 진행된다.

시간이 지나면서 안정적인 성장

안정화된 애플리케이션이나 웹 사이트에서 이러한 패턴이 일어난다. 사용자가 추가될 때 그에 맞추어 성장하고 리소스도 추가된다.

클라우드 사용 사례

지금까지 읽었으면 다른 사람들은 클라우드를 어떻게 사용하는지 궁금하다는 생각이 들 것이다. 이번 절에서는 가장 일반적인 사용 사례들을 정리해서 설명한다. 간단한 사례부터 복잡한 사례까지 살펴보자.

정적인 웹 사이트와 복잡한 웹 애플리케이션 호스팅

클라우드는 정적인 HTML 페이지, CSS 스타일 시트, 이미지에서 만들어진 정적인 웹 사이트를 쉽게 호스트할 수 있다. 사실 이러한 사이트 중에서 가장 간단한 것은 클라우드 스토리지만으로도 호스트 될 수 있으며 콘텐츠 배포 시스템으로 약간만 지원하면 된다.

클라우드에서 더 복잡한 웹 사이트도 호스트할 수 있으며, 이 경우 서버 측 프로세싱과 관계형 데이터베이스에 대한 접근이 이뤄질 것이다. 이런 사이트들은 클라우드 스토리지와 프로세싱을 사용하며, 필요한 규모에 이르기 위해서 상당히 많은 프로세싱과 스토리지 리소스가 요구된다.

소프트웨어 개발 생명 주기 지원

소프트웨어 개발 생명 주기의 각 단계에서는 리소스 요구사항이 있으며, 클라우드는 그러한 요구사항에 제대로 들어맞는다.

개발 중에 클라우드를 사용하면 개발자는 작업에 필요한 적절한 리소스를 확보할 수 있다. 한 개발팀이 전통적인 3계층(웹, 애플리케이션, 데이터베이스) 웹 애플리케이션을 구축하고 있으며, 개발 중에는 각 계층을 별도의 물리적 서버에 두기로 했다고 가정하자. AWS가 없다면 팀의 각 개발자는 세 대의 서버를 확보해야 하며, 이들 서버 중 상당수는 꽤 많은 시간 동안 아무 작업도 하지 않고 대기 상태로 있을 것이다. 프로젝트에 새로운 개발자가 추가로 투입될 때 비용은 빠르게 증가한다. 반면, 클라우드로 옮긴다면 각 개발자가 아침에 서버를 확보해서 온종일 개발하고 테스트하다가 업무 시간이 끝나면 서버를 클라우드에 돌려주는 것이 가능하다.

클라우드는 소프트웨어 테스트 중에 가치를 발휘한다. 개발자는 테스트 서버를 확보하고 그곳에서 단위 테스트를 진행할 수 있으며 이는 개발 서버에 대한 부담을 없앨 수 있다. 단위 테스트가 많이 있다면 로드를 분산하기 위해 여러 대의 병렬 서버를 사용하면 된다.

클라우드를 사용해 지속적인 통합 환경을 지원할 수 있다. 그러한 환경에서 각 소스 코드를 처리하기 위해 재구축, 단위 테스트, 기능 테스트로 이뤄진 여러 단계의 과정을 진행한다. 코드가 다수의 타겟 환경(여러 버전의 리눅스)이나 플랫폼(윈도우나 리눅스)을 위해 작성된다면 클라우드는 자체 인프라를 보유하는 것에 반해 비용 측면에서 매우 효과적일 수 있다.

로드 및 성능 테스트는 각 개발 사이클에서 이뤄질 수 있다. 애플리케이션 자체가 클라우드에서 실행되면 로드가 많더라도 애플리케이션은 잘 돌아갈 것이다. 로드가 증가하면 리소스를 추가하고 로드가 없어지면 리소스를 제거하면 된다.

예상되는 로드 규모에서 테스트하는 데 필요한 리소스를 클라우드가 제공할 수 있다면 공개 혹은 엔터프라이즈 개발용으로 의도된 웹 애플리케이션의 성능을 테스트하는 일이 더 쉬워진다. 다수 기업은 수십만 명의 동시 사용자에 상응하는 로드를 만들기 위해서 클라우드 리소스를 사용한다.

일단 애플리케이션이 클라우드에 배치된 상태에서 애플리케이션 미들웨어 계층이나 공통 구성요소가 업데이트되면 클라우드는 호환성 테스트 수행에 필요한 리소스를 공급할 수 있다. 고장 시간 없이 실제 시스템을 확실하게 업그레이드할 수 있으려면 철저한 테스트가 도움 된다.

교육

클라우드는 다양한 유형의 교육 프로그램의 지원에 필요한 단기 리소스를 제공할 수 있다.

앞 절에 설명된 3계층 애플리케이션의 설치, 실행, 모니터링 방법을 배워야 할 때 학생들이 자신의 랩톱을 사용해서 해당 클래스에 할당된 클라우드 리소스에 접근할 수 있다. 수업이 끝나면 리소스는 클라우드로 반환된다. 학생들은 하나의 마스터 머신 이미지에서 시작함으로써 필수 패키지와 애플리케이션의 설치 및 설정에 들어가는 시간을 낭비하지 않아도 된다.

전통적인 교육은 사용할 수 있는 물리적 하드웨어의 양에 따라 클래스 규모도 제한된다. 앞서 가는 일부 기업들은 교육 세미나를 온라인으로 하고 있으며 새로운 학생이 클래스에 합류할 때 추가 서버를 가동하는 방식으로 클라우드 리소스를 활용하고 있다. 이 기법은 애플리케이션과 데이터베이스 소프트웨어 벤더에 의해 사용되고 있으며 좋은 결과를 내고 있다.

데모

소프트웨어 애플리케이션의 데모 및 시험 버전을 호스트하고 배포하기 위해 클라우드 리소스를 사용할 수 있다. 벤더는 적절한 테스트 환경이 준비될 동안 기다리기보다는 그 전에 잠재 고객에게 데모를 제공할 수 있다. 애플리케이션 벤더는 낮은 비용과 쉬운 방법으로 클라우드에 호스팅 된 서버에 접근할 수 있다. 클라우드 기반 리소스를 사용하면 판매 주기가 짧아지고 고객들도 좋은 경험을 하게 된다. 어떤 경우에는 실제로 클라우드 기반 데모가 클라우드 기반 배치로 이어지기도 한다.

데이터 스토리지

클라우드는 공개 및 비공개 데이터를 저장하기에 좋은 곳이다. 확장성, 장기 지속성, 규모의 경제는 데이터 스토리지를 사용하면서 가장 중요하다. 저장된 데이터는 개인의 백업용 파일만큼 간단하거나 작을 수 있으며, 아니면 회사 전체 디지털 자산의 백업 파일만큼 복잡하고 클 수 있다. 아니면 그 중간 정도일 수 있다.

클라우드를 사용하면서 가장 먼저 스토리지를 사용한다. 이 단계에서 클라우드에 대한 확신이 서게 되고, 그 이후에 더 복잡한 다른 사용 사례를 고려하게 된다.

재해 복구와 사업 연속성

사업 운영에서 IT 리소스가 매우 중요한 기업은 문제 발생에 대처하기 위한 계획을 갖춰야 한다. 그 문제는 리소스의 일시적인 또는 영구적인 손실이거나 접속 장애일 수 있다. 이 계획에서는 화재, 홍수, 지진, 테러로 인한 업무 차질의 가능성도 고려해야 한다. 많은 기업이 데이터 센터를 두고 있으며 데이터를 백업 센터에 복제해두고 재해 발생 시 즉시 가동할 수 있도록 관리하고 있다. 물론 이중 설비의 구축 및 실행 비용을 고려해야 한다.

클라우드 컴퓨팅은 사업 연속성을 보장하기 위한 여러 방법을 제공한다. 일반적인 상황에서는 사용되기 어려운 하드웨어에 자금을 낭비하기보다는 회사의 전체 네트워크를 클라우드 리소스 세트로 모델링하고, 템플릿 폼으로 캡처하고 문제가 생겼을 때 실제로 적용하면 된다. 필요할 때 리소스를 사용할 수 있도록 클라우드 제공업체와 함께 논의해야 한다.

회사 네트워크가 사업 연속성 목적을 위해 모델링 된 다음에 고려해야 할 내용이 하나 있다. 전통적으로 미들웨어와 공유 애플리케이션 컴포넌트의 업데이트된 버전을 폭넓게 배치하려면 호환성과 성능 테스트가 지속해서 이뤄져야 한다. 이 작업에는 위험성이 내재해 있다! 많은 기업은 시간이 지나면서 서서히 난관에 봉착한다. 즉, 배치하기 전에 완벽하게 테스트해야 하지만 능력상 한계 때문에 최신 코드를 배치할 수 없게 되고, 결국 배치 오류에 직면하게 된다.

회사 네트워크의 전체 복사본이나 주요 복사본을 확보하고 애플리케이션 컴포넌트의 지정 버전을 테스트하기 바란다. 그런 다음에 클라우드에서 호환성 및 로드 테스트를 하기 바란다.

미디어 처리와 렌더링

인기 있는 많은 웹 사이트가 미디어 파일(음악, 스틸 이미지, 비디오) 업로드를 지원한다. 파일을 업로드하려면 많은 처리 단계를 거쳐야 하며, 그 과정 중에 컴퓨팅과 입출력 작업이 많이 필요하다. 모든 종류의 파일에 대해서 바이러스와 악성코드를 찾기 위한 스캐닝 작업이 이뤄진다. 음악 파일에 대해서는 저작권 위반을 점검하기 위한 핑거프린팅 작업이 이뤄지며, 그다음에 여러 비트 속도에서 재생될 수 있도록 트랜스코딩되어야 한다. 이미지에 대해서는 크기 조정, 워터마크 처리, 복제 점검, 여러 형식으로 렌더링하는 작업이 필요하다. 비디오에 대해서는 트랜스코딩과 스케일링 작업이 이뤄지며, 간혹 더 짧은 단위로 나눠지기도 한다. 마지막으로 완성된 최종 결과물에 대해서는 온라인 보기나 내려받기를 위한 저장 및 처리 작업이 진행된다.

렌더링은 동영상용 프레임을 생성하기 위해 장면 설명을 사용한다. 각 프레임은 다른 프레임과 독립적으로 렌더링 될 수 있다. 렌더링은 입력 데이터는 비교적 적지만 출력 데이터는 많다. 각 프레임의 각 픽셀을 계산해야 하며, 이와 동시에 빛, 그림자, 색상, 움직임을 고려해야 하므로 계산 작업이 매우 많다.

스토리지, 프로세싱, 인터넷 대역폭의 양을 많이 사용할 수 있으므로 미디어 처리 및 렌더링에는 클라우드 컴퓨팅이 이상적이다.

업무 및 과학용 데이터 처리

과학 및 업무용 데이터 처리에는 많은 양의 데이터가 관여되며, 그에 따라 큰 규모의 CPU 파워가 소모된다. 요구가 있을 때마다 분석 작업이 이뤄지므로 한정된 내부 리소스의 과도한 사용으로 이어진다. 사실 과학용 계산은 사용 비율이 0%와 100% 사이에서 큰 격차를 보이면서 왔다 갔다 하는 것이 일반적인 현상이다. 학기가 끝나기 전과 주요 콘퍼런스 전에 사용 비율이 올라가는 대학 캠퍼스에서 이것은 특히 민감한 문제다.

업무용 데이터는 정해진 일정이 특별히 없을 수 있으며, 아니면 조금은 일상적일 수 있다. 매월 이뤄지는 임금 지불 처리와 일일 웹 로그 처리는 클라우드 컴퓨팅에서 매우 명확한 사용 사례가 된다. 규모가 크고 트래픽이 많은 웹 사이트는 하루에 수십 기가바이트의 로그 파일 데이터를 만들 수도 있다. 사업에 도움이 될 수 있는 정보를 로그 파일에서 확보할 수 있으므로 로그 파일을 분석하는 일은 매우 중요하다. 적절한 시점에 사용 관련 데이터에 접근할 수 있으면 사이트를 더 잘 최적화하고 변화와 흐름에 더 빨리 반응할 수 있다. 일일 분석 과정은 시간이 지나면서 점점 더 오래 걸리기 시작하며 어느 시점에서는 거의 24시간이 걸리기 시작한다. 이 상태가 되면 문제를 처리하기 위해 규모가 큰 병렬 솔루션을 확보해서 짧은 시간 동안 더 많은 리소스를 사용해야 한다. 이의 처리에서 클라우드 컴퓨팅은 완벽한 방안이다.

오버플로우 프로세싱

클라우드 컴퓨팅이 제공하는 이익을 알게 된 기업들은 추가 작업을 클라우드로 넘기고 일상적인 작업을 기존의 IT 리소스로 처리하는 솔루션을 찾고 있다. 이것은 휴일 업무가 많을 때 이를 처리하기 위해 임시 근로자를 두는 것과 같다.

클라우드에서 오버플로우 프로세싱을 이용하면 기업들은 만족감을 느낄 것이다. 신뢰 수준이 높아지고 클라우드에 저장되는 회사의 주요 데이터의 양이 증가함에 따라 기업들은 클라우드를 더 다양한 방법으로 이용할 것이다.

마무리

기존 애플리케이션을 호스트하고 창의적인 새로운 것을 구축하고 조직의 비용 효과성과 효율성을 개선하기 위해 클라우드를 활용하는 방법이 많다는 것을 살펴봤다.

이번 장에서는 클라우드 컴퓨팅의 기본적인 내용을 배웠다. 개인이나 조직이 실제 요구에 맞게 가용 리소스를 확보하기 위해서 클라우드 컴퓨팅을 어떻게 활용할 수 있는지 살펴봤고 "성공 재해"가 무엇인지와 AWS를 이용해서 성공 재해를 방지하는 방법도 배웠다. 클라우드의 특징을 다뤘고 클라우드를 프로그래머블 데이터 센터로 생각할 수 있다는 것도 제안했다. 이번 장에서는 클라우드를 세 가지 측면 즉 일반적인 측면, 기술적인 측면, 사업적인 측면에서 살펴봤다. 그리고 클라우드에 대해 일반적으로 오해하고 있는 몇 가지 사항을 정리했다. 마지막으로 클라우드의 사용 패턴을 잠깐 살펴봤고 실제 사용 사례도 몇 가지 설명했다.

다음 장에서는 AWS에 관해 더 자세히 배울 것이다. 그리고 코드도 몇 개 작성하기 시작할 것이다.

Amazon Web Service

02

AWS 개요

앞 장에서 일반적인 용어를 동원해서 클라우드 컴퓨팅의 개념을 살펴봤다. 그리고 클라우드에서 가장 흥미롭고 중요한 특징을 나열하고 설명했다. 1장에서 배운 정보를 토대로 실제 세계로 들어갈 차례다.

이번 장에서는 **AWS**(Amazon Web Service: 아마존 웹 서비스)를 소개한다. 핵심 개념을 되돌아본 후에 AWS의 각 서비스에 관해 이야기할 것이다.

아마존과 AWS 개요

여러분은 아마도 Amazon.com[1]사이트에서 물건을 구매한 적이 있을 것이다. 필자는 1996년 11월에 아마존에서 처음으로 무언가를 샀으며 그것은 Perl 프로그래밍 책이었다.

Amazon.com은 1994년에 설립됐으며 1995년부터 서비스를 시작했다. 이익을 낼 수 있을 만한 온라인 비즈니스를 만드는 데 필요한 규모를 확보하기 위해서 아마존은 세계적인 규모의 인터넷 인프라에 전략적으로 투자했으며 구체적으로 전 세계 여러 곳에 데이터 센터를 구축하

---

1 http://www.amazon.com

고, 고속의 네트워크 연결을 확보하고, 많다 싶을 정도의 서버를 구축하고, 세계 최상급의 시스템 아키텍처를 만들었다. 수천만 명의 고객이 활발하게 움직일 수 있게 하려면 개별 시스템 구성요소와 전체 시스템 구성요소에서 신뢰성, 효율성, 비용 효과성, 높은 확장성까지 확보해야 한다.

세계 각지의 개발자가 아마존의 웹 사이트를 지원하는 서비스에 접근할 때 이익을 얻어야 한다는 것을 깨달은 아마존은 새로운 비즈니스 라인을 만들기로 했다. 2006년 초반에 아마존은 Amazon S3(Simple Storage Service)를 서비스하기 시작했다. 그 이후로 아마존은 폭넓은 서비스를 제공하고 있다. 이 책에서는 기반 서비스를 중점적으로 설명한다. 다른 서비스에 대해 알고 싶으면 AWS 홈페이지를 방문한다.[2]

빌딩 블록

AWS는 일련의 빌딩 블록 서비스로 구성돼 있다. 이들 서비스는 독립적으로 기능을 수행할 수 있게 설계됐다. 따라서 다른 서비스에 가입하거나 다른 서비스를 알지 못하더라도 원하는 특정 서비스를 사용할 수 있다. 그러나 이들 서비스는 함께 잘 작동되도록 설계되기도 한다. 예를 들어, 이들 서비스는 공통의 명명 규약과 인증 시스템을 공유한다. 따라서 한 서비스를 사용하면서 습득한 지식 중 상당 부분을 다른 서비스에도 적용해 활용할 수 있다. 이러한 빌딩 블록 방식을 이용하면 서비스들 사이의 내부 연결과 의존성을 최소화할 수 있으며, 이를 통해서 각 서비스를 개별적으로 개선해 각 서비스가 최대한 효율적으로 작동하게 할 수 있다.

AWS의 모든 기능에 접근하려면 웹 서비스를 호출해야 한다. 서버를 시작하고, 로드 밸런서를 생성하고, IP 주소를 할당하고, 영구 스토리지 볼륨을 첨부하면 AWS에 대한 웹 서비스를 호출할 수 있다. 여러분이 직접 호출할 수 있지만, 프로그래밍 언어용으로 특수하게 작성된 클라이언트 라이브러리를 사용하면 훨씬 더 쉽다.

프로토콜

웹 서비스를 호출하려면 두 개의 인기 있는 프로토콜인 **SOAP**(Simple Object Access Protocol)와 **REST**(Representational State Transfer) 중 하나를 사용한다. 이 책은 유용한 애플리케이션과 유틸리티를 작성하는 것에 초점을 맞출 것이므로 웹 서비스 프로토콜 계층에 대해 많은 시간을 할애하지 않고 클라이언트 라이브러리를 사용해 AWS에 접근할 것이다. 웹 서비스를 호출하

---

2   http://aws.amazon.com

거나 요청하기 위한 두 가지 다른 방법으로 SOAP와 REST가 있다는 것만 알아두고 그냥 넘어간다. 라이브러리와 툴은 AWS API(Application Programming Interface)의 상단에 있으며 이는 서비스에 접근하는 과정을 단순화하기 위한 것이다.

여기서 XML에 대해서도 언급할 것이다. XML은 SOAP 프로토콜의 기본 부분이다. SOAP 기반 라이브러리를 사용해서 AWS에 접근하면 XML 태그나 요소를 다루지 않아도 될 것이다. 그러나 REST 기반 라이브러리를 사용하면 각 호출로 반환된 데이터에 접근하기 위해 파싱 작업을 해야 할 것이다. 이 책의 예제에서는 PHP의 SimpleXML 파서를 사용한다.[3]

그림 2.1은 이번 절에서 설명할 내용이 유기적으로 작동하는 방법을 보여준다. 이 책은 AWS로 구동되는 애플리케이션(왼쪽 위)을 구축하는 것에 초점을 둘 것이다.

AWS로 구동되는 애플리케이션	AWS 명령어 라인 툴	AWS 비주얼 툴
AWS 클라이언트 툴킷		
SOAP 또는 REST 툴킷		
TCP/IP 스택		
운영체제		

그림 2.1 2장에서 나오는 구성요소의 상호 관계

명령어 라인 툴과 비주얼 툴은 공개된 API를 사용해 AWS와 통신한다. 따라서 여러분의 애플리케이션에서 어떤 툴로 처리한 것을 다른 사람도 동일하게 처리할 수 있다. 결과적으로 모든 개발자가 대등한 관계에 있다고 보면 된다.

"핵심 개념" 절에서는 기본적인 함수(예: RunInstances)와 관련된 명령어 라인 툴(ec2-run-instances)을 살펴볼 것이다. 아마존이나 서드 파티에서 제공하는 비주얼 툴을 사용해서 같은 기능을 얻을 수 있으며, 여러분도 자신의 툴을 직접 만들 수 있다는 점을 염두에 두기 바란다. 이때 아마존이나 서드 파티나 여러분 모두 같은 API를 사용할 것이다.

---

3 http://www.php.net/simplexml

요금

AWS는 현금을 지불하는 웹 서비스이므로 각 서비스를 사용하려면 별도의 비용을 내야 한다. 사이트의 규모가 변함에 따라 운영비로 얼마를 책정해야 할지 더 잘 이해하기 위해 개발 기간에 AWS 비용을 따져볼 수 있다. 웹 페이지를 서비스하는, 즉 사용자들이 웹 페이지에서 어떤 작업을 할 때 들어가는 실제 비용을 상세하게 계산할 수 있다. 비용을 예측하기 위해 AWS Simple Monthly Calculator[4]를 이용할 수도 있다.

서비스를 살펴보기 전에 요금 책정, 요금 측정, 요금 계산, 요금 제시, 요금 청구에 관해 먼저 살펴보자.

요금 책정(pricing)은 과금 대상, 과금 주기, 과금 액수를 어떻게 결정하는지와 관련된다. AWS는 매우 정교한 수준으로 리소스 사용량을 과금한다. AWS가 사용하는 요금 책정 관점은 다음과 같다.

- **시간** : CPU 사용 시간(단위: 시간)
- **양** : 전송되는 데이터양(단위: 기가바이트)
- **수** : 큐잉된 메시지의 수(단위: 개수)
- **시간과 공간** : 월간 데이터 스토리지(단위: 기가바이트)

대다수 서비스의 요금 책정에는 여러 가지 관점이 적용된다. 예를 들어, Amazon EC2 (Elastic Compute Cloud) 서버를 사용해서 웹 크롤을 하고 있다면 서버가 실행되는 시간과 여러분이 패치하는 데이터에 따라 요금이 부과될 것이다.

각 AWS 서비스의 상세 페이지에 가면 서비스 사용료를 알 수 있다. 각 AWS 서비스는 모든 사람에게 제한 없이 개방돼 있다. 서비스 사용 정도에 따라 할인 폭은 달라진다. 즉, 서비스를 많이 사용할수록 이벤트당 비용이 낮아진다. 서비스의 가격은 무어의 법칙과 규모의 경제에 맞게 시간이 지나면서 떨어진다.[5] 또한, 나라마다 운영 비용이 다를 수 있다는 점도 AWS 서비스의 가격 책정에 반영된다.

요금 측정(metering)은 서비스 사용 관련 정보를 측정하고 기록하는 것이다. 여기에는 서비

---

4 http://calculator.s3.amazonaws.com/calc5.html?lng=ko_KR#

5 무어의 법칙(Moore's Law)은 IC의 트랜지스터 수가 2년마다 두 배가 되는 것을 이른다. 이 법칙은 기술의 발전으로 2년마다 성능은 두 배로 되고 가격은 반으로 떨어지는 현상을 이르는 것으로 일반화됐다.

스를 호출한 시점, 호출한 서비스의 종류, 각 서비스에서 사용한 리소스의 양에 관련된 정보가 포함된다.

요금 계산(accounting)은 AWS가 서비스의 사용 현황과 리소스 소모량을 지속해서 추적해 정리된 정보를 요약해서 제공하는 것이다. 리소스 소모에 관련된 상세 정보를 보려면 AWS Portal을 사용하기 바란다.

요금 제시(presentment)는 여러분이 무엇을 사용했고, 그 때문에 지불해야 할 비용이 얼마인지를 보여주는 것이다. 이 정보 역시 AWS Portal에서 얻을 수 있다.

요금 청구(billing)는 지난달에 사용한 만큼 매달 초에 신용카드로 요금을 청구하는 것이다.

전체적인 체계가 다른 것들과 비슷하지 않은가? 전화, 수도, 가스와 같은 기반시설 공급업자들도 이와 매우 비슷한 사용 및 요금 체계를 갖추고 있다. 이러한 유사성 때문에 많은 사람이 클라우드 컴퓨팅에서 사용량만큼 비용을 지불하면 되는 것으로 인식하고 있으며, 이것은 클라우드 컴퓨팅의 중요한 특징이다.

핵심 개념

서비스에 관해 말하기 전에 몇 가지 핵심 개념과 AWS 용어를 살펴보자. 이후 절들에서는 AWS에 접근하기 위해 사용할 수 있는 명령어와 기능을 살펴본다. 여기서 언급한 내용이 AWS의 모든 것은 아니다. 그 이유는 필자의 주된 의도는 AWS로 할 수 있는 작업 수준과 AWS API에서 사용 가능한 함수로 어떤 유형이 있는지 여러분에게 알려주는 것이기 때문이다.

가용 영역

AWS의 가용 영역(Availability Zone)은 AWS 지역(AWS Region)에 있는 개별 위치 집합을 나타낸다. 각 가용 영역은 독립된 전력망과 네트워크 연결을 갖추고 있으므로 다른 가용 영역의 장애에 영향받지 않고 보호된다. 한 지역 안의 영역은 저렴하고 대기 시간이 짧은 연결 수단으로 서로 연결된다. 지역 이름은 영역 이름의 일부가 된다. 가령 us-east-1a는 us-east-1 지역에 있는 네 영역 중 하나다.

특정 물리적 위치에 매핑된 영역 이름은 다르지만, 각 AWS 계정에서는 일관된다. 예를 들어, 필자의 us-east-1a는 여러분의 us-east-1a와 다르지만, 필자의 us-east-1a는 항상 물리적 위치가 같다. 이러한 사용자별 매핑은 의도적이며 확장과 로드 관리를 단순화하기 위해 설계됐다.

지역의 가용 영역 목록을 보려면 DescribeAvailabilityZones 함수와 ec2-describe-availability zones 명령어를 사용한다.

지역

AWS의 **지역**(Region)은 하나의 지리적 구역에 있는 가용 영역을 의미한다. 각 AWS 지역에는 이름이 있으며 그 이름에는 AWS 지역이 속한 구역이 들어간다. 그러나 정확한 위치는 보안상 비밀로 분류된다. 현재 지역으로는 us-east-1(버지니아), us-west-1(캘리포니아 북부), eu-west-1(아일랜드), ap-southeast-1(싱가포르)가 있다. 시간이 지나면서 사용할 수 있는 지역이 추가될 것이다. 지역 목록을 보려면 DescribeRegion 함수와 ec2-describe-regions 명령어를 사용한다. 사업, 법률, 성능상의 이유로 여러 지역을 사용할 수 있다.

접속 식별자

AWS는 계정을 식별하기 위해 **접속 식별자**(access identifier)를 사용한다. 식별자는 다른 형식의 공개 키 암호화를 사용하며 항상 한 쌍으로 존재한다. 쌍의 첫 번째 요소는 공개돼 있으며, 난일의 AWS 계정을 식별하기 위해 이용된다. 두 번째 요소는 비밀이며 절대로 공유될 수 없고 AWS에 이뤄진 각 요청에 대한 시그너처를 생성하기 위해 사용된 요청 일부로서 전송될 때 시그너처는 요청의 무결성을 보장하고 요청이 적절한 사용자에 의해 만들어졌는지 검증하기 위해 사용된다. AWS는 두 개의 다른 접속 식별자 세트를 사용할 수 있다. 첫 번째 세트는 Access Key ID와 Secret Access Key로 구성된다. 그리고 두 번째 세트는 공개 키와 비밀 키가 있는 X.509 인증서다. AWS Portal에서 여러분의 접속 식별자를 볼 수 있다.[6]

AMI

AMI(Amazon Machine Image)는 컴퓨터의 루트 드라이브와 매우 비슷하다. AMI에는 운영체제가 포함되며 데이터베이스 서버, 미들웨어, 웹 서버 등과 같은 추가 소프트웨어와 애플리케이션이 있을 수 있다. 처음에는 미리 만들어진 AMI로 시작하겠지만 얼마 가지 않아서 여러분 자신에게 맞는 AMI를 직접 만들어서 다른 사람과 공유하거나 심지어 파는 방법을 배울 것이다. 각 AMI에는 고유한 ID가 있다. 예를 들어, ID가 ami-bf5eb9d6인 AMI에는 Ubuntu 9.04 Jaunty 서버가 포함된다. 등록된 인스턴스 목록을 얻으려면 DescribeImages 함수와

---

6 http://aws.amazon.com/account

ec2-describe-images 명령어를 사용한다. AWS AMI 카탈로그[7]에는 공개적으로 등록된 AMI 목록이 있다.

인스턴스

AMI 복사본을 **인스턴스**(instance)라고 한다. 같은 AMI의 복사본을 여러 개 실행할 수 있다. 인스턴스를 실행하려면 RunInstances와 ec2-run-instances 명령어를 사용한다. 실행 중인 인스턴스 목록을 보려면 DescribeInstances와 ec2-describe-instances를 사용하고, 종료 된 인스턴스 목록을 보려면 TerminateInstances 함수와 ec2-terminate-instances 명령어를 사용한다. AWS Management Console을 사용하면 EC2 인스턴스를 시각적으로 관리할 수 있다.

일래스틱 IP 주소

AWS에서 고정 IP 주소를 할당한 다음에 이것을 인스턴스에 첨부하거나 경로 설정할 수 있으 며, 이것을 **일래스틱 IP 주소**(Elastic IP Address)라고 한다. 각 인스턴스에는 일래스틱 IP 주소를 기껏해야 한 개 첨부할 수 있다. "일래스틱(Elastic)"이라는 말은 "탄력적인"이라는 뜻으로 여러 분의 요구가 변경될 때 주소의 할당, 첨부, 분리, 해제를 쉽게 처리할 수 있다는 것을 나타낸다. 주소를 할당하려면 AllocateAddress 함수나 ec2-allocate-address 명령어를 사용하고, 인 스턴스에 첨부하려면 AssociateAddress 함수나 ec2-associate-address 명령어를 사용한다.

EBS 볼륨

EBS(Elastic Block Store) 볼륨은 주소를 지정할 수 있는 디스크 볼륨이다. 여러분이나 여러분 의 애플리케이션은 볼륨을 생성하고, 동일한 가용 영역에서 선택된 모든 인스턴스에 볼륨을 첨부할 수 있다. 로컬 디스크 드라이브처럼 볼륨을 포맷하고 마운트하고 사용할 수 있다. 그 리고 인스턴스와 무관하게 볼륨을 만들거나 없앨 수 있다. 따라서 실행되는 인스턴스가 없더 라도 디스크 스토리지는 있을 수 있다. 볼륨을 만들려면 CreateVolume 함수나 ec2-create-volume 명령어를 사용하고, 실행 중인 인스턴스에 볼륨을 첨부하려면 AttachVolume 함수나 ec2-attach-volume 명령어를 사용한다.

---

7 http://aws.amazon.com/amis

보안 그룹

보안 그룹(Security Group)은 인스턴스의 네트워크 연결에 필요한 것을 정의한다. 각 그룹에는 이름이 붙으며, 프로토콜, 포트, IP 주소 범위로 구성된다. 하나의 그룹이 여러 인스턴스에 적용될 수 있으며, 하나의 인스턴스는 여러 그룹에 의해 규제될 수 있다. 그룹을 생성하려면 CreateSecurityGroup 함수와 ec2-add-group 명령어를 사용한다. 기존의 보안 그룹에 새로운 퍼미션을 추가하려면 AuthorizeSecurityGroupIngress 함수와 ec2-authorize 명령어를 사용한다.

ACL

ACL(Access Control List)은 한 객체의 퍼미션을 명시한다. ACL은 아이덴티티/퍼미션 쌍이 있는 목록이다. 객체의 기존 ACL을 보려면 GetObjectAccessControlPolicy 함수를 사용하고, 객체에 새로운 ACL을 지정하려면 SetObjectAccessControlPolicy 함수를 사용한다.

AWS 인프라 웹 서비스

이제 핵심 개념을 알았으므로 AWS 인프라 웹 서비스를 하나씩 살펴보자.

Amazon S3

Amazon S3(Simple Storage Service)은 비공개용 또는 공개용 이진 데이터 객체를 저장한다. S3 시스템은 내고장성(fault-tolerant)[8]을 지원하며, 하드웨어 장애가 일반적으로 일어난다는 것을 가정한다.

독립된 S3 위치는 여러 개 있으며 미국 표준 지역, 캘리포니아 북부 지역[9], 유럽, 아시아가 있다.

S3는 고가용성과 내구성을 이루기 위해서 각 객체의 복사본을 여러 개 만든다. 객체의 크기는 1바이트에서 5기가바이트 사이다. 모든 객체는 버킷(bucket)에 있으며 버킷에는 여러분이 원하는 만큼 많은 객체를 둘 수 있다. S3 계정은 최대 100개의 버킷이나 이름이 있는 객체 컨

8 　내고장성(fault-tolerant) : 시스템에 문제가 발생했을 때를 대비해 장애 대비책을 세워두는 것.
9 　캘리포니아 북부 지역은 캘리포니아와 미국 남서부에서 이뤄지는 요청에 대해 최적의 성능을 제공한다.

테이너를 수용할 수 있다. 버킷 이름은 전역 이름 공간에서 나온다. 따라서 버킷 이름을 만들 때 약간의 주의를 기울여야 하고, 견고한 전략을 짜야 할 것이다. 객체를 저장할 때 키가 버킷에 고유해야 한다. S3 도메인 이름, 전 세계적으로 고유한 버킷 이름, 객체 키가 합쳐져서 전 세계적으로 고유한 식별자가 만들어진다. HTTP 요청으로 S3 객체에 접근할 수 있으며, S3 객체는 웹 페이지, 스타일 시트, 자바스크립트 파일, 이미지, 미디어 파일을 저장하기에 완벽한 장소가 된다. 예를 들어, 필자가 키우고 있는 골든 리트리버인 매기의 그림이 있는 S3 URL은 http://sitepoint-aws-cloud-book.s3.amazonaws.com/maggie.jpg 다.

버킷 이름은 sitepoint-aws-cloud-book이고, 고유한 키는 maggie.jpg가 된다. S3 도메인 이름은 s3.amazonaws.com이 된다.

각 S3 객체는 자체 ACL을 가진다. 기본적으로 새로 만들어진 S3 객체는 비공개다. S3 API를 사용해 모든 사람이나 특정 사용자에게 접근할 수 있으며, 이들 사용자에게 읽기나 쓰기 퍼미션을 줄 수 있다. 매기의 그림을 공개적으로 읽을 수 있도록 설정해서 여러분도 그 녀석을 볼 수 있게 한다.

다른 AWS 서비스는 S3를 AMI, 접근 로그, 임시 파일용 스토리지 시스템으로 사용한다.

Amazon S3는 저장된 데이터의 양, S3로 들어오고 나가면서 전송된 데이터의 양, S3에 이루어진 요청의 수에 따라 누적해서 요금을 청구한다.

Amazon CloudFront

Amazon **CloudFront**는 Amazon S3와 연계되어 돌아가도록 설계된 콘텐츠 배포 서비스다. 모든 Amazon S3 데이터는 미국, 유럽, 아시아의 중앙 위치에서 서비스되므로 전 세계의 특정 장소에서 접근할 때 10분의 몇 초가 걸릴 수 있다. CloudFront는 접근 속도를 향상하는 일에 주력하며 이를 위해서 미국, 유럽, 아시아에 16개(책을 쓸 당시)의 에지 로케이션(edge location)을 두어서 최종 사용자가 콘텐츠에 더 빨리 접근할 수 있게 했다.

데이터를 S3 버킷에 저장한 후에 CloudFront 디스트리뷰션을 만들 수 있다. 각 디스트리뷰션에는 고유한 URL이 포함되며, 이것을 버킷 이름과 S3 도메인에 사용해 콘텐츠를 배포할 수 있다. CloudFront를 통해서 매기의 그림을 사용하려면 http://d1iodn8r1n0x7w.cloudfron. net/maggie.jpg를 사용한다.

여기서 보면 객체 이름은 그대로 있고, 객체 이름 앞에는 버킷의 디스트리뷰션에서 온 URL이 붙어 있다. CloudFront를 통해서 사용할 수 있게 만들어진 콘텐츠에 접근하기 위해

HTTP, HTTPS, RTMP 프로토콜을 사용할 수 있다.

CloudFront는 CloudFront에서 전송된 데이터의 양과 CloudFront에 대해 이루어진 요청의 수를 기반으로 누적해서 요금을 청구한다.

Amazon SQS

SQS(Simple Queue Service)를 사용하면 확장성이 높은 프로세싱 파이프라인을 구축할 수 있다. 큐를 사용하면 유연성, 비동시성, 내고장성을 확보할 수 있다. 파이프라인의 각 단계에서는 큐 서비스의 인스턴스에서 작업 단위를 검색하고, 작업 단위를 적절하게 처리하고, 추후의 프로세싱을 위해 완성된 작업을 또 다른 큐로 쓴다. 큐가 잘 작동하려면 개별 작업 단위에 대한 각 프로세싱 단계를 위한 요구사항(CPU, I/O 속도)이 상당히 달라야 한다.

S3와 마찬가지로, 미국과 유럽에는 별도의 SQS 인스턴스가 있다.

SQL 사용량은 전송된 데이터의 양과 SQS에 대해 이루어진 요청의 수를 기반으로 한다.

Amazon SimpleDB

Amazon **SimpleDB**는 반구조적인 데이터의 저장과 검색을 지원한다. 전통적인 관계형 DB와 달리 SimpleDB는 고정된 데이터베이스 스키마를 사용하지 않는다. 그 대신 SimpleDB는 저장된 데이터의 '형태(shape)'의 변화를 즉시 적용한다. 그래서 새로운 필드를 추가할 때 기존의 레코드를 업데이트할 필요가 없다. 또한, SimpleDB는 저장된 모든 데이터를 자동으로 인덱싱하므로 프로파일링이나 질의 최적화를 직접 할 필요가 없다.

SimpleDB 데이터 모델은 유연하고 직관적이며 유사한 데이터를 도메인으로 그룹화한다. 각 도메인에는 수백만 개의 항목이 들어갈 수 있으며 각 항목에는 고유한 키가 붙는다. 그리고 각 항목은 속성/값 쌍을 많이 가질 수 있다. 필요할 때 속성 이름은 항목마다 바뀔 수 있다.

다른 서비스와 달리 SimpleDB는 많은 양의 데이터와 높은 요청 속도를 처리할 수 있게 만들어졌다. 따라서 데이터베이스 규모가 커질 때 디스크 드라이브를 추가하고 복잡한 데이터 복제 스키마를 만드는 것을 고민하지 않아도 된다. 여러분의 애플리케이션을 세계적인 규모로 성장시키면서도 코드를 깔끔하게 유지하고 아키텍처를 직관적으로 유지할 수 있다.

SimpleDB는 저장된 데이터의 양, 전송된 데이터의 양, 질의 프로세싱에 사용하는 CPU 시간에 따라 누적하여 비용이 청구된다.

Amazon RDS

Amazon RDS(Relational Database Service)를 활용하면 MySQL 데이터베이스 인스턴스의 생성, 관리, 백업, 규모 조정을 쉽게 처리할 수 있다. 이렇게 만든 인스턴스를 RDS에서는 **DB 인스턴스**(DB instance)라고 하며, 이 책에서는 이 용어를 사용할 것이다.

RDS는 MySQL을 실행할 때 해야 할 지루하고 성가신 운영 관련 작업을 처리해서, 여러분이 애플리케이션에 집중할 수 있게 도와준다. 하드웨어를 구하고, 운영체제나 데이터베이스 엔진을 설치 및 설정하고, 백업용 스토리지를 찾는 일에 염려하지 않아도 된다. 처리 능력을 올리거나 낮출 수 있으며, 스토리지 할당을 증가시킬 수 있고, 이렇게 해서 변화하는 상황에 쉽게 반응할 수 있다. DB 인스턴스를 Amazon S3로 백업하는 것이나 DB 인스턴스를 새로 생성하는 일도 매우 쉽다.

또한, RDS에는 Multi-AZ(Multi-Availability Zone) 옵션이 있으며, 이 옵션을 사용해 DB 인스턴스의 이중화 백업 복사본을 실행할 수 있다. 이렇게 해서 가용성과 신뢰성을 추가로 확보할 수 있다.

Amazon RDS는 각 DB 인스턴스가 실행되는 시간과 인스턴스에 할당된 스토리지의 양을 기반으로 누적하여 요금이 청구된다.

Amazon EC2

Amazon EC2(Elastic Compute Cloud) 인프라를 사용하면 AMI(Amazon Machine Instance)를 실행하는 서버 인스턴스를 가동할 수 있다. 사용할 수 있는 인스턴스 유형의 범위는 메모리, 처리 능력, 로컬 디스크 스토리지에 따라 매우 넓다. 모든 EC2 지역에 있는 인스턴스를 가동하고, 필요할 때 가용 영역을 특정해서 선택할 수 있다. 일단 가동되면 인스턴스는 여러분의 계정에 첨부되어서 여러분이 셧다운하기 전까지는 계속 실행될 것이다.

각 인스턴스는 방화벽에 의해 보호되며 방화벽은 모든 내부/외부 연결을 차단한다. 인스턴스를 가동할 때 여러 개의 보안 그룹을 인스턴스에 결부할 수 있고 보안 그룹을 이용해 인스턴스에 대한 접근을 적절하게 통제할 수 있다.

인스턴스가 가동될 때 EC2 인프라는 인스턴스에 IP 주소와 DNS 엔트리를 제공한다. IP 주소와 DNS 엔트리는 일시적이다. 즉, 인스턴스가 셧다운되거나 충돌이 발생할 때 인스턴스에 할당된 IP 주소와 DNS 엔트리는 분리된다. 셧다운 되어도 계속 유지되거나 많은 머신들 중 하나에 매핑될 수 있는 IP 주소가 필요하면 일래스틱 IP 주소를 사용할 수 있다. 이 주소는 특정 EC2 인스턴스보다 여러분의 AWS 계정에 의해 효과적으로 소유된다. 일단 할당되면 그 주소를 포기하기 전까지 여러분의 것이 된다.

인스턴스는 임시 프로세싱을 위해 충분한 양의 로컬 디스크 스토리지를 가지고 있다. 표준 IP 주소 및 DNS 이름과 같이 이 스토리지는 일시적이며, 해당 인스턴스를 사용하지 않기로 할 때 삭제되고 다른 사람에 의해 재사용된다.

EBS(Elastic Block Store) 볼륨을 장기적으로, 즉 더 오래 사용되는 스토리지용으로 사용할 수 있다. 여러 개의 EBS 볼륨을 생성해 여러분의 인스턴스에 첨부하고 선택한 파일 시스템으로 해당 볼륨을 포맷할 수 있다. S3에 대한 스냅샷 백업을 만들 수 있으며 같은 볼륨에 대해 해당 스냅샷을 복구하거나 새로운 볼륨을 생성할 수 있다.

EC2는 인스턴스가 실행된 시간과 전송되어 들어오고 나간 데이터의 양을 기반으로 누적하여 비용이 청구된다. 같은 지역의 다른 AWS 서비스로 데이터를 송수신할 때는 비용이 청구되지 않는다. EBS 볼륨에 대한 요금은 볼륨의 크기(데이터가 실제로 얼마나 많이 저장되었는지는 상관없음)를 기반으로 하며, I/O 요청에 대해서 비용이 청구된다. 할당됐지만 사용하지 않았어도 할당된 일래스틱 IP 주소에 대해서는 비용이 청구된다.

EC2 **CloudWatch**는 EC2를 모니터링한다. CloudWatch는 각 EC2 인스턴스의 성능 관련 정보(CPU 부하 평균, 디스크 I/O 속도, 네트워크 I/O 속도)를 수집하고 저장한다. 데이터는 2주 동안 저장되며 분석과 시각화를 위해 검색될 수 있다.

EC2 **Elastic Load Balancer**를 사용해 EC2 인스턴스에 웹 트래픽을 배포할 수 있다. 인스턴스는 같은 가용 영역에 있을 수 있거나 한 지역의 여러 영역에 분산돼 있을 수 있다. 일래스틱 로드 밸런서는 관리 대상인 인스턴스의 상태를 주기적으로 점검하고, 문제가 있다고 판단되는 인스턴스에는 트래픽 전송을 중단할 것이다. 상태 점검을 위해 각 EC2 인스턴스로 ping을 보낸다.

마지막으로, EC2 **Auto Scaling** 기능은 CloudWatch에 의해 수집된 데이터를 사용한다. 이 기능을 활용해 규모를 확장(더 많은 EC2 인스턴스 추가)하거나 축소(EC2 인스턴스 셧다운)할 수 있는 시스템을 구축할 수 있다. Auto Scaling을 이용하면 각 오퍼레이션에 대한 트리거를 정의할 수 있다. 예를 들어, 자동 스케일링 그룹의 평균 CPU 사용량이 80%를 초과하면 규모를 10% 확장하고, CPU 사용량이 40% 이하로 떨어지면 규모를 10% 축소할 수 있으며, 이 작업에 Auto Scaling을 사용할 수 있다.

Amazon Elastic MapReduce

Elastic **MapReduce** 서비스를 활용하면 대규모 데이터 프로세싱 작업을 처리하기 위해 여러 개의 EC2 인스턴스를 병렬로 실행할 수 있다. 이 서비스는 오픈 소스인 Hadoop 프레임워크[10]를 사용하며, 이것은 MapReduce 패러다임을 구현한 것이다. 구글에서 개발한 MapReduce를 사용하면 수십 개나 수백 개의 인스턴스를 기동, 모니터링, 로드, 종료해야 할 때 발생하는 많은 문제를 해결할 수 있다. Elastic MapReduce는 로그 파일 처리와 같은 지루한 작업에 적합하며 유전자 염기 서열 분석과 같은 심오한 과학 애플리케이션에도 적절하다.

기타 서비스

AWS는 새로운 기능과 서비스를 계속 제공한다. 최신 정보를 보려면 AWS 홈페이지와 AWS 블로그[11]를 수시로 점검하기 바란다.

마무리

이번 장에서는 AWS 인프라 서비스를 하나씩 자세히 살펴봤다. 그리고 이들 서비스의 특징과 가격 책정 방식도 설명했다. 또한, AWS의 핵심 개념도 살펴봤다. 다음 장에서는 스크립트 작성에 필요한 개발 환경 및 도구를 준비하고 개발 도구의 기능을 사용해 볼 것이다.

---

10   http://hadoop.apache.org/mapreduce/

11   http://aws.typepad.com

Amazon Web Service

03

개발 환경 설정

2장에서 Amazon 웹 서비스의 범위와 웹 서비스로 무엇을 할 수 있는지 알아봤다. 이제 이 서비스를 어떻게 시작해야 하는지 살펴볼 차례다. 그러나 코딩을 시작하기 전에 툴을 갖춰야 한다. 이 장에서는 비주얼 툴(사용자 인터페이스와 콘솔)과 명령어 라인 툴에 대해 설명할 것이다. 또한, 프로그래밍 언어용으로 사용할 수 있는 라이브러리도 살펴볼 것이다. 이 책은 PHP에 초점을 두지만, 라이브러리를 선택할 때의 일반적인 규칙도 언급할 것이다. 또한, 이번 장에서는 AWS 계정의 생성 방법, CloudFusion 설치 방법, 필수 명령어 라인 툴에 대해서도 알아볼 것이다.

기술적인 선수 조건

먼저, 여러분의 프로그래밍 및 시스템 관리 기술이 필자가 생각한 수준인지 확인할 필요가 있다. 그리고 여러분에게 적합한 하드웨어와 소프트웨어를 갖추는 것도 중요하다.

기술 수준

이 책은 중급 수준의 PHP 프로그래머를 주된 독자로 하므로 여러분이 PHP 코드를 읽고 쓸 수 있다고 가정한다. 따라서 PHP의 심오한 기능은 사용하지 않을 것이며, error_reporting 함수나 foreach 반복문의 세부 기능을 설명하지도 않을 것이다. 또한, PHP 코드의 작성, 디버깅, 실행 메커니즘도 이미 알고 있다는 가정하에 설명을 진행할 것이다.

웹 기술에서 HTML과 CSS를 알고 있고, 자바스크립트도 조금 안다고 가정한다.

시스템 측면에서 리눅스/유닉스 명령어에 익숙한 것으로 가정한다. 따라서 ls, scp, grep 같은 명령어를 따로 설명하지 않을 것이다. vi, emacs, Notepad 같은 텍스트 에디터도 능수능란하게 잘 사용하는 것으로 가정한다.

요즈음 소규모 조직에 있는 개발자는 시스템 관리도 어느 정도 하는 것으로 알고 있다. 여러분도 패키지를 설치하거나 로그 파일을 분석하는 것과 같은 일반적인 시스템 관리 업무에도 익숙할 것으로 본다.

하드웨어와 소프트웨어

인터넷에 연결된 맥이나 PC를 가지고 있을 것이다. PC는 윈도우나 리눅스에서 돌아갈 것이다.

일부 PHP 코드는 로컬에서 실행되는 것이 유용할 수 있다. 윈도우용 WAMP[1]나 맥용 MAMP[2] 같은 패키지를 이용하면 PHP, MySQL, Apache 웹 서버를 쉽게 설치하고 설정할 수 있다. 이에 관해서는 이 책의 "PHP 코드 실행" 절에서 자세히 설명한다.

웹 브라우저가 있어야 한다. 인터넷 익스플로러는 있을 것이다. 이것이면 충분하다. 그러나 일부 비주얼 툴은 파이어폭스 익스텐션을 필요로 한다.

SSH(Secure Shell) 클라이언트도 필요하다. 필자는 윈도우 SSH 클라이언트 중에서 PuTTY를 좋아한다. PuTTY[3]는 빠르면서도 안정적이며, 터미널 에뮬레이션에 흠이 없다. 맥 OS X과 리눅스에서는 운영체제에 포함된 명령어 라인 SSH 클라이언트를 사용할 수 있다.

---

1   http://www.wampserver.com/en/

2   http://www.mamp.info/en/index.html

3   http://www.chiark.greenend.org.uk/~sgtatham/putty/

회사에서 작업하고 있고 여러분의 데스크톱이 잠겨 있다면 클라우드는 여러분에게 진짜로 흥미로운 새로운 옵션을 준다. 데스크톱 머신에 손을 대지 않고 윈도우에서 돌아가는 EC2 인스턴스를 기동하고, 원격 데스크톱으로 인스턴스로 접근해 개발 작업을 진행할 수 있다.

권고 사항

필수 사항은 아니지만 세 가지 권고 사항이 있다. 예비 도메인 네임, 좋은 DNS 서비스, 소스 코드 제어 시스템을 확보할 필요가 있다.

예전에는 도메인 네임이 연간 75달러 정도로 비쌌으며 등록하는 일도 복잡했다. 요즈음 도메인 네임은 저렴하고 등록도 매우 간단하다. 이 책의 예제로 작업할 때 자유롭게 사용할 수 있는 도메인을 한두 개 확보할 것을 권고한다.

DNS 제공업체에 가서 여러분의 도메인 네임을 IP 주소에 매핑할 수 있다. 예전에 필자는 자체 DNS 서버를 운용했다. 2004년부터 ZoneEdit[4]를 열심히 사용하고 있다. DNS 서비스에서는 대개 5개까지의 도메인을 연결할 수 있다.

애플리케이션에 대한 소스 코드 제어 시스템에 관해 생각할 수 있다. 클라우드에서 호스팅되는 소스 코드 제어 시스템을 이용하면 애플리케이션의 모든 비트와 부분을 추적할 수 있으며, 최신 코드를 언제라도 검색할 수 있다. 2004년부터 필자는 CVS 호스트로서 CVS Dude[5]를 사용해왔다. CVS는 필자보다 더 오래됐으며[6], 좀 더 최신인 Subversion 시스템을 호스트하기도 한다. 프로젝트의 필요에 따라 GitHub[7], Google Code[8], SourceForge[9]를 고려할 수 있다. 일부 무료 시스템은 특정 오픈 소스 라이선스를 사용해야 하므로 자료를 먼저 읽기 바란다.

---

4   http://www.zoneedit.com/

5   http://www.cvsdude.org /

6   필자의 유머를 즐기기 바란다.

7   http://github.com/

8   http://code.google.com/hosting/

9   http://sourceforge.net/

툴과 라이브러리

AWS 인프라 서비스를 살펴보고 적절한 기술을 보유하고 있는지도 확인해 봤고, 기술적인 선수 조건도 알아봤으므로 무언가 작업을 해야 할 차례다.

이번 절에서는 AWS 개발자로서 여러분이 사용할 수 있는 프로그래밍 라이브러리, 명령어 라인 툴, 비주얼 툴을 살펴본다. 각 경우에 합당한 옵션이 많이 있다는 것을 명확하게 하려고 여러 가지 대안을 제공할 것이다. 필자가 설명할 항목 중 일부는 아마존에 의해 만들어지고 유지됐으며, 어떤 것은 독립적으로 활동하는 개발자에 의해 만들어졌다.

툴 선택 시 고려사항

툴을 선택할 때 고려해야 할 몇 가지 사항이 있다.

문서화

툴에 대한 문서가 잘 갖추어져 있는가? 문서가 현재 릴리즈와 일치하는가? 문서 관리자가 문서의 완성도를 높이기 위해 노력하는가? 문서화가 항상 코드 뒤에 쳐지는가?

인기도와 평판

툴 이름을 웹에서 검색하면 어떤 내용이 나오는가? 툴의 커뮤니티에 쉽게 접근할 수 있는가?

커뮤니티 지원

툴에 관련된 커뮤니티가 있는지 점검하고 토론 포럼도 있는지 확인하라. 그곳에서 다른 개발자가 어떤 말을 하는지 보기 바란다. 원 개발자나 현재 개발자가 해당 커뮤니티에 참여하고 있는지도 확인하기 바란다. 그리고 그들이 사용자와 대화하는 것을 즐기는지 아니면 마지못해 하는지 보기 바란다.

업데이트 주기

툴의 릴리즈와 패치 이력을 보기 바란다. AWS가 릴리즈될 때 같이 업데이트되는가? 문제 발생 시 툴 개발자가 적절하게 패치하는가? 정해진 릴리즈 일정이 있는가?

스타일

툴이 여러분의 작업 스타일에 잘 맞는가? 명령어, 함수, 데이터 구조 이름에 일관성이 있고 논리적인가? 여러분의 경험에서 우러나온 추측이 종종 정확한가?[10]

보안

AWS 공개 키와 비밀 키가 있는 툴들을 신뢰할 것이므로 주의가 요구된다. 적어도 툴이 키를 저장하는 방법과 장소를 알아야 하고, 어떤 우연으로 키가 노출되는 것을 방지하는 방법도 이해하고 있어야 한다.

언어 라이브러리

언어 라이브러리는 애플리케이션과 웹 서비스 호출 사이에 있다. 라이브러리는 언어의 구조와 스타일에 일치하는 어댑터를 제공하며, 이렇게 함으로써 애플리케이션 코드가 자연스럽게 보이게 만든다. 일부 라이브러리는 객체 지향 인터페이스를 제공한다. 모든 라이브러리는 호출하고, 디폴트 매개변수 값을 처리하고, 비공개 및 공개 키를 관리하고, 요청에 서명하고, 웹 서비스를 호출하고, 오류 조건을 점검하고, 반환 값을 네이티브 객체로 파싱하는 것과 관련된 세부 사항을 처리한다. 일부 라이브러리는 일시적인 오류로 인해 실패한 호출을 재시도하는 함수를 제공하며, 어떤 라이브러리는 다수의 호출로 반환된 데이터를 단일의 반환 값으로 누적하기도 한다.

아마존의 PHP용 공식 라이브러리는 매우 좋다. 그러나 이 글을 쓸 당시에 일부 서비스(예: S3)에 대한 지원이 부족했다. S3 지원이 필요치 않더라도 이들 라이브러리는 여러분을 만족하게 할 것이다. EC2 라이브러리[11](EC2, CloudWatch, Auto Scaling, Elastic Load Balancing) 뿐만 아니라 PHP와 다른 언어용 라이브러리들을 자주 볼 수 있다.

이 책에서는 라이언 파르맨이 작성한 CloudFusion 라이브러리를 사용할 것이다. 이 라이브러리는 AWS의 모든 서비스를 지원한다. CloudFusion은 멀티 스레드 접근과 대량 오퍼레이션을 지원하며 BSD 라이선스[12]가 적용된다. 그리고 오픈 소스 형식으로 지원된다. CloudFusion은 AWS의 사용을 더 쉽게 만드는 높은 수준의 유틸리티 함수들을 많이 지원한다.

---

10 여기서 "직관적"이라는 단어를 사용하지 않은 이유를 이 책에서 설명할 것이다. 그러나 일단 여기서는 이 정도로 이야기하는 것으로 마무리한다.

11 http://developer.amazonwebservices.com/connect/kbcategory.jspa?categoryID=85

12 http://www.opensource.org/licenses/bsd-license.php

CloudFusion을 사용해 S3 버킷을 생성하는 방법을 설명하는 코드는 다음과 같다. CloudFusion이 간략하고 사용하기 쉽다는 것을 보여 주기 위해 이 코드를 가져왔다.

```php
#!/usr/bin/php
<?php

error_reporting(E_ALL);
require_once('cloudfusion.class.php');

$s3 = new AmazonS3();
$res = $s3->create_bucket("jeff_barr_bucket");

if ($res->isOK())
{
    print("Bucket created\n");
}
else
{
    print("Error creating bucket\n");
}
?>
```

먼저, 새로운 AmazonS3 객체를 생성하고 이 객체를 통해서 필요로 하는 함수에 접근할 수 있다. Create_bucket 함수를 호출해 버킷을 생성하며 새로운 버킷의 이름을 넣는다. 그런 다음에 isOK 메서드로 오류가 없는지 확인한다.

지금 상태에서 위 코드를 자세히 알지 못한다고 해서 걱정할 필요는 없다. 조금 있으면 모두 알게 될 것이다. CloudFusion 프로젝트와 관련해서 GitHub 리포지터리[13]와 웹 사이트[14]가 있다. 이번 장의 뒤에 있는 "CloudFusion 설치" 절에서 CloudFusion을 더 깊이 살펴볼 것이며, 따라서 지금 막 CloudFusion을 내려받거나 설정할 필요는 없다.

명령어 라인 툴

얼마 전까지 사람이 컴퓨터에 무언가를 지시하려면 쉘 창에 명령어를 타이핑해야 한다고 생각했다. 비주얼 툴이 나오면서 반복적으로 진행되는 타이핑 작업이 많이 줄었지만, 명령어 라인

13　http://github.com/cloudfusion/cloudfusion

14　http://getcloudfusion.com/

을 사용해야 할 타당한 이유는 아직 많이 있다. 명령어 라인 툴은 스크립트 일부로서 사용하기가 더 쉬워졌다. 순차적인 명령어와 의사결정에 관련된 반복 오퍼레이션은 자동화될 수 있다. 두 개 이상의 명령어 라인에서 나온 결과는 함께 섞일 수 있다. 이 모든 것을 고려하면 명령어 라인 툴은 여전히 존재해야 할 목적이 있다.

아마존은 많은 명령어 라인 툴을 제공한다. 첫 번째 툴로 API 툴이 있는데, 이렇게 부르는 이유는 EC2 API에는 각 함수를 위해 하나의 툴이 있기 때문이다. 예를 들어, ec2-run-instances 명령어는 EC2 RunInstances 함수의 래퍼다. API 툴은 Java로 작성됐다. 그러나 소스를 사용할 수는 없다. EC2 API 툴은 네 개의 패키지로 나뉜다.

1. Amazon EC2 API 툴[15]을 사용하면 EC2 API 함수로 접근할 수 있다.

2. Amazon CloudWatch API 툴[16]을 사용하면 CloudWatch API 함수로 접근할 수 있다.

3. Auto Scaling API 툴[17]을 사용하면 Auto Scaling API 함수로 접근할 수 있다.

4. Elastic Load Balancing API 툴[18]을 사용하면 Elastic Load Balancing API 함수로 접근할 수 있다.

또한 아마존은 AMI 툴[19]도 제공한다. 근본적으로 특수한 목적으로 만들어진 이 툴을 사용해서 여러분에게 맞는 AMI를 생성, 업로드, 등록할 수 있다.

AWS 개발자 커뮤니티의 회원들은 많은 명령어 라인 툴을 만들었다. 이들 툴 중 일부는 단일 서비스로의 접근을 제공하는 것에 중점을 두고 있고, 어떤 툴은 모든 서비스를 염두에 두고 만들어지기도 했다. 후자에 속한 툴로는 팀 케이의 인기 있는 aws 명령어[20]가 있다. 이 놀라운 맥가이버 칼 같은 툴은 이제 EC2 서비스, S3, SQL용 함수들을 제공한다. Perl로 작성된 이 스크립트는 리눅스와 윈도우에서 돌아간다.

---

15   http://developer.amazonwebservices.com/connect/entry.jspa?externalID=351&categoryID=251

16   http://developer.amazonwebservices.com/connect/entry.jspa?externalID=2534&categoryID=251

17   http://developer.amazonwebservices.com/connect/entry.jspa?externalID=2535&categoryID=251

18   http://developer.amazonwebservices.com/connect/entry.jspa?externalID=2536&categoryID=251

19   http://developer.amazonwebservices.com/connect/entry.jspa?externalID=368

20   http://timkay.com/aws/

비주얼 툴

비주얼 툴은 매우 많이 있으며 여기서는 필자가 선호하는 툴 중 몇 가지를 다룰 것이다. 최소한 네 종류의 비주얼 툴이 있다.

1. Ajax로 돌아가는 동적인 애플리케이션 : AWS Management Console이 이 유형에 속한다.

2. 브라우저 익스텐션 : S3Fox가 파이어폭스 웹 브라우저에 대한 익스텐션이다.

3. 스탠드얼론 데스크톱 애플리케이션 : CloudBerry Explorer, Bucket Explorer, SimpleDB Explorer가 모두 이 범주에 속한다.

4. 장비에 고유한 애플리케이션 : Ylastic과 Direct Thought의 아이폰 애플리케이션이 이 범주에 속한다.

AWS Management Console

AWS Management Console[21]은 AWS 일부다. 이것은 AWS 사이트의 일부이므로 설정 작업이 필요하지 않다. 일단 로그인하면 모든 EC2 서비스, CloudFront, Elastic MapReduce에 접근할 수 있다. 실행 중인 인스턴스를 보고 새로운 인스턴스를 기동할 수도 있다. 보안그룹, EBS 볼륨, 일래스틱 IP 주소, 아이덴티티 키 쌍을 관리할 수 있다. 그림 3.1은 AWS Management Console을 보여준다.

S3Fox

S3Fox[22]는 파이어폭스용 무료 S3와 CloudFront 확장기능으로 스시 소프트웨어 솔루션즈(Suchi Software Solutions)의 제품이다. 이를 사용하면 데스크톱의 파일을 Amazon S3로, 반대로 Amazon S3의 파일을 데스크톱으로 쉽게 복사할 수 있다. 그림 3.2는 S3Fox가 무엇을 하는지 보여준다. 왼쪽은 로컬 디스크이고 오른쪽은 S3 버킷이다.

---

21 http://console.aws.amazon.com

22 http://www.s3fox.net/

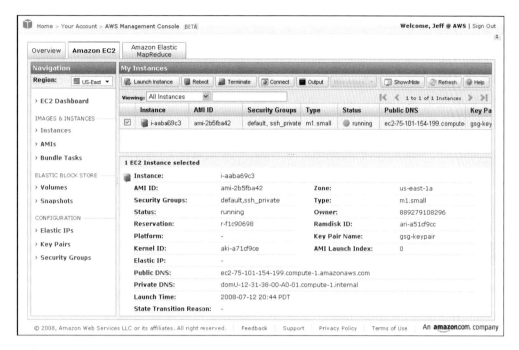

그림 3.1 AWS Management Console

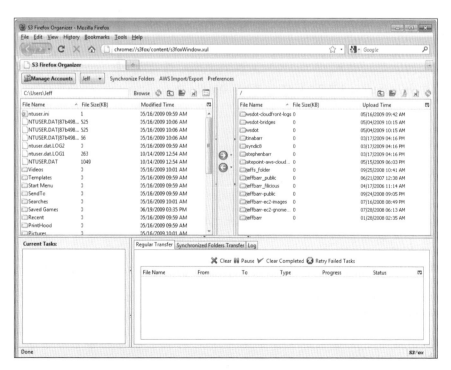

그림 3.2 S3 Firefox Organizer – 이중 페인 인터페이스

CloudBerry Explorer

CloudBerry Explorer[23]는 무료 데스크톱 애플리케이션으로 CloudBerry Lab의 제품이다. 이를 이용하면 S3 버킷을 관리하고, 파일을 Amazon S3로 복사하고, CloudFront 배포판을 생성할 수 있다. 프로패셔널 버전은 파일 암호화, 데이터 압축, FTP 서버 접근을 지원한다. 무료 버전의 화면은 그림 3.3과 같다.

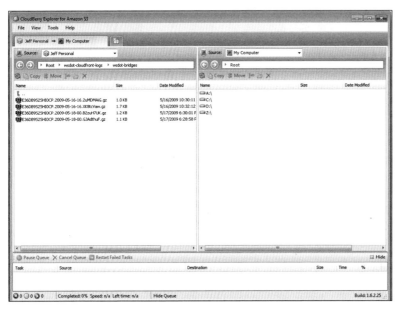

그림 3.3   CloudBerry Explorer: 왼쪽은 S3 버킷, 오른쪽은 로컬 디스크

Bucket Explorer

Bucket Explorer[24]는 Chambal.com의 상용 데스크톱 애플리케이션이다. 윈도우, 맥, 리눅스용 무료 시험 버전을 내려받을 수 있다. Bucket Explorer는 S3 버킷과 객체를 관리하고 공유 버킷, 로컬/원격 동기화, 버저닝을 지원한다. 그림 3.4는 Bucket Explorer의 화면이다.

SimpleDB Explorer

SimpleDB Explorer[25]는 Chambal.com의 제품으로 윈도우, 맥, 리눅스 버전이 있다. 이를 이

---

23   http://cloudberrylab.com/

24   http://www.bucketexplorer.com/

25   http://www.sdbexplorer.com/

용하면 SimpleDB 도메인과 메타데이터를 읽고 쓸 수 있으며 질의, 정렬, 페이지 매기기도 처리할 수 있다.(그림 3.5 참조)

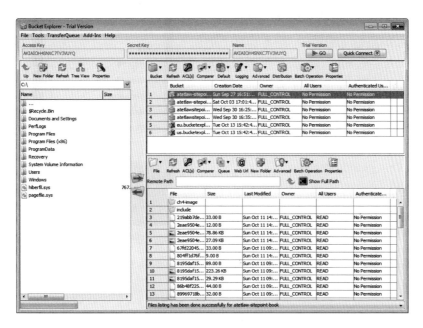

그림 3.4 Bucket Explorer: 위는 버킷 목록, 아래는 콘텐트

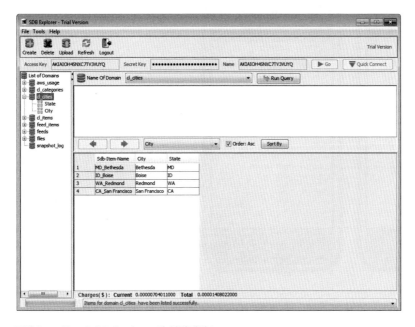

그림 3.5 SimpleDB Explorer의 인터페이스

Ylastic

Ylastic[26]은 애플 아이폰과 구글 안드로이드 운영
체제 기반의 휴대전화에서 EC2 서비스, SQS, S3,
CloudFront, SimpleDB를 관리할 수 있다. 그림 3.6
은 안드로이드 폰의 Ylastic이다. 더 좋은 장비를 주된
AWS 관리 툴로 사용하는 것이 바람직하겠지만, 이동형
관리 툴을 가까이 두는 것도 유용할 수 있다.

DirectEC2

다이렉트 쏘트(Direct Thought)사는 DirectEC2[27]를 만
들었으며 DirectEC2는 아이폰과 아이팟 터치용의 EC2
네이티브 인터페이스다. 이 애플리케이션으로 EC2의 모
든 기능, 즉 AMI, 실행 인스턴스, EBS 볼륨, EBS 볼륨

그림 3.6   안드로이드폰의 Ylastic

스냅샷, 보안 그룹, IP 주소, 키 쌍을 모두 제어할 수 있다. 그림 3.7은 아이폰의 DirectEC2다.

그림 3.7   아이폰의 DirectEC2

---

26   http://www.ylastic.com/

27   http://www.directthought.com/launch.html#directEC2

AWS 계정 생성

이 책의 코드를 실행하려면 AWS 계정이 필요하다. 계정은 무료이며 실제로 사용하는 서비스에 대해서만 요금이 부과되지만, 계정을 만들려면 이메일 주소와 신용카드가 필요하다.

　AWS 계정이 이미 있다면 이번 절을 건너뛰어도 된다.

　http://aws.amazon.com/을 방문해서 "가입" 버튼 또는 "무료로 시작" 버튼을 클릭한다(그림 3.8 참고). 홈 화면이 수시로 바뀌기 때문에 버튼 이름은 바뀔 수 있다.

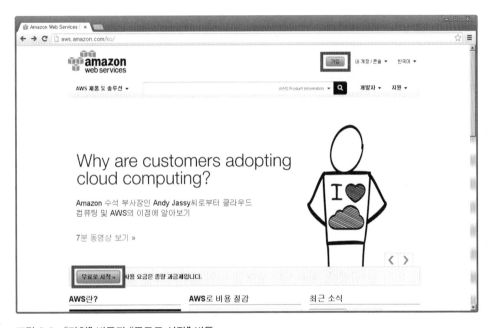

그림 3.8 "가입" 버튼과 "무료로 시작" 버튼

　다음 페이지에서 이메일 주소를 입력하고 I am a new user 옵션을 선택한다. 그런 다음 Sign in using our secure server 버튼을 클릭한다. 등록 페이지로 넘어가면 이름을 입력하고, 이메일 주소와, 비밀번호를 두 번씩 입력한 다음에 Continue 버튼을 클릭한다.

　다음 페이지에서 전체 이름, 회사, 이름, 국가, 주소, 우편 번호, 전화번호를 입력한다. 그 다음에 보안 점검을 위해 이미지에 표시된 문자를 입력한다. 그리고 AWS 고객 계약 조건에 동의하는 체크 박스에 체크한 다음에 "계정 만들기 및 계속" 버튼을 클릭한다.

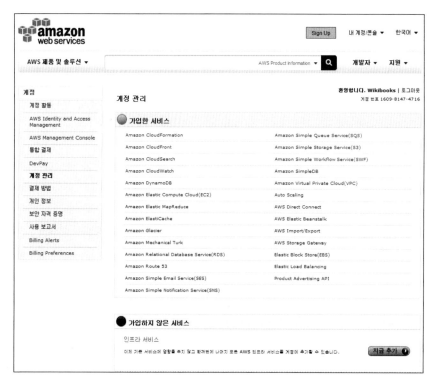

그림 3.9 AWS 계정을 제대로 만들었다는 것을 보여줌

여기까지 했으면 그림 3.9와 같은 페이지가 보일 것이다. 이 페이지는 여러분이 AWS 계정을 가졌다는 것을 보여준다. AWS로 온 것을 환영하고 축하한다!

해야 할 일이 조금 더 남아 있다. 신용카드 번호를 아직 입력하지 않았다. 다음 단계는 실제 AWS 서비스에 가입하는 것이다. 가입하지 않은 서비스에서 "지금 추가" 버튼을 클릭한다. 다음 페이지에 접근하기 위해서 신용카드 정보[28]를 입력하고, "계속" 버튼을 누른다. 마지막으로 전화번호 인증 절차가 남았다. Country Code는 Korea, Republic of를 선택하고 전화번호를 입력한다. 전화번호가 01012345678이라면 맨 앞의 0을 제외한 숫자인 1012345678만 입력하면 된다. Call Me Now 버튼을 누르면 입력된 전화번호로 화면에 표시된 인증 ID를 입력하라는 전화가 걸려오고, 안내에 따라 인증 ID를 입력하면 신원 확인이 완료되고, 이후 계정 활성화 과정을 거쳐서 확인 내용이 등록한 이메일로 온다.

---

28 아마존 웹 사이트의 결제 안전성과 보안성(Payment Safety and Security)을 보려면 http://www.amazon.com/gp/help/customer/display.html?ie=UTF8&nodeId=518224&#safe로 간다.

계정을 만드는 과정에서 $2가 결제되는데, 이는 신원 확인을 위한 절차로 실제로 결제되지는 않는다.

가입이 완료되면 두 개의 이메일이 오며, 하나는 가입 환영 이메일이고 다른 하나는 가입 내용 확인 이메일이다.

AWS 키 확보

AWS 계정을 만들었으면 그다음에는 공개 및 비공개 AWS 키에 접근해야 한다.

http://aws.amazon.com에 있는 AWS 포털로 가서 [내 계정 / 콘솔] - [내 계정] 메뉴의 보안 자격 증명(Security Credentials)을 선택한다(그림 3.10 참고).

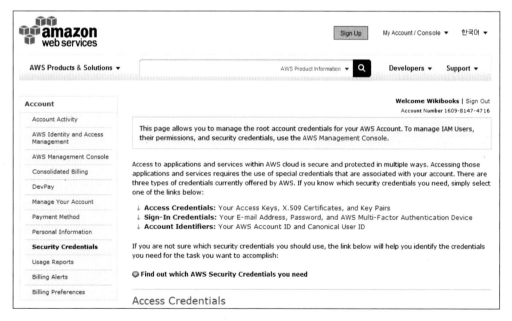

그림 3.10 Account 메뉴

필요한 경우 이메일 주소와 비밀번호를 다시 입력한다. 그러면 보안 자격 증명(Security Credentials) 페이지가 보일 것이다. 스크롤을 아래로 내려서 Your Access Keys 부분으로 간다(그림 3.11 참고).

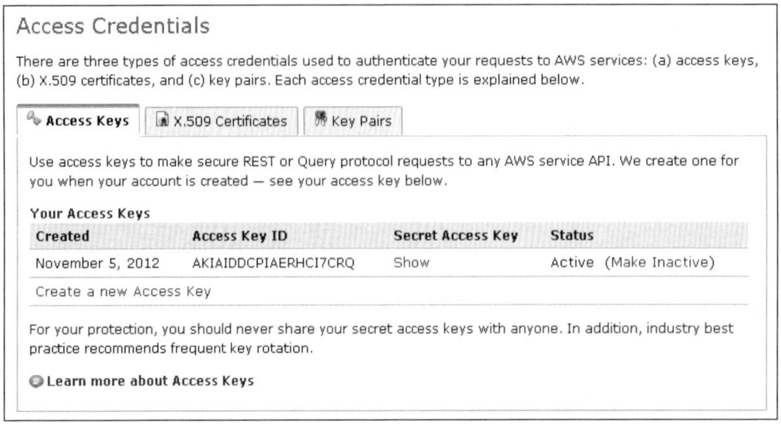

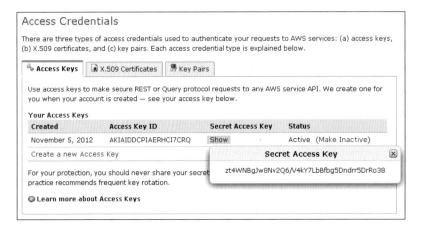

그림 3.11 액세스 키들

이 키들은 다음 절에서 필요하다. Access Key ID를 선택한 다음에 키를 복사해 메모장이나 텍스트 편집기에 붙여 넣는다.

show 링크를 클릭해 Secret Access Key를 확인한다(그림 3.12 참고). Secret AccessKey도 복사해서 메모장이나 텍스트 편집기에 붙여 넣는다.

그림 3.12 Secret Access Key

여기까지 했으면 다음 절에서 CloudFusion을 내려받고 설치할 수 있다.

PHP 코드 실행

이 책의 모든 코드는 PHP로 되어 있다. 여러분은 PHP를 명령어 라인과 웹 서버에서 실행할 것이다. 이 책에서는 여러분이 특정 플랫폼에서 PHP와 웹 서버를 설치하고 실행할 수 있다고 가정한다.

윈도우를 사용한다면 WampServer 패키지[29]를 이용하기 바란다. 맥 OS X이라면 MAMP[30]로 설치 작업을 쉽게 할 수 있다. 대다수의 리눅스 배포판에는 Apache와 PHP가 이미 설치돼 있으며, 배포판의 패키지 관리자로 이를 사용할 수 있다. 이에 대해 더 자세히 알고 싶으면 케빈 양크의 저서인 Build Your Own Database Driven Web Site Using PHP and MySQL의 1장을 보기 바란다. 이 책의 1장은 Sitepoint.com에서 무료로 볼 수 있다.[31]

 경고

맥 OS X에 포함되지 않은 GD

다음 장의 코드 중 일부에서는 이미지를 조작하기 위해 PHP의 GD 라이브러리[1]를 사용한다. 아쉽게도 PHP는 맥 OS X의 일부로 포함됐지만, GD 라이브러리는 배제돼 있다. 이를 해결하기 위해 앞에서 언급한 MAMP를 사용하거나 맥 OS X PHP 패키지를 설치할 수 있다. 이 패키지에 대해서는 PHP 웹 사이트의 Banaries for other systems[2]를 참고한다.

---

1   http://www.php.net/gd/
2   http://www.php.net/downloads.php

이 책에 제시된 PHP 프로그램 중에서 #! /usr/bin/php로 시작하는 프로그램은 명령어 라인에서 실행되는 것을 나타낸다.

```
#!/usr/bin/php
<?php
 : php script
?>
```

---

29   http://www.wampserver.com/en/

30   http://www.mamp.info/

31   http://articles.sitepoint.com/article/php-amp-mysql-1-installation/

명령어 라인에서 PHP 스크립트를 실행하려면 다음과 같이 하면 된다.

```
$ path_to_php_executable php_script_file [php_script_arguments]
```

여기서 $는 명령어 프롬프트를 의미하며 입력한 것이 아니다. 리눅스에서 PHP 스크립트를 실행하는 예는 다음과 같다.

```
$ /usr/bin/php list_buckets.php
```

아래에 또 다른 예가 있으며 이것은 맥 OS X 머신에서 MAMP를 사용했을 때다(경로는 환경에 따라 달라질 수 있으니, 자신의 환경에 맞게 설정한다).

```
$ /Applications/MAMP/bin/php5/bin/php list_buckets.php
```

윈도우 머신의 윈도우 명령어 프롬프트에서 스크립트를 실행한 예는 다음과 같다.

```
C:\> C:\PHP5\php list_buckets.php
```

윈도우 명령어 라인에서 PHP를 실행하는 것과 관련된 세부 사항을 PHP 매뉴얼[32]에서 볼 수 있다.

 팁

PHP를 쉘 스크립트로서 실행

스크립트를 리눅스나 맥 OS X 머신에서 실행할 때 스크립트를 쉘 스크립트처럼 실행할 수 있다. 그러나 이를 위해서는 먼저 실행 파일을 만들어야 한다. 이 작업을 위해 chmod 명령어를 사용할 수 있다.

```
$ chmod +x list_buckets.php
```

위와 같이 한 후에 스크립트를 다음과 같이 실행할 수 있다.

```
$ ./list_buckets.php
```

이 작업을 위해서 모든 스크립트의 셔뱅 라인에는 시스템에서 PHP 실행 파일이 어디에 있는지 그 위치를 명시해야 한다.

---

32 http://php.net/manual/kr/install.windows.commandline.php

웹 서버에서 실행되는 스크립트에는 셔뱅이 없을 것이다.

```
<?php
⋮ php script
?>
```

 중요

PHP 5.3.0과 타임 존

PHP 5.3.0을 사용하고 있다면 이전 버전에 비해 크게 변경된 내용이 있다. 타임 존을 명시하지 않으면 날짜 관련 함수를 사용할 때마다 경고 수준의 로그 메시지가 나올 것이다. PHP는 실행 중인 머신의 타임 존으로 항상 기본 설정된다.

경고 메시지를 보지 않으려면 날짜 함수를 사용할 때 타임 존[1]을 명시하거나 디폴트 타임 존으로 설정해야 한다. 디폴트 타임 존을 지정하는 가장 쉬운 방법은 php.ini 파일에 다음과 같이 명시하는 것이다.

```
; Defines the default timezone used by the date functions
;date.timezone =
```

라인을 주석 처리하지 말고 유효한 타임 존 값을 추가한다. PHP 웹 사이트[2]에서 타임 존 값 목록을 찾을 수 있다. 다음과 같은 예를 들 수 있다.

```
; Defines the default timezone used by the date functions
date.timezone = Asia/Seoul
```

---

1 http://www.php.net/manual/en/migration52.datetime.php
2 http://kr1.php.net/manual/kr/timezones.php

CloudFusion 설치

이 책의 많은 예제가 로컬, 즉 PHP가 설치된 윈도우, 맥 OS, 리눅스 머신에서 실행될 수 있다. 아니면 서버나 EC2 인스턴스에서 원격으로 실행될 수 있다. 이 예제들을 실행하려면 Cloud Fusion이 설치돼 있어야 한다. CloudFusion의 설치 과정을 단계별로 정리하면 다음과 같다.

1. 이 글을 쓸 당시에 CloudFusion의 최신 버전은 2.5였다. CloudFusion은 http://cloudfusion.sourcearchive.com/documentation/2.5.0/main.html(http://goo.gl/VOGkx)에서 내려받을 수 있다. 내려받은 압축 파일의 압축을 풀고 cloudfusion 디렉터리를 CloudFusion을 설치할 곳으로 이동시킨다.

2. php.ini 파일에서 PHP include_path 설정 값을 수정한다. 여기에는 CloudFusion 라이브러리 파일의 전체 경로가 들어간다.

   리눅스와 맥 OS X에서 이 파일은 /etc 디렉터리에 있다. 필자는 CloudFusion을 /mnt/cloudfusion 디렉터리에 둔다. 그래서 include_path를 다음과 같이 편집했다.

   ```
   include_path = ".:/php/includes:/mnt/cloudfusion"
   ```

   윈도우 머신이라면 php.ini 파일은 PHP 설치 폴더에 있다. CloudFusion 파일이 c:\cloudfusion에 있다면 include_path 문은 다음과 같다.

   ```
   include_path = ".;c:\php\includes;c:\cloudfusion"
   ```

   이 책에 있는 모든 예제의 소스 코드를 위한 폴더를 만들 수 있으며, 그런 다음에 코드를 내려받고 디렉터리 이름을 include_path에 추가할 수 있다.

3. CloudFusion 디렉터리로 돌아가자. Config-sample.inc.php 파일을 복사하고 이름을 config.inc.php로 변경한 뒤, 편집을 위해 이 새로운 파일을 연다. 다음 문의 위치를 확인한다.

   ```
   define('AWS_KEY', '');
   define('AWS_SECRET_KEY', '');
   ```

첫 번째 문의 작은따옴표 사이에 액세스 키 ID를 넣고, 두 번째 문의 작은따옴표 사이에 비밀 액세스 키를 넣는다. 키 값을 넣으면 다음과 같이 될 것이다.

```
define('AWS_KEY', 'your_access_key_id');
define('AWS_SECRET_KEY', 'your_secret_access_key');
```

여러분의 키가 저장된 컴퓨터에 다른 사람이 접근할 수 있다면 컴퓨터와 위 파일이 노출되지 않게 보호할 수 있는 적절한 단계를 밟는다.

4. 스크래치 파일을 삭제한다.

마무리

이번 장에서는 이 책의 뒷장에서 가장 좋은 것을 얻기 위해 알아야 할 기술적인 선수 조건을 살펴봤다. 먼저, 툴을 설명했고 많은 프로그래밍 라이브러리, 명령어 라인 툴, AWS에 사용할 수 있는 비주얼 툴을 설명했다. 그다음에 AWS 등록 과정을 단계별로 살펴보고, 웹 서비스에 접근하기 위해 키가 있는 계정을 만드는 방법도 살펴봤다. 또한, CloudFusion 라이브러리도 설치했다. 이제 코딩을 시작할 차례다.

Amazon Web Service

04

Amazon S3 – 데이터 저장

이번 장에서는 Amazon S3(Simple Storage Service)를 먼저 설명할 것이다. 가장 중요한 S3 개념을 빠르게 살펴본 후에 S3의 버킷과 객체를 조작하는 데 필요한 코드와 콘텐트 배포 서비스인 CloudFront를 살펴볼 것이다.

S3 개요

S3는 인터넷 규모의 데이터 스토리지 서비스다. 임시 연결 이슈나 영구 하드웨어 장애로 발생하는 문제에 대처하기 위해 모든 데이터는 이중으로 저장된다. 대량의 데이터를 처리하고 많은 수의 동시 접근을 다루기 위해서 S3의 규모를 확장할 수 있다. 이 글을 쓸 당시에 S3는 1,240억 개의 객체를 저장하고 연간 1조 개의 요청을 처리할 수 있었다.

S3를 이용하면 **버킷**(bucket)이라는 컨테이너에 데이터를 저장할 수 있다. 버킷은 특정 AWS 계정에 붙어 있는 스토리지 엔티티로서, 고유한 이름이 붙는다. 하나의 AWS 계정에 최대 100개의 버킷을 만들 수 있다. 버킷 이름은 전 세계적으로 고유해야 하므로 사용할 수 있는 이름을 찾을 때까지 계속 시도해야 하며 신중하게 선택해야 한다.

여러 개의 S3 객체를 버킷으로 그룹화할 수 있다. 여기서 '여러 개'라고 이야기했지만 수백만 개나 수천만 개의 객체를 하나의 S3 버킷에 저장할 수 있다. 여러분의 필요에 따라 하나의 애플리케이션을 위해 여러 개의 버킷을 사용하거나 각 애플리케이션을 위해 하나의 버킷을 사용할 수 있다.

S3에는 여러분이 좋아하는 모든 종류의 데이터를 저장할 수 있다. HTML 페이지와 같은 텍스트 파일, CSS 스타일 시트, C 소스 코드, JPEG 이미지와 같은 2진 파일, tar 백업 파일을 저장할 수 있으며, 심지어 암호화된 데이터(원하면 S3에 저장하기 전에 민감한 데이터를 암호화할 수 있음)를 저장할 수도 있다. S3는 웹 데이터를 저장하기에 이상적이다. 각 S3 객체는 고유 URL이 있으며, S3는 매우 빠른 요청 속도를 처리할 수 있다.

S3는 최대 5TB의 객체를 저장할 수 있다. 5TB는 다양한 요인으로 현실적으로 접근이 어려운 한계다. 인터넷 연결 속도로 5TB의 객체를 업로드하려면 수 시간에서 수일의 시간이 걸릴 수 있다. 연결이 중단되면 업로드를 처음부터 다시 시작해야 한다. 또한, 일부 S3 툴킷은 객체를 업로드하기 전에 객체 전체를 메모리로 읽어 들이기도 한다.

모든 S3 객체는 고유한 URL이 있으며 URL은 다음 요소로 구성된다.

- 프로토콜(http:// 또는 https://)
- "."으로 끝나는 버킷 이름
- S3 엔드포인트(s3.amazonaws.com)
- "/"로 시작하는 객체 키

객체 키는 자체적으로 "/" 문자를 포함한다. 이 문자는 단순히 객체 이름의 일부이며 S3에게 있어 특별한 의미는 없다. S3는 계층적 파일 시스템이 아니며 하위 폴더 개념도 없다. 3장에서 다룬 S3 툴들은 "/"이 특수하다는 것을 인정하고 있으며, 사용자는 실제 하위 폴더가 있는 것처럼 S3 버킷의 콘텐트를 왔다갔다할 수 있다.

S3에는 SOAP API와 HTTP API 두 API 중 하나를 사용해 접근할 수 있다. SOAP API에는 ListAllMyBuckets, CreateBucket, DeleteBucket과 같은 함수가 있다. HTTP API는 모든 오퍼레이션의 기반으로서 표준 HTTP 오퍼레이션인 GET, PUT, HEAD, DELETE를 사용한다. GET 오퍼레이션은 버킷이나 객체의 내용을 검색하고, PUT 오퍼레이션은 새로운 버킷이나 객체를 생성하며, DELETE 오퍼레이션은 버킷이나 객체를 제거하고, HEAD 오퍼레

이션은 객체 관련 정보를 검색한다.

새로운 S3 객체를 생성할 때 키–값 쌍의 형식으로 메타데이터를 붙일 수 있다. HTTP GET 요청으로 객체가 검색될 때 메타데이터는 HTTP 헤더의 형식으로 반환된다.

각 S3 버킷과 객체에 접근하려면 **ACL**(Access Control List)을 사용한다. 하나의 ACL에는 최대 100개의 **그랜트**(grant)가 포함되며, 각 그랜트는 하나의 그랜티(grantee)와 하나의 퍼미션(permission)이 있다. 특정 사용자나 특정 사용자 그룹에게 액세스를 그랜트하려면 ACL을 사용하면 된다.

사용자는 AWS 계정으로 표현된다. 계정은 이메일 주소나 고전적인 사용자 ID에 의해 명시될 수 있지만, 항상 CanonicalUser 객체로 반환된다. 이메일 주소는 단순히 편의상 사용된다.

그룹은 사전에 정의된 사용자 부류, AWS 사용자, 익명의 사용자들을 나타낸다.

한 ACL의 그랜트의 퍼미션 구성요소는 관련 그랜티에게 주어진 액세스를 명시한다. 버킷이나 객체에 퍼미션을 부여할 수 있다. 그러나 실제 의미는 조금 다르며, 이를 표 4.1에 설명해 두었다.

표 4.1 버킷과 객체에 적용될 때의 S3 퍼미션 그랜트

퍼미션	버킷에 적용될 때	객체에 적용될 때
READ	버킷의 콘텐트를 목록으로 보여주는 퍼미션	객체나 객체의 메타데이터를 읽기 위한 퍼미션
WRITE	버킷의 객체를 생성, 교체, 삭제하기 위한 퍼미션	객체에는 지원되지 않음
READ_ACP	버킷의 ACL을 읽기 위한 퍼미션	객체의 ACL을 읽기 위한 퍼미션
WRITE_ACP	버킷의 ACL을 덮어쓰기 위한 퍼미션	객체의 ACL을 덮어쓰기 위한 퍼미션
FULL_CONTROL	위의 모두	위의 모두

버킷이나 객체의 소유자는 항상 묵시적으로 READ_ACP 퍼미션을 가진다. 따라서 여러분 객체의 ACL에 항상 접근할 수 있다. 이와 비슷하게 소유자는 묵시적인 WRITE_ACP 퍼미션을 가지므로 여러분 객체의 ACL을 항상 변경할 수 있다. FULL_CONTROL 퍼미션은 편의상 제공되며 READ, WRITE, READ_ACP, WRITE_ACP 퍼미션을 적용하는 것과 같은 효과를 낸다.

버킷과 객체의 퍼미션은 분명히 구별된다. 버킷의 퍼미션은 새로 업데이트된 객체의 퍼미션에 영향을 주지 않으며, ACL은 새로운 각 객체에 개별적으로 설정돼야 한다.

S3 가격 책정 모델

S3 사용에 대한 비용은 세 가지 관점에서 청구된다.

- 저장된 데이터의 양

- S3로 전송되어 들어오고 S3에서 전송되어 나가는 데이터의 양

- S3에 대해 만들어진 요청의 수

세 관점을 하나씩 자세히 살펴보자.

S3 스토리지 요금은 **GB/월**(gigabyte-month)이라는 단위를 기반으로 청구된다. 1개월에 1기가바이트를 저장하면 1GM(gigabyte-month)이 청구되며 비용은 15센트(약 160원)[1]다. 시간과 공간은 서로 교환할 수 있으므로 15센트로 15일 동안 매일 2기가바이트를 저장하거나, 원한다면 하루에 30기가바이트를 저장할 수도 있다. 내부적으로 S3는 더 정교한 요금 청구 단위로 **바이트/시**(byte-hour)를 사용한다. 이 단위를 사용하면 AWS는 여러분의 사용량을 매우 정확하게 측정하고 측정된 대로 요금을 청구할 수 있다.

데이터 전송 요금은 외부에서 S3로 전송(올리기)되고 S3에서 외부로 전송(내려받기)된 데이터의 양을 기반으로 한다. 외부에서 S3로 전송된 데이터에 대해서는 기가바이트당 0.10달러가 부과된다. 다시 말하지만 데이터양은 비례 배분된다. S3에서 외부로 전송된 데이터에 대해서는 슬라이드제로 청구되며, 기가바이트당 0.17달러에서 시작해서 양에 따라 감소한다. 외부로 전송되는 데이터가 1개월에 150테라바이트를 초과하면 기가바이트당 0.10달러까지 내려간다. 같은 지역에 있는 S3와 Amazon EC2 인스턴스 사이에서 전송되는 데이터에는 요금이 청구되지 않는다.

S3에 이루어진 요청에도 요금이 청구된다. HTTP GET 요청은 10,000개마다 0.01달러가 청구된다. PUT, COPY, LIST, POST 요청은 1,000개마다 0.01달러가 청구된다.

이상의 내용을 모두 볼 때 이 가격 책정 모델대로라면 S3를 이용하는 여러분의 애플리케이션이 많은 인기를 얻었을 때만 더 많은 스토리지와 더 많은 데이터 전송이 필요하고, 사용한 만큼 비용을 지불할 수 있으며, 이는 여러 면에서 합리적일 수 있다.

---

1   AWS 가격은 변하며, S3의 최종 가격을 알고 싶으면 http://aws.amazon.com/s3에 방문한다.

경고

미터를 보라!

미터(meter)가 항상 돌아가고 있다는 점을 염두에 둘 필요가 있다. S3 버킷 중 하나를 1초마다 폴링하는 프로그램(LIST 요청)을 작성하면 버킷에 새로운 무언가가 있든지 없든지에 상관없이 하루 86센트의 비용을 지불해야 한다. 또한, 조건으로 종료되는 반복문을 잘 점검해야 한다. 반복할 때마다 돈이 나가는 무한 반복문을 작성하지 않는 것이 좋다.

여러분의 예상대로 되고 있는지 점검하기 위해 한 달에 한 번 정도는 S3 사용량을 점검해야 한다. 이를 위해 AWS 포털에 로그인해서 '**내 계정/콘솔**' 메뉴에서 계정 활동 옵션을 선택한다.

CloudFront 개요

CloudFront는 콘텐트 배달용 웹 서비스로, 이를 활용하면 지연을 줄이고 웹 콘텐트를 고속으로 배포할 수 있다. CloudFront는 S3에 통합돼 있어서 전 세계적으로 14개인 에지 로케이션[2]에 있는 CloudFront의 네트워크에 공개 S3 객체를 매우 쉽게 배포할 수 있다. 이 글을 쓸 당시에 에지 로케이션은 미국, 유럽, 아시아에 퍼져 있었으며, 이를 표 4.2에 정리해 두었다.

표 4.2 **CloudFront 네트워크의 에지 로케이션**

미국	유럽	아시아
▫ 버지니아주 에슈번 ▫ 텍사스주 댈러스/포트 워스 ▫ 캘리포니아주 LA ▫ 플로리다주 마이애미 ▫ 뉴저지주 뉴어크 ▫ 뉴욕주 뉴욕 ▫ 캘리포니아주 팔로 알토 ▫ 워싱턴주 시애틀 ▫ 미주리주 세인트 루이스	▫ 암스테르담 ▫ 더블린 ▫ 프랑크푸르트 ▫ 런던	▫ 홍콩 ▫ 싱가포르 ▫ 도쿄

CloudFront는 사용하기 매우 쉽다. 여러분은 S3 버킷의 디스크리뷰션을 생성하기만 하면 되며, 나머지 작업을 CloudFront가 모두 처리한다.

---

2   에지 로케이션의 수와 위치는 계속 변경될 수 있다.

CloudFront의 가격 책정 모델

CloudFront의 사용량은 두 가지 관점에서 청구된다.

- 데이터 전송

- CloudFront에 대해 이루어진 요청의 수

CloudFront로 들어오고 나가면서 전송된 데이터에 대해서는 슬라이딩제로 요금이 부과된다. 기가바이트당 0.17달러로 시작해서 양에 따라 금액이 내려가며 월간 1,000테라바이트를 넘어서 외부로 전송되는 데이터에 대해서는 기가바이트당 최대 0.05달러까지 내려간다. S3에서 CloudFront로 전송되는 데이터에 대해서도 비용이 청구된다. CloudFront의 최신 가격은 http://aws.amazon.com/cloudfront에서 확인할 수 있다.

CloudFront에 의해 처리되는 HTTP GET 요청은 1,000개마다 0.013달러의 요금이 부과된다.

S3와 CloudFront 프로그래밍

재미있는 코딩을 시작할 시간이다. 이번 절에서는 버킷 목록을 나열하고, 새로운 버킷을 생성하고, 버킷에 있는 객체의 목록을 나열하는 다양한 방법을 배울 것이다. 또한, 간단한 이미지 프로세싱을 포함하여 버킷의 내용을 처리하는 방법과 CloudFront를 이용해 콘텐츠를 배포하는 방법도 배울 것이다.

 중요

코드 실행

3장의 "PHP 코드 실행" 절에서 언급한 것처럼 이번 절에서 셔뱅(#! /usr/bin/php)으로 시작하는 프로그램은 명령어 라인에서 실행되는 것이다. 명령어 라인에서 실행되지 않는 다른 프로그램은 웹 서버를 통해서 실행된다.

S3 버킷 생성

새 버킷을 만들어본다. 시작하기 전에 새로운 PHP 파일을 만들고 book.inc.php라는 이름을 붙일 것이다. 여기에는 이 책에서 계속 사용할 일반적인 선언과 함수가 많이 들어갈 것이다. 이 파일을 include 하위 폴더에 저장한다.

book.inc.php 파일에 추가할 첫 번째 선언은 우리가 사용할 S3 버킷의 이름이다.

```
                                              chapter_04/include/book.inc.php(발췌)
<?php

define('BOOK_BUCKET', 'sitepoint-aws-cloud-book');

?>
```

여기서 BOOK_BUCKET이라는 이름의 새로운 상수를 만들었고, sitepoint-aws-cloud-book을 값으로 넣었다. 물론 여러분은 여러분 자신의 고유한 버킷 이름을 정해야 할 것이다. 앞에서 언급한 것처럼 버킷 이름은 전 세계적으로 고유해야 한다는 점을 기억하기 바란다.

새로운 S3 버킷을 생성하는 코드는 다음과 같다.

```
                                              chapter_04/create_bucket.php(발췌)
#!/usr/bin/php
<?php

error_reporting(E_ALL); ❶

require_once('cloudfusion.class.php'); ❷
require_once('include/book.inc.php');

$s3 = new AmazonS3(); ❸
$res = $s3->create_bucket(BOOK_BUCKET);

if ($res->isOK()) ❹
{
    print("'${bucket}' bucket created\n");
}
else
{
    print("Error creating bucket '${bucket}'\n");
}
?>
```

코드를 하나씩 살펴보자.

❶ 먼저, 에러 보고서 작성 수준을 정한다. 이 문에 의해 PHP는 모든 에러와 잠재적인 에러를 보고한다. 이를 통해 문제 발생 시 곧바로 모든 것을 알 수 있으며, 이는 프로그래밍에서 매우 중요한 부분이다. 대다수의 잠재적인 버그도 바로바로 파악될 것이므로 버그와의 긴 전쟁에서 큰 도움이 될 것이다.

❷ 필수 파일을 포함한다. 먼저, cloudfusion.class.php 파일을 메모리로 가져온다. 이 파일에는 이 책에서 사용하는 CloudFusion 라이브러리가 들어 있다. 그다음 book.ini.php 파일을 메모리로 가져온다.

❸ 이곳이 스크립트의 중심부다. 먼저, 새로운 AmazonS3 객체를 생성한 다음 create_bucket 메서드를 호출(이 스크립트의 핵심)해 새로운 버킷을 생성한다. book.ini.php의 BOOK_BUCKET 선언을 별도로 정의했다면 여러분만을 위한 버킷이 생성될 것이다(해당 버킷이 존재하지 않는다고 가정).

여러분이 알아야 할 한 가지 사항은 CloudFusion 라이브러리는 웹 서비스에 접근하기 위해 여러분의 AWS 키 ID와 비밀 키를 사용한다는 것이다. 값 설정에 대해서는 3장의 "CloudFusion 설치" 절을 본다.

❹ 마지막 if 문은 호출이 S3에 대해 이루어졌고, S3가 반환한 상태 코드는 오퍼레이션이 성공적으로 처리됐다는 것을 나타낸다. 해당 버킷이 존재하고 여러분이 그 버킷을 소유한다면 create_bucket 호출에 성공할 것이다. 버킷은 존재하지만, 그것이 다른 사용자에게 속한다면 create_bucket 호출은 실패할 것이고 isOK 메서드가 FALSE를 반환할 것이다. print문은 성공과 실패를 알리기 위해 적절한 상태 메시지를 보여준다.

명령어 라인에서 버킷 이름에 세부적인 내용을 넣을 수 있다면 이 스크립트를 조금 더 유용하게 활용할 수 있다.

```
                                              chapter_04/create_bucket.php(발췌)
#!/usr/bin/php
<?php

error_reporting(E_ALL);

require_once('cloudfusion.class.php');
```

```
require_once('include/book.inc.php');

if ($argc != 2) ❶
{
    exit("Usage: " . $argv[0] . " bucket name\n");
}

$bucket = ($argv[1] == '-') ? BOOK_BUCKET : $argv[1]; ❷

$s3 = new AmazonS3();
$res = $s3->create_bucket($bucket);

if ($res->isOK())
{
    print("'${bucket}' bucket created\n");
}
else
{
    print("Error creating bucket '${bucket}'\n");
}

?>
```

❶ 얼마나 많은 인수가 제공됐는지 파악한다. 정확하게 2개가 있지 않다면 스크립트를 종료하고 유용한 사용량 메시지를 화면에 표시한다.

❷ 이 프로그램은 첫 번째 인수가 버킷 이름이라고 본다. 버킷 이름에 대시 글자(-)가 있다면 디폴트 버킷(BOOK_BUCKET)이 대신 사용된다.

디폴트 버킷의 이름으로 이 스크립트를 실행하면 다음과 같은 결과가 나온다.

```
$php create_bucket.php -
'sitepoint-aws-cloud-book' bucket created
```

S3 버킷 목록 나열

S3 버킷 목록을 나열하는 방법은 다음과 같다.

```
                                        chapter_04/list_buckets.php(발췌)
#!/usr/bin/php
<?php

error_reporting(E_ALL);

require_once('cloudfusion.class.php');

$s3 = new AmazonS3();
$buckets = $s3->get_bucket_list();  ❶

foreach ($buckets as $bucket) ❷
{
    print($bucket . "\n");
}

exit(0);
?>
```

위의 코드는 비교석 이해하기 쉽나.

❶ 이 코드는 여러분의 계정과 결합된 버킷의 목록을 검색하는 핵심 문이다.

❷ 일단 목록을 가지면 배열을 통해서 반복하고, print 문을 이용해 각 버킷의 이름을 출력한다. 이 프로그램을 처음 실행한다면 한 개의 이름, 즉 앞 절에서 생성한 버킷의 이름만 표시될 것이다.

필자의 AWS 계정에서 이 프로그램을 실행하면 다음과 같은 화면이 나온다.

```
$php list_buckets.php
andybarr
aws-dev-relations
biancabarr
carmenbarr

: many more buckets
sitepoint-aws-cloud-book
sitepoint-aws-cloud-book-thumbs
```

이 코드는 간단하지만 강력한 코드다. 몇 개의 문장으로 S3로 연결하고, 버킷 목록을 검색하고, 결과를 반복하고, 각 버킷의 이름을 출력했다.

버킷 목록을 웹 페이지로서 나열

이 책은 웹 프로그래밍에 관련된 책이므로 버킷 목록을 웹 페이지로 출력해 볼 필요가 있다. 이를 처리하는 스크립트는 앞서 나온 **list_buckets.php** 스크립트와 매우 비슷하며, 여기서도 get_bucket_list 메서드를 사용한다.

```
chapter_04/list_buckets_page.php(발췌)
<?php

error_reporting(E_ALL);

require_once('cloudfusion.class.php');

$s3 = new Amazon1S3();
$buckets = $s3->get_bucket_list();

$output_title = 'Chapter 3 Sample - List of S3 Buckets';
$output_message = 'A simple HTML list of your S3 Buckets';
include 'include/list_buckets.html.php';

exit(0);
?>
```

마지막 세 줄의 코드는 새로운 것이다. 여기서 두 개의 변수, 즉 $output_title과 $output_message를 설정했으며, 여기에 들어가는 내용은 웹 페이지에 나타날 것이다. 마지막의 include 문에는 버킷 목록을 위한 HTML 템플릿이 포함된다.

```
chapter_04/include/list_buckets.html.php(발췌)
<!DOCTYPE html PUBLIC "-//W3C//DTD XHTML 1.0 Strict//EN"
    "http://www.w3.org/TR/xhtml1/DTD/xhtml1-strict.dtd">
<html xmlns="http://www.w3.org/1999/xhtml" xml:lang="en" lang="en">
<head>
    <title><?php echo $output_title ?></title>
</head>
<body>
```

```
    <h1><?php echo $output_title ?></h1>
    <p><?php echo $output_message ?></p>
    <ul>
        <?php foreach($buckets as $bucket): ?>
            <li><?php echo $bucket ?></li>
        <?php endforeach ?>
    </ul>
</body>
</html>
```

위 코드에서 $output_title은 페이지 제목이고, $output_message는 페이지의 상단에 표시되는 정보다. $buckets 배열에 있는 배열 목록은 출력 결과물로 foreach 반복문에 의해 순서 없이 표시되는 HTML 목록이다(그림 4.1 참고).

- andybarr
- aws-dev-relations
- biancabarr
- carmenbarr
- faces
- faces-r
- gracebarr
- hidden-ridge
- jbarr-work
- jbarr_demo
- jbarr_ruby
- jeff_barr_bucket
- jeffbarr
- sitepoint-aws-cloud-book
- sitepoint-aws-cloud-book-thumbs

그림 4.1 S3 버킷의 간단한 목록

버킷에 있는 객체를 목록으로 표시

버킷을 생성하고 명령어 라인과 웹 페이지에서 버킷 목록을 표시하는 방법을 알았으므로 이제 개별 버킷의 내용을 보기로 한다. 이번 스크립트에서는 앞에서 만든 첫 번째 버킷에 있는 모든 객체를 나열한다(상수 BOOK_BUCKET 사용).

```php
#!/usr/bin/php

error_reporting(E_ALL);

require_once('cloudfusion.class.php');
require_once('book.inc.php');

$s3 = new AmazonS3();
$objects = $s3->get_object_list(BOOK_BUCKET);

if($objects) {
    foreach ($objects as $object)
    {
        print($object . "\n");
    }
} else {
    print("No objects found in " . BOOK_BUCKET . "\n");
}

exit(0);
?>
```

위의 예제에서 핵심 문장은 다음 문장이다.

```php
$objects = $s3->get_object_list(BOOK_BUCKET);
```

get_object_list 메서드는 간단한 메서드다. 추가 매개변수가 없을 때 이 메서드는 버킷에 있는 처음(알파벳 발음 순) 1,000개의 객체를 목록으로 반환한다. 특정 키 이후의 키를 알파벳 순으로 반환하거나 S3에서 검색된 이후의 키 목록을 필터링하기 위해 옵션 매개변수를 사용할 수 있다. get_bucket_list와 같이 이 메서드는 하나의 키가 있는 배열을 반환하며 요소는 스트링 형식이다.

이 함수가 왜 1,000개의 키만 반환하는지 궁금할 것이다. 버킷에는 수백만 개의 객체가 있을 수 있지만, 그 긴 목록을 한 번에 반환하면 다양한 수준에서 문제가 될 수 있다. 가장 단순하게는 목록을 전송하는 데 많은 시간이 걸릴 수 있다. 다음 절에서 보겠지만 S3와 같은 웹 스케일의 시스템은 합당한 크기 묶음으로 긴 목록에 접근하는 방법을 제공한다.

물론 현재 시점에서는 여러분이 새로 만든 버킷에 객체가 없다. 따라서 이 스크립트는 그러한 사실을 여러분에게 알려주는 것 이상의 작업을 하지 못할 것이다. 조금 더 완성도 높은 테스트를 위해서 여러분의 버킷에 몇 개의 객체를 추가할 수 있으며, 이를 위해서는 3장의 "비주얼 툴"에서 보았던 툴(예: S3Fox나 CloudBerry Explorer) 중 하나를 사용하면 된다. 아니면 이번 장의 뒤에 나오는 "S3에 파일 업로드" 절을 미리 읽어도 좋다.

마지막으로, 한 가지 짚고 넘어갈 사항이 있다. 앞에서 개발한 create_bucket.php 스크립트를 기반으로 list_bucket_objects.php 스크립트를 변경하는 일은 매우 쉬우며, 버킷 이름을 명령어 라인에서 명시할 수도 있다.

복잡한 CloudFusion 데이터 구조 처리

짧은 여행을 할 차례다.

지금까지 이야기한 CloudFusion 함수는 모두 간단한 데이터 구조(스트링 배열)를 반환한다. 그러나 이번 장의 뒤에서 사용할 함수들은 ResponseCore라고 하는 더 복잡한 데이터 구조를 반환한다. S3는 결과를 XML 문서의 형식으로 반환한다. CloudFusion은 PHP의 SimpleXML 패키지를 사용해 XML을 파싱하고, 파싱된 객체가 이름으로 참조될 수 있는 곳에 파싱된 객체를 포함시킨다.[3]

다음 코드는 S3를 호출해 BOOK_BUCKET 버킷에 있는 처음 1,000개의 객체 목록을 나열한 다음 PHP의 print_r 함수를 호출해 결과로 나온 객체 트리를 출력한다.

```php
                                    chapter_04/list_bucket_objects_raw.php(발췌)
#!/usr/bin/php
<?php

error_reporting(E_ALL);

require_once('cloudfusion.class.php');
require_once('include/book.inc.php');

$s3 = new AmazonS3();
$res = $s3->list_objects(BOOK_BUCKET);

print_r($res);
exit(0);
?>
```

---

3   SimpleXML에 대한 문서는 http://www.php.net/simplexml에서 볼 수 있다.

필자의 버킷은 465줄이라서 결과를 모두 표시하기에는 너무 길다. 발췌하여 첫 부분만 살펴보겠다.

```
$php list_bucket_objects_raw.php
ResponseCore Object
[header] => Array
(
    [x-amz-id-2] => Ya7yAuUClv7HgR6+JJpzOsYDM1m4/Zy+dORmk5cSAu+qV+v+69gLSHlytlD77wAn
    [x-amz-request-id] => 14AA13F3F0B76032
    [date] => Thu, 28 May 2009 06:51:26 GMT
    [content-type] => application/xml
    [transfer-encoding] => chunked
    [connection] => close
    [server] => AmazonS3
    [_info] => Array
    (
        [url] => https://sitepoint-aws-cloud-book.s3.amazonaws.com/
        [content_type] => application/xml
        ⋮
```

첫 줄은 데이터 타입이 ResponseCore라는 것을 나타낸다. 그 뒤로, 일반적인 PHP 배열이 보인다. 필요하다면 다음과 같이 데이터에 접근할 수 있다.

```
$res->header['transfer-encoding']
$res->header['_info']['url']
```

$res는 객체고, header는 객체의 인스턴스 변수 중 하나다. 따라서 접근을 위해 -> 연산자를 사용했다. header 인스턴스 변수는 PHP 배열이다. 따라서 header 인스턴스의 멤버에 접근하기 위해 배열 구문을 사용한다.

두 번째 줄에서 header의 _info 멤버는 그 자체가 배열이다. 따라서 두 번째 대괄호는 내부의 url 값에 접근하는 데 사용된다.

결과의 조금 아래로 더 내려가면 다음 내용이 있다.

```
[body] => SimpleXMLElement Object
(
    [Name] => sitepoint-aws-cloud-book
    ⋮
```

body 인스턴스 변수의 타입은 SimpleXMLElement다. 첫 부분에 Name 인스턴스 변수가 있으며, Name 인스턴스 변수에 접근하려면 $res->body->Name을 사용한다.

더 내려가면 드디어 버킷에 있는 객체의 목록을 볼 수 있다.

```
[Contents] => Array
(
    [0] => SimpleXMLElement Object
    (
        [Key] => images/2008_shiller_housing_projection.jpg
        [LastModified] => 2009-05-22T23:44:58.000Z
        [ETag] => "e2d335683226059e7cd6e450795f3485"
        [Size] => 236535
        [Owner] => SimpleXMLElement Object
        (
            [ID] => 7769a42be4e57a034eeb322aa8450b3536b6ca56037c06ef19b1e1eabfeaab9c
            [DisplayName] => jeffbarr
        )
        [StorageClass] => STANDARD
    )
    ⋮
```

body에 Contents라는 인스턴스 변수가 포함되어 있다는 것을 알 수 있다. Contents는 또 다른 배열로서 버킷의 모든 파일을 포함한다. 버킷에 있는 각 파일은 SimpleXMLElement 객체에 의해 표현되며, 각 객체에는 Key, ETag, Size, Owner, StorageClass 멤버가 있으며, 다음 방법으로 접근한다.

```
$res->body->Contents[0]->Key
$res->body->Contents[0]->ETag
$res->body->Contents[0]->Size
$res->body->Contents[0]->Owner->ID
$res->body->Contents[0]->Owner->DisplayName
$res->body->Contents[0]->StorageClass
```

물론 이 코드를 더 짧게 하거나 더 효율성 있게 만들기 위해 매개 변수를 사용할 수도 있다.

객체 이름(Contents, Key, Size 등)이 어디서 왔는지 궁금할 수 있다. list_objects 메서드는 버킷에 있는 처음 1,000개의 객체 목록을 가지고 오기 위해 S3에 대해 HTTP GET 요청을 한다. 요청은 XML 문서를 반환하고, CloudFusion은 그것을 body 객체로서 파싱하고 반환한다. 객체 이름은 문서의 XML 태그에서 직접 만들어진다.

이들 값 중 일부를 출력하기 위해 앞의 스크립트를 수정하면 다음과 같을 것이다.

```php
#!/usr/bin/php
<?php

error_reporting(E_ALL);

require_once('cloudfusion.class.php');
require_once('include/book.inc.php');

$s3 = new AmazonS3();
$res = $s3->list_objects(BOOK_BUCKET);

print("Bucket Url: " . $res->header['_info']['url'] . "\n");
print("Bucket Name: " . $res->body->Name . "\n");
print("First Key: " . $res->body->Contents[0]->Key . "\n");
print("Second Key: " . $res->body->Contents[1]->Key . "\n");
exit(0);
?>
```

위 예제에서는 버킷의 URL과 이름을 출력하며, 처음 두 개의 키도 출력한다.

지금까지 많은 설명을 했다. 지금까지의 설명이 재미있으면서 교육적인 효과를 많이 냈으리라 본다. 다음 절에서는 새로 배운 지식을 이용해 아주 간단한 유틸리티 함수를 만들어보자.

버킷 객체 목록을 웹 페이지로 표시

버킷의 모든 객체의 목록을 웹 페이지에 출력하는 스크립트를 작성하기 전에 덜 복잡한 함수를 작성하려고 한다. 이 함수를 book.inc.php 파일에 추가하고 getBucketObjects라고 부를 것이다.

```php
function getBucketObjects($s3, $bucket, $prefix = '') ❶
{
    $objects = array();
    $next = '';

    do ❷
    {
        $res = $s3->list_objects($bucket,
            array('marker' => urlencode($next),
                'prefix' => $prefix)
        ); ❸

        if (!$res->isOK()) ❹
        {
            return null;
        }

        $contents = $res->body->Contents; ❺
        foreach ($contents as $object)
        {
            $objects[] = $object;
        }

        $isTruncated = $res->body->IsTruncated == 'true'; ❻

        if ($isTruncated)
        {
            $next = $objects[count($objects) - 1]->Key; ❼
        }
    }
    while ($isTruncated);

    return $objects; ❽
}
```

이 함수는 여러분이 지금까지 본 함수보다 더 복잡하다. 그러나 걱정할 필요는 없다. 이 장의
앞에서 버킷에 아무리 많은 키가 있더라도 S3에 대한 한 번의 버킷 목록 표시 요청으로 기껏해
야 1,000개의 키가 반환될 것이라고 말했다. getBucketObjects 함수는 단순히 list_objects를
계속 호출할 것이며, 이는 더이상 반환할 객체가 없다는 신호를 S3가 보낼 때까지 계속된다.

❶ 함수는 세 개의 인수, AmazonS3 객체, S3 버킷, 디폴트가 빈 문자열인 프리픽스 값을 받아들인다.

❷ do…while 반복문을 사용해 반복문이 최소한 한 번은 실행되게 한다.

❸ list_objects를 호출할 때마다 $next라는 값을 넘긴다. 첫 번째 반복문에서 $next는 빈 문자열이고, list_objects는 버킷의 시작 부분(알파벳 발음순)에서 시작한다. 그다음에 이어지는 반복에서 $next에는 종전 반복에서 반환된 최종 키가 들어간다. S3는 이전 반복의 마지막 키 다음부터 알파벳순으로 키들을 검색하기 시작한다.

❹ list_objects 호출이 실패하면 함수는 null을 반환한다.

❺ list_objects 호출로 반환된 응답으로부터 Contents 배열을 검색한다. 그다음에 값들을 반복문으로 돌려서 각 값을 $objects 배열에 저장한다. 이 배열은 결과적으로 반환 값이 될 것이다.

❻ list_objects 호출에 의해 반환된 데이터는 IsTruncated라는 이름의 요소를 포함한다. 값이 "true"라면 리스트는 불완전하고 발견되어야 할 객체가 더 많이 있다는 의미고 이 조건은 반복문을 제어하는 데 사용된다.

❼ 리스트가 불완전하면 다음 반복이 시작되도록 $next 값을 설정한다.

❽ 반복문이 종료되면 $objects 배열이 반환된다.

모든 작업이 끝나면 함수는 모든 객체를 버킷에서 가져와, 하나의 배열에 저장하고, 배열을 반환한다.

 팁

반복 막기

필자가 이 코드를 처음 작성했을 때 종료 조건을 정확하게 명시하지 못했다. 이를 처리하기 위해 약간의 트릭이 필요하다는 것을 알았고, 상단에 print 문을 넣어서 종료되지 않는 반복문으로 통제할 수 없는 상태가 되고 S3 요금이 소모되는 것을 막기로 했다. 실행할 때 돈이 나가는 코드를 구축하고 테스트할 때 필자와 같은 방법을 사용할 것을 권고한다.

이 함수로 버킷에 있는 객체 목록을 만드는 일이 쉬워진다. 이제 다음과 같이 하면 된다.

```php
                                      chapter_04/list_bucket_objects_page.php(발췌)

<?php

error_reporting(E_ALL);

require_once('cloudfusion.class.php');
require_once('include/book.inc.php');

$bucket = IsSet($_GET['bucket']) ? $_GET['bucket'] : BOOK_BUCKET; ❶

$s3 = new AmazonS3();

$objects = getBucketObjects($s3, $bucket); ❷

$fileList = array();

foreach ($objects as $object) ❸
{
    $key = $object->Key;
    $url = $s3->get_object_url($bucket, $key);
    $fileList[] = array('url' => $url, 'name' => $key,
                        'size' => number_format((int)$object->Size)); ❹
}

$output_title = "Chapter 3 Sample - List of S3 Objects in Bucket' . '${bucket}'";
$output_message = "A simple HTML table displaying of all the' .
    ' objects in the '${bucket}' bucket.";
include 'include/list_bucket_objects.html.php'; ❺

exit(0);
?>
```

이 코드는 웹 페이지를 생성하고 URL 절의 문자열에 bucket 아규먼트를 옵션으로 받아들일 수 있다. 어떤 작업이 이루어지는지 하나씩 살펴보자.

❶ 이 코드는 bucket 아규먼트의 제공 여부를 점검한다. 아규먼트가 있다면 아규먼트를 $bucket의 값으로 사용하고, 없다면 기본값인 BOOK_BUCKET 상수를 사용한다.

❷ 특정 버킷에 있는 객체 목록을 가져오고 $objects 배열에 저장하는 getBucketObjects 함수를 호출한다.

❸ 배열을 반복하고 하나씩 처리한다.

❹ 각 객체의 세 값을 $fileList 배열에 저장한다. 세 값은 객체의 URL, 키(name으로서 저장), 크기(정수로 변환, 숫자로 포맷팅)다.

❺ $fileList 배열에 있는 값을 출력하기 위해 HTML 템플릿을 포함한다.

HTML 템플릿인 list_bucket_objects.html.php는 다음과 같다.

```
                                chapter_04/include/list_bucket_objects.html.php(발췌)
<!DOCTYPE html PUBLIC "-//W3C//DTD XHTML 1.0 Strict//EN"
    "http://www.w3.org/TR/xhtml1/DTD/xhtml1-strict.dtd">
<html xmlns="http://www.w3.org/1999/xhtml" xml:lang="en" lang="en">
<head>
    <title><?php echo $output_title ?></title>
</head>
<body>
    <h1><?php echo $output_title ?></h1>
    <p><?php echo $output_message ?></p>
    <table>
        <thead>
            <tr><th>File</th><th>Size</th></tr>
        </thead>
        <tbody>
        <?php foreach($fileList as $file): ?>
            <tr>
                <td><a href="<?php echo $file['url'] ?>">
                    <?php echo $file['name'] ?></a>
                </td>
                <td><?php echo $[file['size'] ?></td>
            </tr>
        <?php endforeach ?>
        </tbody>
    </table>
</body>
</html>
```

이 템플릿은 $fileList 배열을 반복하고 각 파일에 대한 표를 만들어서, 파일 링크를 첫 번째 열에, 파일 크기를 두 번째 열에 둔다.

이 표의 결과는 그림 4.2에 제시해 두었다(필자는 일부 파일을 필자의 버킷에 이미 업로드 했다).

images/2008_shiller_housing_projection.jpg	236,535
images/3DoorScion.jpg	61,918
images/AndyBass.jpg	73,388
images/AndyWorkstation.jpg	80,841
images/Jeffbase.gif	37,561
images/Jeffbase.psd	545,419
images/Jeffbasebright.gif	37,452
images/Jeffbasebright.psd	532,308
images/STP65708.JPG	1,716,926
images/Scion XB Stretch.jpg	66,598
images/Scion XB.jpg	70,882

그림 4.2 S3 버킷에 있는 객체 목록 나열

간단한 S3 파일 브라우저를 만드는 데 필요한 모든 부분을 이제 확보했다고 본다. 몇 가지 해결할 것이 있지만, 그것들은 여러분에게 맡길 것이다. 약간의 작업을 더 하면 list_buckets_page.php와 list_buckets_objects_page.php를 연결할 수 있다.

S3에 파일 업로드

버킷에 관한 정보와 버킷의 객체에 관한 정보를 S3에서 얻는 방법을 알았으므로 새로운 객체를 S3에 저장하는 방법을 살펴보자. 이는 매우 쉽다. book.inc.php 파일을 추가할 두 개의 유틸리티 함수만 있으면 된다.

첫 번째 함수는 uploadObject다.

```
                                            chapter_04/include/book.inc.php(발췌)
function uploadObject($s3, $bucket, $key, $data,
    $acl = S3_ACL_PRIVATE, $contentType = "text/plain")
{
    $res = $s3->create_object($bucket,
        array(
            'filename'      => $key,
            'body'          => $data,
            'acl'           => $acl,
```

```
            'contentType' => $contentType
        ));
    return $res->isOK();
}
```

uploadObject 함수에는 4~6개의 파라미터가 들어간다. 처음 네 개는 S3 접근 객체, 목적지 버킷, 원하는 객체 키, 객체에 저장될 데이터다. 뒤의 두 개는 디폴트가 아닌 ACL과 저장된 객체에 대한 콘텐트 유형이다.

웹 브라우저는 객체의 표시 방법을 파악하기 위해 객체의 콘텐트 타입을 사용한다. 예를 들어, 콘텐트 타입이 image/png라면 브라우저는 해당 객체가 이미지이고 형식이 PNG라고 인식한다.

여기서 볼 수 있는 것처럼 uploadObject 함수는 create_object 메서드를 호출하고 해당 객체가 실제로 S3에 저장됐는지 확인하기 위해 반환된 값을 점검한다.

S3가 객체를 저장할 수 없다면 S3는 HTTP 500(내부 서버 오류) 코드를 반환할 것이다. 이는 대부분 복구할 수 있는 조건이다. 여러 번 시도하면서 시간 지연이 증가하는 것은 정상적인 반응이다. 이를 지수 백오프(exponential backoff)라고 한다. uploadObject 함수의 상세 버전은 다음과 같으며, 여기에는 재시도 메커니즘이 있다.

```
function uploadObject($s3, $bucket, $key, $data,
    $acl = S3_ACL_PRIVATE, $contentType = "text/plain")
{
    $try = 1;
    $sleep = 1;
    do
    {
        $res = $s3->create_object($bucket,
            array(
                'filename'    => $key,
                'body'        => $data,
                'acl'         => $acl,
                'contentType' => $contentType
            ));

        if ($res->isOK()) {
            return true;
        }
```

```
        sleep($sleep);
        $sleep *= 2;
    }
    while(++$try < 6);
    return false;
}
```

이 함수는 버킷에 새로운 객체를 만들기 위해서 여섯 번까지 시도한다. 시도할 때마다 일시 정지(다시 시도하기 전) 시간은 두 배가 된다.

다음 함수는 파일의 콘텐트 타입을 결정한다.

chapter_04/include/book.inc.php(발췌)

```php
function guessType($file)
{
    $info = pathinfo($file, PATHINFO_EXTENSION);
    switch (strtolower($info))
    {
        case "jpg":
        case "jpeg":
            return "image/jpg";

        case "png":
            return "image/png";

        case "gif":
            return "image/gif";

        case "htm":
        case "html":
            return "text/html";

        case "txt":
            return "text/plain";

        default:
            return "text/plain";
    }
}
```

파일명이 주어질 때 이 함수는 파일의 확장자를 사용해 파일의 콘텐트 타입을 간단하게 추측한다. 파일의 내용을 조사하지는 않고, 파일 확장자가 파일의 내용을 정확하게 반영할 것으로 기대한다. 이 장의 목적상 이 함수는 몇 가지 타입만 처리한다.

몇 개의 아규먼트를 처리하고, 반복 실행하고, 오류를 점검하는 코드를 다음과 같이 넣으면 하나 이상의 파일을 S3로 업로드할 수 있다.

```
                                                chapter_04/upload_file.php(발췌)
#!/usr/bin/php
<?php

error_reporting(E_ALL);

require_once('cloudfusion.class.php');
require_once('include/book.inc.php');

if ($argc < 3) ❶
{
    exit("Usage: " . $argv[0] . " bucket files...\n");
}

$bucket = ($argv[1] == '-') ? BOOK_BUCKET : $argv[1]; ❷

$s3 = new AmazonS3();

for ($i = 2; $i < $argc; $i++) ❸
{
    $file        = $argv[$i];
    $data        = file_get_contents($file);
    $contentType = guessType($file);

    if (uploadObject($s3, $bucket, $file, $data, ❹
        S3_ACL_PUBLIC, $contentType))
    {
        print("Uploaded file '${file}' to bucket '{$bucket}'\n");
    }
    else
    {
        exit("Could not upload file '${file}'" . " to bucket '{$bucket}'\n");
    }
}
```

```
exit(0);
?>
```

이 스크립트를 실행하려면 명령어 라인에서 다음과 같이 한다.

```
$php upload_file.php bucket_name file_name […]
```

하나씩 살펴보자.

❶ 먼저, 제공되는 아규먼트가 있는지 점검한다. 없다면 도움이 되는 사용량 메시지를 표시하고 스크립트를 종료한다.

❷ 이 프로그램은 첫 번째 아규먼트가 버킷 이름일 것으로 기대한다. 버킷 이름에 대시 문자(-)가 있으면 디폴트 버킷(BOOK_BUCKET)이 사용된다.

❸ 나머지 아규먼트는 업로드할 파일인 것으로 간주한다. 그런 다음에 입력된 모든 파일명으로 반복문을 돌린다.

❹ 각 반복에서 uploadObject 함수를 호출한다. 필자는 각 객체에 대한 경로 이름을 사용하기로 선택했다.

이 프로그램을 작동한 예는 다음과 같다.

```
$php upload_file.php - images/catatonia_album.jpg
Uploaded file 'images/catatonia_album.jpg' to bucket  'sitepoint-aws-cloud-book'
```

몇 페이지에 걸쳐 핵심 내용을 다뤘다. 이미지를 S3 버킷에 업로드하고, 버킷을 탐색하고, 링크를 클릭해 이미지를 보는 방법을 이제 알았을 것이다. 다음 절에서는 버킷에 있는 모든 이미지의 썸네일 버전을 생성하는 방법을 배울 것이다.

썸네일 이미지 생성 및 저장

다음에 살펴볼 유틸리티 함수는 이미지를 메모리에 가져오고, 썸네일의 적절한 높이와 너비를 파악한 다음, 썸네일을 생성한다.

처음 book.inc.php 파일에서 두 개의 상수를 만들어야 한다. 하나는 원하는 썸네일 크기를 저장하는 것이고, 다른 하나는 썸네일을 저장할 버킷의 기본 이름을 저장하는 것이다. 필자는 썸네일 이미지의 긴 면을 200픽셀로 설정하고, 썸네일 버킷 이름을 생성하기 위해 기본 버킷 이름에 추가할 접미사를 정의하고자 한다. 그래서 다음 코드를 추가할 것이다.

chapter_04/include/book.inc.php(발췌)

```php
define('THUMB_SIZE', 200);
define('THUMB_BUCKET_SUFFIX', '-thumbs');
```

물론 썸네일 버킷을 사용하기 전에 썸네일 버킷이 있는지 확인해야 한다. 이를 위해 앞에서 개발한 create_bucket.php 스크립트를 사용할 수 있다.

thumbnailImage 함수의 코드는 다음과 같다. 이것은 book.inc.php 파일에 있다.

chapter_04/include/book.inc.php(발췌)

```php
function thumbnailImage($imageBitsIn, $contentType)
{

    $imageIn = ImageCreateFromString($imageBitsIn);
    $inX = ImageSx($imageIn);
    $inY = ImageSy($imageIn);

    if ($inX > $inY)
    {
        $outX = THUMB_SIZE;
        $outY = (int) (THUMB_SIZE * ((float) $inY / $inX));
    }
    else
    {
        $outX = (int) (THUMB_SIZE * ((float) $inX / $inY));
        $outY = THUMB_SIZE;
    }

    $imageOut = ImageCreateTrueColor($outX, $outY);
    ImageFill($imageOut, 0, 0,
    ImageColorAllocate($imageOut, 255, 255, 255));
    ImageCopyResized($imageOut, $imageIn,
        0, 0, 0, 0,
        $outX, $outY, $inX, $inY);
    $fileOut = tempnam("/tmp", "aws") . ".aws";

    switch ($contentType)
```

```
{
    case "image/jpg":
        $ret = ImageJPEG($imageOut, $fileOut, 100);
        break;

    case "image/png":
        $ret = ImagePNG($imageOut, $fileOut, 0);
        break;

    case "image/gif":
        $ret = ImageGIF($imageOut, $fileOut);
        break;

    default:
        unlink($fileOut);
        return false;
}

if (!$ret)
{
    unlink($fileOut);
    return false;
}

$imageBitsOut = file_get_contents($fileOut);
unlink($fileOut);
return $imageBitsOut;
}
```

이 장은 그래픽 프로그래밍이 아니라 S3에 초점을 두고 있으므로 이 코드를 자세히 다루지는 않을 것이다. 이 코드는 PHP의 GD 라이브러리를 많이 이용한다.[4] 간단히 말해서 이 코드는 이미지의 복사본을 생성하고 크기를 재조정한다. 즉, 가장 긴 치수를 THUMB_SIZE 상수의 픽셀과 같게 하고, 이미지의 너비-높이 비율을 유지한다.

적절한 크기의 이미지 썸네일을 생성하려면 많은 픽셀을 움직여야 하므로 약간의 시간이 걸릴 것이다. thumbNailImage 함수는 새로운 이미지를 임시 파일에 작성한 다음 그 이미지를 메모리로 다시 읽어 들인다.

---

4 http://www.php.net/gd

이제, 아규먼트를 처리하고 이미지를 썸네일 처리해야 할 차례다.

```php
#!/usr/bin/php
<?php

error_reporting(E_ALL);

require_once('cloudfusion.class.php');
require_once('include/book.inc.php');

if ($argc != 3) ❶
{
    exit("Usage: " . $argv[0] . "in-bucket out-bucket\n");
}

$bucketIn = ($argv[1] == '-') ❷
            ? BOOK_BUCKET
            : $argv[1];

$bucketOut = ($argv[2] == '-') ❸
        ? $bucketIn . THUMB_BUCKET_SUFFIX
            : $argv[2];

print("Thumbnailing '${bucketIn}' to '${bucketOut}'\n");

$s3 = new AmazonS3();
$objectsIn = getBucketObjects($s3, $bucketIn); ❹

foreach ($objectsIn as $objectIn)
{
    $key = $objectIn->Key;
    print("Processing item '${key}':\n");

    if (substr(guessType($key), 0, 6) == "image/") ❺
    {
        $startTime   = microtime(true); ❻
        $dataIn      = $s3->get_object($bucketIn, $key); ❼
        $endTime     = microtime(true);
        $contentType = guessType($key);

        printf("\tDownloaded from S3 in %.2f seconds.\n", ($endTime - $startTime));
```

```
        $startTime = microtime(true);
        $dataOut   = thumbnailImage($dataIn->body, $contentType); ❽
        $endTime   = microtime(true);

        printf("\tGenerated thumbnail in %.2f seconds.\n", ($endTime - $startTime));

        $startTime = microtime(true);
        if (uploadObject($s3, $bucketOut, $key, $dataOut, ❾
            S3_ACL_PUBLIC, $contentType))
        {
            $endTime = microtime(true);

            printf("\tUploaded thumbnail to S3 in %.2f seconds.\n",
                ($endTime - $startTime));
        }
        else
        {
            print("\tCould not upload thumbnail.\n");
        }
    }
    else
    {
        print("\tSkipping - not an image\n");
    }
    print("\n");
}
exit(0);
?>
```

코드를 하나씩 살펴보자.

❶ 최소한 세 개의 아규먼트, 즉 스크립트의 이름, 이미지, 버킷 이름, 썸네일 버킷 이름이 있는지 확인한다.

❷ 이전 예제처럼 이 코드는 입력 버킷과 출력 버킷이 기본값으로 지정되게 한다. 이를 위해 처음 두 명령어 라인 아규먼트에 "_" 문자를 사용한다.

❸ 썸네일 버킷의 디폴트 버킷 이름은 우리의 버킷 이름에 앞에서 정의한 서픽스가 더해져서 만들어질 것이다.

❹ 여기서 버킷에 있는 모든 객체를 검색하기 위해 getBucketObjects 함수를 사용한다.

❺ "image/"로 시작하는 콘텐트 타입을 가진 객체만 처리되게 guessType 함수를 사용한다.

❻ 이 코드는 주요 오퍼레이션을 다음과 같이 타이밍 코드로 감쌌기 때문에 조금 지저분해 보일 것이다.

```
$startTime = microtime(true);
 : code operation
$endTime = microtime(true);
```

이렇게 하면 스크립트가 실행될 때 시간에 관련된 유일한 정보를 인쇄할 수 있다. $endTime에서 $startTime을 빼면 경과 시간을 얻을 수 있으며, 출력 포맷을 다음과 같이 정할 수 있다.

```
printf("Completed in %.2f seconds.\n", ($endTime - $startTime));
```

❼ 새로운 S3 호출은 한 개뿐이다.

```
$dataIn = $s3->get_object($bucketIn, $key);
```

get_object 메서드는 S3로부터 객체를 내려받고 데이터를 문자열로서 반환한다.

❽ 여기서 thumbnailImage 함수는 썸네일을 생성하고 썸네일을 $dateOut에 저장한다.

❾ uploadObject 함수는 생성된 썸네일을 썸네일 버킷으로 업로드한다.

하나의 파일을 썸네일 처리할 때 만들어지는 출력 예는 다음과 같다.

```
$php thumbnail_bucket.php - -
Processing item 'images/a380_factory.jpg':
    Downloaded from S3 in 0.78 seconds.
    Generated thumbnail in 0.19 seconds.
    Uploaded thumbnail to S3 in 0.09 seconds.
```

S3, PHP, GD를 함께 사용하면 많은 수고를 들이지 않고 다소 강력한 그래픽 프로세싱 작업을 할 수 있다. 이미지의 품질을 낮추고, 이미지에 워터마크를 넣고, 컬러를 그레이스케일 값으로 매핑하기 위해 썸네일 코드를 수정하는 일도 어렵지 않다.

CloudFront 디스트리뷰션 생성

CloudFront 디스트리뷰션을 이용하려면 AWS 계정에서 이 기능을 활성화해야 한다. http://www.amazon.com/cloudfront/에 방문한 후 '가입 신청' 버튼을 클릭한다.

S3 버킷용 CloudFront 디스트리뷰션을 생성하는 코드를 작성할 수 있겠지만, 그냥 넘어가기로 한다. 디스트리뷰션을 생성하기 위해 그래픽 인터페이스를 사용하는 것이 더 쉽다. 3장의 "비주얼 툴"에 나온 툴로 위의 작업을 할 수 있다. AWS Management Console[5]을 이용하면 작업을 매우 간단하게 처리할 수 있다. Amazon CloudFront 탭을 선택하고 Create Distribution 버튼을 클릭한다(그림 4.3 참고).

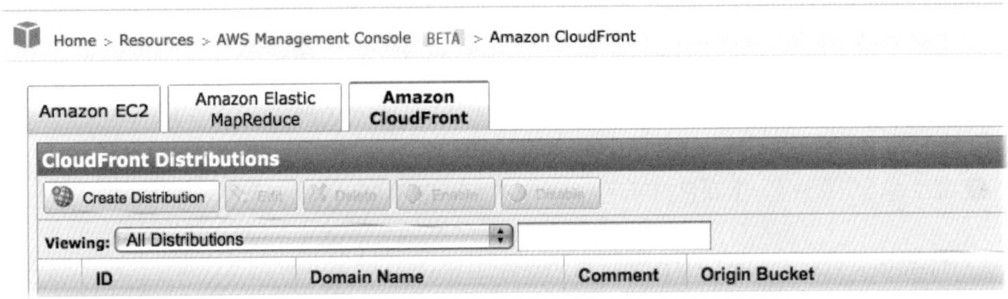

그림 4.3 Create Distribution 버튼 클릭

설정하고 몇 분을 기다라면 CloudFront 디스트리뷰션이 생성된다.

이미지 브라우저를 만들면서 이번 장을 마무리하자. 원래의 이미지와 썸네일 이미지를 효율적으로 배포하기 위해 CloudFront를 사용할 것이다.

CloudFront 디스트리뷰션 목록 표시

CloudFront 디스트리뷰션의 모든 목록을 표시하는 스크립트는 다음과 같다.

```
                                          chapter_04/list_distributions.php(발췌)
#!/usr/bin/php
<?php

error_reporting(E_ALL);
```

5 http://console.aws.amazon.com

```php
require_once('cloudfusion.class.php');
require_once('include/book.inc.php');

$cf = new AmazonCloudFront();
$res = $cf->list_distributions();

if (!$res->isOK())
{
    exit("Could not retrieve list of CloudFront distributions\n");
}

$distributions = $res->body->DistributionSummary;

printf("%-16s %-32s %-40s\n", "ID", "Domain Name", "Origin");
printf("%'=-16s %'=-32s %'=40s\n", "", "", "");

foreach ($distributions as $distribution)
{
    $id         = $distribution->Id;
    $domainName = $distribution->DomainName;
    $origin     = $distribution->Origin;

    printf("%-16s %-32s %-40s\n", $id, $domainName, $origin);
}
exit(0);
?>
```

지금쯤 이 코드 구조가 익숙할 것이다. list_distributions 메서드는 객체 배열을 반환하며, 이것은 반복되어서 인쇄된다. 앞선 스크립트처럼 AmazonS3 객체 대신 새로운 AmazonCloudFront 객체를 인스턴스화하고, 디스트리뷰션의 세부 정보를 검색하기 위해 list_distributions 메서드를 인스턴스화한다.

response 객체는 앞에 나온 S3 스크립트와 같은 방법으로 질의 될 수 있다. list_distributions 메서드로 반환된 응답에서 $res->body->DistributionSummary 프로퍼티는 SimpleXMLElement 객체의 배열을 포함할 것이며, 각 CloudFront 디스트리뷰션마다 하나씩 될 것이다. 위의 스크립트는 이 배열을 반복하고, 각 반복에서 Id, DomainName, Origin 프로퍼티를 추출해 다음과 비슷한 표 형식으로 화면에 표시한다.

```
$php list_distributions.php
Id                    Domain Name                        Origin
================ ============================= =================================
 =====
nnnnnnnnnnnnnnn  nnnnnnnnnnnnnnn.cloudfront.net   sitepoint-aws-cloud-book.s3.amazon
 aws.com
```

이 스크립트를 AWS 계정으로 실행할 때 ID와 Domain Name 열에는 고유한 값이 들어갈
것이다.

썸네일을 포함한 S3 파일 목록 표시

이제, 이번 장의 마지막 스크립트를 볼 차례다. findDistributionForBucket 함수는 특정 S3
버킷용 CloudFront 디스트리뷰션을 반환할 것이다. 예측하고 있겠지만, 이 함수를 book.inc.
php 파일에 둘 것이다.

```
                                    chapter_04/include/book.inc.php(발췌)
function findDistribulionForBucket($cf, $bucket)
{
    $res = $cf->list_distributions();

    if (!$res->isOK())
    {
        return null;
    }

    $needle = $bucket . ".";
    $distributions = $res->body->DistributionSummary;

    foreach ($distributions as $distribution)
    {
        if (substr($distribution->Origin, 0, strlen($needle)) == $needle)
        {
            return $distribution;
        }
    }

    return null;
}
```

이 함수는 CloudFront 접근 객체와 버킷의 이름을 받아들인다. 이것은 CloudFront 디스트리뷰션의 목록을 가지고 와서, 제공된 버킷 이름과 일치하는 이름이 있는지 확인한다. 일치하는 항목이 있으면 디스트리뷰션 객체가 반환된다.

다음 코드는 list_bucket_objects_page.php에 몇 가지 기능을 추가한 것이다. 이 코드는 버킷의 모든 이미지 객체가 있는 표에 썸네일을 추가한다. 또한, 이 코드는 가능하면 CloudFront URL도 사용한다.

```php
                                              chapter_04/list_bucket_objects_page_thumbs.php(발췌)
<?php

error_reporting(E_ALL);

require_once('cloudfusion.class.php');
require_once('include/book.inc.php');

$bucket = IsSet($_GET['bucket']) ? $_GET['bucket'] : BOOK_BUCKET;
$bucketThumbs = $bucket . THUMB_BUCKET_SUFFIX;

$s3 = new AmazonS3(); ❶
$cf = new AmazonCloudFront();

$dist = findDistributionForBucket($cf, $bucket); ❷
$thumbsDist = findDistributionForBucket($cf, $bucketThumbs);

$objects = getBucketObjects($s3, $bucket); ❸
$objectThumbs = getBucketObjects($s3, $bucketThumbs);

$thumbs = array(); ❹

foreach ($objectThumbs as $objectThumb)
{
    $key = (string) $objectThumb->Key;

    if ($thumbsDist != null) ❺
    {
        $thumbs[$key] = 'http://' . $thumbsDist->DomainName . "/" . $key;
    }
    else
    {
```

```
            $thumbs[$key] = $s3->get_object_url($bucketThumbs, $key);
        }
    }

    $fileList = array(); ❻
    foreach ($objects as $object)
    {
        $key = (string) $object->Key;

        if ($dist != null)
        {
            $url = 'http://' . $dist->DomainName . "/" . $key;
        }
        else
        {
            $url = $s3->get_object_url($bucket, $key);
        }

        $thumbURL = IsSet($thumbs[$key]) ? $thumbs[$key] : ''; ❼
        $fileList[] = array('thumb' => $thumbURL, 'url' => $url,
            'name' => $key, 'size' => number_format((int)$object->Size));
    }

    $output_title = "Chapter 3 Sample - List of S3 Objects in Bucket" . " '${bucket}'";
    $output_message = "A simple HTML table displaying of all the objects"
        . "in the '${bucket}' bucket with thumbnails.";

    include 'include/list_bucket_objects_thumbs.html.php';

    exit(0);
    ?>
```

코드를 자세히 살펴보자.

❶ 먼저, 새로운 AmazonS3 객체와 AmazonCloudFront 객체를 인스턴스화한다.

❷ 각 버킷에 대한 CloudFront 디스트리뷰션이 있는지 파악한다.

❸ getBucketObjects 함수를 사용해 두 버킷에 있는 모든 객체를 검색한다.

❹ 모든 객체에서 반복한다. 객체 키를 배열 키로써 사용하고 URL을 저장해서 $thumbs 배열을 처리한다.

❺ 썸네일에 대한 CloudFront 디스트리뷰션이 있으면 해당 URL을 사용하고, 그렇지 않으면 기본 S3 URL을 사용한다.

❻ 특정 버킷에 있는 모든 객체에 같은 오퍼레이션을 수행한다. 이는 $fileList 배열에 저장되고, HTML 출력에 사용될 것이다.

❼ list_bucket_objects_page.php 스크립트에서 $fileList 배열로 새로 추가된다. 일치하는 썸네일이 있으면 썸네일 URL이 저장되고 그렇지 않으면 빈 문자열이 저장된다.

실행 결과를 생성하는 HTML 템플릿은 다음과 같다.

chapter_04/list_bucket_objects_thumbs.html.php(발췌)

```php
<!DOCTYPE html PUBLIC "-//W3C//DTD XHTML 1.0 Strict//EN"
    "http://www.w3.org/TR/xhtml1/DTD/xhtml1-strict.dtd">
<html xmlns="http://www.w3.org/1999/xhtml" xml:lang="en" lang="en">
<head>
    <title><?php echo $output_title ?></title>
</head>
<body>
    <h1><?php echo $output_title ?></h1>
    <p><?php echo $output_message ?></p>
    <table>
        <thead>
            <tr><th>File</th><th>Size</th></tr>
        </thead>
        <tbody>
        <?php foreach($fileList as $file): ?> ❶
            <tr>
                <td>
                    <?php if($file['thumb'] != ''): ?>❷
                    <a href="<?php echo $file['url'] ?>">
                        <img src="<?php echo $file['thumb'] ?>"/></a>
                    <?php endif ?>
                </td>
                <td><a href="<?php echo $file['url'] ?>">
                    <?php echo $file['name'] ?></a>
                </td>
                <td><?php echo $file['size'] ?></td>
            </tr>
        <?php endforeach ?>
        </tbody>
```

```
      </table>
   </body>
   </html>
```

위의 코드에서 관심 있게 볼 것은 두 가지다.

❶ 이 템플릿은 $fileList 배열에서 반복 실행되며, 배열의 각 요소를 하나의 테이블 행으로 추가하고, 테이블 셀에는 썸네일 이미지, 파일명, 파일 크기가 들어간다.

❷ 해당 파일에 대해서 썸네일 URL이 명시되면 썸네일 테이블 셀의 내용이 추가되고, 그렇지 않으면 셀은 빈 채로 남게 된다.

그림 4.4는 위 코드의 실행 결과다.

그림 4.4 썸네일을 포함한 객체 목록

마무리

이번 장에서는 코드를 계속 살펴봤다. S3 버킷을 생성하는 방법, 버킷 목록을 나열하는 방법, 파일을 S3로 업로드하는 방법을 배웠다. 그리고 한 버킷의 내용을 다른 버킷으로 처리하는 방법과 효율적인 콘텐트 배포를 위해서 CloudFront를 사용하는 방법을 논의했다. 이번 장에서 배운 내용을 모두 익혔으면 여러분 자신의 S3 애플리케이션을 만들 수 있다.

Amazon Web Service

05

Amazon EC2 - 웹 호스팅

이번 장에서는 Amazon EC2(Amazon Elastic Compute Cloud)에 관해 자세히 배울 것이다. 프로그래머블 데이터 센터의 개념을 자세히 살펴보고, 가격 책정 모델을 포함해서 Amazon EC2의 핵심 개념을 설명할 것이다. EC2 인스턴스 가동에 필요한 설정 작업을 하기 위해 AWS Management Console을 사용할 것이며, 그다음에 인스턴스를 하나 가동하고 설정 작업을 할 것이다. 그 이후에 AMI(Amazon Machine Image)에 관해 더 깊이 이야기하고, 한 개를 생성할 것이다. API를 사용해 Amazon EC2 리소스를 조작하기 위한 짧지만 확실한 프로그램을 작성할 것이다.

프로그래머블 데이터 센터

1장에서 클라우드 컴퓨팅의 중심인 프로그래머블 데이터 센터의 개념을 설명했다. 수작업으로 직접하는 시스템 구축은 자동화된 프로비저닝, 동적인 리소스 할당, 데이터 센터의 모든 함수가 API 호출을 통해 접근될 수 있는 모델로 대체되고 있다.

전통적이고 사람 중심인 인터넷 호스팅 제공업체와 최신의 프로그래머블 데이터 센터 사이에 어떤 차이점이 있는지 설명하기 위해 한 대의 서버를 준비하고 실행하는 데 필요한 단계를 살펴보자.

1. 적합한 서버 하드웨어를 설치하거나 확보한다.

2. 적절한 디스크 스토리지를 확보해서 장착한다.

3. 랙 공간, 전원, 에어컨 시스템을 갖춘다.

4. 인터넷에 연결한다.

5. 스위치, 라우터, 로드 밸런서와 같은 네트워킹 장비를 구해서 설치한다.

6. 하드웨어를 설치한다.

7. 서버를 부팅한다.

8. 운영체제를 설치한다.

9. 필수 애플리케이션을 설정한다.

10. IP 주소를 할당하고 경로를 지정한다.

11. 접근과 보호를 위한 방화벽 엔트리를 만든다.

12. 시스템이 기능을 제대로 수행하는지 검증하기 위해 모니터링을 설정한다.

13. 트래픽이 증가하면 그에 맞추어서 위의 모든 구성요소의 규모를 조정한다.

위에 제시한 각 단계를 처리하려면 시간이 오래 걸리고 모든 작업이 수작업으로 이루어지면 비싼 노동력도 많이 든다. 프로그래머블 데이터 센터는 위 단계에 따르는 API 호출로 각 단계를 대체하며, 각 단계의 완료에 필요한 시간을 수 시간, 수일, 수 주, 수 초로 줄인다. 빠른 반응과 대량 처리 모델이 클라우드 컴퓨팅의 핵심이다.

추가 리소스를 즉시 사용할 수 있으므로 프로그래머블 설정 제어는 성장과 혁신을 단순화한다.

Amazon EC2 개요

Amazon EC2 인프라에는 위에서 언급한 프로그래머블 데이터 센터의 모든 개념이 있다. 사실 Amazon EC2 서비스를 이용하면 여러 지역에 있는 다수의 데이터 센터(가용 영역)에 접근할 수 있다. 그리고 Amazon EC2 서비스는 실제로 프로그래머블 데이터 센터의 모음이다. 여러분은 "클라우드로" 웹 서비스 요청을 보내기만 하면 나머지는 Amazon EC2가 모두 처리한다. 서버, 운영체제 이미지, 방화벽 엔트리, 로드 밸런서, IP 주소, 디스크 스토리지 볼륨을 모두 수 초 안에 사용할 수 있다. 이번 절에서는 영속 리소스와 단명 리소스의 차이점을 중점적으로 다루고, Amazon EC2의 핵심 개념을 설명하고, 가격 책정 모델을 살펴보고, EC2 인프라가 다른 AWS 기반 서비스와 작업하는 방법을 논의한다.

영속 리소스와 단명 리소스

Amazon EC2 리소스를 두 부류로 나눌 수 있다. 하나는 영속 리소스(persistent resource)고, 다른 하나는 단명 리소스(ephemeral resource)다. 이 두 리소스의 차이점을 이해하는 것이 중요하다.

여러분의 계정에 할당된 **영속 리소스**는 일시적이거나 영구적인 하드웨어 또는 소프트웨어 장애가 발생하더라도 계속 운용되는 것으로 예상할 수 있다. 아마존은 영속 리소스를 안정적으로 제공하기 위해서 이중화, 자동 장애 극복, 자동 복구 기능을 제공한다. EC2 리소스 중에서 영속 리소스는 다음과 같다.

- 일래스틱 IP 주소
- EBS 볼륨
- 일래스틱 로드 밸런서
- 보안 그룹
- AMI

반면 **단명 리소스**에는 이중화가 내장되어 있지 않아서 문제 발생 시 오류를 일으킨다. 오류가 일어날 때 저장된 데이터와 상태 정보는 일반적으로 상실된다. 따라서 이중화, 장애 극복, 복구 시스템을 자체적으로 구축하기 위해서 다른 EC2 기능을 사용해야 한다. EC2 리소스 중에서 단명인 것은 다음과 같다.

- Amazon EC2 인스턴스

이 시점에서 여러분은 "뭐라고?"라는 생각을 할 수 있다. 인스턴스는 아무 때나 충돌을 일으킬 수 있으며, 필자의 로컬 데이터에서도 이러한 일이 일어날 수 있다. 그러나 개발자로서 여러분은 이것을 버그라기보다는 오히려 하나의 특징이라고 말할 수 있다. 더 나아가서, 대규모 인터넷 사이트(예: Amazon.com)의 아키텍처 특징 중 하나는 서버가 모두 일시적이고 극도로 신뢰할 수 없지만, 소프트웨어를 사용해 신뢰할 수 없는 부분을 신뢰할 수 있는 시스템으로 만들 수 있다는 것이다.

실제로 Amazon EC2 서버의 내구성은 매우 뛰어나다. 필자의 개인 EC2 인스턴스 중 하나는 742일 동안 장애 없이 실행됐다. 오류가 발생하면 필자의 커스텀 AMI의 또 다른 복사본을 부팅해서 S3로부터 필자의 데이터를 복구하고 계속 진행한다.

실제 상황보다 훨씬 더 나쁘게 가정해서 여러분의 모든 서버가 신뢰할 수 없다고 생각한다면 특정 서버를 실제로 잃어버린다고 해서 별문제가 발생하지 않도록 시스템을 구축하려고 할 것이다. 복구 로직이 예상대로 작동하는지 확인하기 위해서 많은 장애 시나리오를 시뮬레이트해야 할 때 클라우드를 이용하면 이 작업을 쉽게 처리할 수 있다. 몇 번의 실험을 거쳐서 시스템 오류를 복구할 수 있다는 확신이 들고 어떤 경우에는 자동화도 가능하다는 것을 확인하면 밤에 잠을 잘 수 있을 것이다.

지금까지의 경험으로 볼 때 "문제가 생길까 봐 무섭다"는 생각을 "문제가 생길 수는 있지만 나쁜 일은 일어나지 않을 것이라고 확신한다"는 생각으로 바꾸려면 여러분의 생각이 진정으로 클라우드 친화적이 됐다고 확신할 때다.

Amazon EC2 용어

EC2의 가장 중요한 개념은 인스턴스다. **가상화**(virtualization) 기법을 사용하면 EC2 인프라는 물리적으로 같은 하드웨어에 있는 여러 EC2 사용자를 대신해 머신 인스턴스를 실행한다. 가상화 소프트웨어를 사용하면 각 논리 인스턴스는 메모리 공간과 CPU 시간을 일정 부분 보장받으며, 이렇게 함으로써 같은 하드웨어에서 실행되는 인스턴스의 상호 간섭을 방지한다.

인스턴스는 리눅스(여러 개의 배포판이 사용될 수 있음), 윈도우 서버, 오픈솔라리스와 같은 여러 운영체제 중 한 곳에서 실행될 수 있다.

Amazon EC2 인스턴스를 시작할 때 **인스턴스 유형**(instance type)을 명시해야 한다. 현재 9개의 EC2 인스턴스 유형이 있으며, 이를 표 5.1에 정리해 두었다.[1]

---

1 인스턴스 유형은 시간이 지나면서 늘어나고 바뀔 것으로 예상된다. EC2 홈페이지인 http://aws.amazon.com/ec2에서 인스턴스 유형의 최신 목록을 확인할 수 있다.

표 5.1에 제시된 비용은 이 책이 나올 때의 가격으로서 미국에서 리눅스나 오픈솔라리스에서 실행했을 때의 비용이다. 유럽이나 아시아에서 윈도우 인스턴스가 실행될 때는 더 비싸다.

각 코어의 속도는 EC2 컴퓨팅 유닛의 조건으로 측정되며, 각 유닛은 대략 2007년에 나온 AMD Opteron이나 인텔의 Xeon 프로세서로서 1.0~1.2GHz 정도다.

스몰 외의 모든 인스턴스 유형은 하나 이상의 가상 코어(virtual core)를 가진다. 가상 코어는 동시에 실행되는 독립된 프로세싱 유닛이다. 하나 이상의 CPU 바운드 프로그램을 한 번에 실행하거나 멀티 코어 성능을 염두에 두고 프로그램을 작성함으로써 이 성능을 이용할 수 있다. 두 번째 방법은 어려운 주제로서 이 책의 저술 범위를 넘는다.

표 5.1 Amazon EC2 인스턴스 유형

이름	CPU 워드 크기	CPU 가상 코어	CPU 코어 속도(EC2 컴퓨팅 유닛)	RAM	로컬 디스크	시간당 비용
스몰	32비트	1	1	1.7G	160GB	0.085 달러
라지	64비트	2	2	7.5GB	850GB	0.34 달러
엑스트라 라지	64비트	4	2	15GB	1,690GB	0.68 달러
고성능 CPU 미디엄	32비트	2	2.5	1.7GB	350GB	0.17 달러
고성능 CPU 엑스트라 라지	64비트	8	2.5	7GB	1,690GB	0.68 달러
고성능 메모리 엑스트라 라지	64비트	2	3.25	17.1GB	420GB	0.50 달러
고성능 메모리 더블 엑스트라 라지	64비트	2	3.25	34.2GB	850GB	1.20 달러
고성능 메모리 쿼드러플 엑스트라 라지	64비트	8	3.25	68.4GB	1,690GB	2.40 달러
클러스터 컴퓨팅	64비트	8(두 개의 프로세서, 각 프로세서에 4개의 코어)	2.5	23GB	1,690GB	1.60 달러

표에서 볼 수 있듯이 인스턴스 유형이 클수록 코어가 더 빠르고 더 많다.

애플리케이션용 EC2 인스턴스 유형을 선택할 때는 많은 요소를 고려해야 한다. 먼저, 여러분의 애플리케이션이 CPU 워드 크기와 호환되는지 확인한다. 고급 데이터베이스 제품 중에서 대부분이 64비트 하드웨어에서만 실행된다. 일단 AMI를 구축했으면 CPU 워드 크기가 지정된다. 32비트 인스턴스 유형용으로 만들어진 AMI는 64비트 인스턴스 유형에서 실행할 수 없고, 그 반대도 마찬가지다. 그다음에는 애플리케이션이 필요로 하는 리소스에 관해 생각해야 할 것이다. 메모리 양과 비교하면 많은 처리 능력이 있어야 하는 애플리케이션은 고속 CPU 인스턴스에서 가장 잘 돌아갈 것이다. 32비트와 64비트 제품 라인에는 리소스 사용량을 최적화하기 위한 다양한 옵션이 있다. 경험이 있는 EC2 사용자는 일반적으로 2~3개의 다른 인스턴스 유형에서 애플리케이션을 벤치 마크한 다음에 최상의 가격/성능 수준을 제공하는 것을 선택한다. 마지막으로 작은 인슨턴스로 많이 확보할 것인지, 큰 인스턴스로 조금 확보할 것인지 결정해야 한다. 규모는 여러분의 애플리케이션에 어떤 것이 필요한지에 따라 크게 영향을 받는다. 복잡한 여러 계층의 애플리케이션은 다수의 인스턴스 유형을 사용할 것이다. 가령, 다음과 같은 것들이 있을 것이다.

- 웹 계층용의 스몰 인스턴스

- 관계형 데이터베이스 계층용의 엑스트라 라지 인스턴스

- CPU 인텐시브 애플리케이션 계층용의 고성능 CPU 엑스트라 라지 인스턴스

작은 인스턴스를 많이 사용하면 두 개 이상의 가용 영역에 인스턴스를 유연하게 배포함으로써 더 좋은 내고장성을 확보할 수 있다. 매우 큰 규모의 애플리케이션은 하나 이상의 EC2 지역에 걸쳐져 있을 수 있으며, 미국에서 일부 인스턴스가, 유럽에서 일부 인스턴스가, 아시아에서 다른 인스턴스가 실행될 수 있다. EC2를 사용하면 복잡한 라우팅 토폴로지를 쉽게 만들 수 있다. 전 세계에 걸친 애플리케이션을 구축할 때 클라우드 컴퓨팅은 더 강력해진다. 즉, 사용자가 가장 바쁠 때나 바쁜 곳에는 리소스를 추가하고, 반대로 사용자가 아무 일도 하지 않을 때는 리소스를 제거하면 된다. 추가 데이터 센터나 대역폭 제공업체를 별도로 두지 않고도 기능상의 이중화와 지역적인 분산을 추가로 확보할 수 있다.

인스턴스를 기동할 때 개별 AMI를 항상 실행한다. 2장에서 논의한 것처럼 AMI는 여러분의 운영체제를 포함하고, 애플리케이션의 다른 계층과 부분도 포함할 수 있다. 미리 정의된 많은 AMI 중에서 원하는 AMI를 선택하거나 여러분만의 AMI를 만들 수도 있다. AMI의 설정 및 커스터마이징 방법에는 많은 유연성이 있다. 애플리케이션 계층마다 명확한 AMI 세트를 구축할 수도 있고, 정해진 규칙에 따라 시작될 때 스스로 커스터마이징하는 일반적인

AMI를 만들 수도 있다. AMI를 Amazon S3에 저장하거나 EBS 스냅샷으로서 저장할 수 있다. 더 새로운 스냅샷 기반의 모델은 더 빠르고 더 유연하다. 인스턴스는 셧다운된 다음에 마음대로 다시 시작될 수 있으며, 이때 같은 인스턴스 유형으로 시작될 수도 있고, 다른 명세를 가진 또 다른 인스턴스 유형으로 다시 시작될 수도 있다. 그러나 워드 크기가 다른 인스턴스 유형 사이에서는 이전할 수 없으며, 이를 위해서는 AMI를 다시 만들어야 한다.

EC2 인스턴스 중 각각은 해당 인스턴스가 기동될 때 여러 EC2 보안 그룹에 포함될 수 있다. 보안 그룹은 AWS 계정의 일부이며, 여러 인스턴스에 적용될 수 있다. 각 그룹은 규칙을 사용해 허용할 수 있는 인바운드 커넥션 세트를 정의하며, 규칙에는 프로토콜, 포트, IP 주소 범위가 포함된다. 일단 인스턴스가 기동되면 인스턴스에 첨부된 그룹을 변경할 수 없다. 그러나 그룹 자체를 변경(규칙 추가나 삭제)할 수 있으며, 변경된 내용은 즉시 영향을 미친다. 여러 계층 애플리케이션에 대한 접근 통제 로직을 정교하게 짜기 위해서 그룹을 사용할 수 있다. 보안 그룹을 설정하는 방법은 표 5.2에 제시해 두었다.

표 5.2 보안 그룹 예

그룹 이름	규칙
web_access	▫ 아무 곳에서나 HTTP 접근을 허용(80번 포트) ▫ 사내 네트워크에서 SSH 접근을 허용(22번 포트)
db_access	▫ MySQL 데이터베이스 접근을 허용(3306번 포트) ▫ 사내 네트워크에서 SSH 접근을 허용(22번 포트)
app_access	▫ 애플리케이션 서버 접근 허용(5000번 포트) ▫ 사내 네트워크에서 SSH 접근 허용(22번 포트)

이렇게 설정한 보안 그룹을 인스턴스에 적용할 수 있으며, 표 5.3에 예를 제시해 두었다.

표 5.3 인스턴스와 보안 그룹

인스턴스 역할	보안 그룹
웹 서버	web_access
데이터베이스 서버	db_access
애플리케이션 서버	app_access

제대로 만든 그룹이 있다면 동적으로 변경할 수 있다. 예를 들어, AuthorizeSecurityGroupIngress 함수와 RevokeSecurityGroupIngress 함수로 만든 스케줄링 유틸리티를 이용하면 app-access 그룹을 주기적으로 변경할 수 있다. 즉, 백업 시스템 관리자가 비상 시에 원격에서

접속할 수 있게 만들 수 있다. db_access 그룹의 규칙을 더 선택적으로 만들 수 있으며, 이를 위해서 웹 계층의 서버들의 IP 주소를 기반으로 퍼미션을 동적으로 추가할 수 있다.

단일 보안 그룹의 인스턴스는 서로 자유롭게 통신할 수 있다. 따라서 앞 예제에서 하나 이상의 계층에 있는 인스턴스에 SSH로 접근하게 하려고 하나의 ssh_access 그룹을 사용하는 것은 경솔할 수 있다.

공개 IP 주소는 기동 과정의 일부로서 각 인스턴스에 할당된다. 그러나 인스턴스는 단명이므로 IP 주소는 인스턴스와 같은 생명을 가질 것이다. EC2 일래스틱 IP 주소 기능을 활용하면 다른 EC2 인스턴스와 독립된 생명을 가지고 있으면서 안정적인 공개 IP 주소를 할당할 수 있다. 주소는 여러분의 AWS 계정에 할당된다. 일단 할당된 주소는 포기할 때까지 여러분의 통제하에 있게 되며, 이는 사용 여부에 상관없이 같게 적용된다. 여러분의 IP 주소를 여러분의 모든 EC2 인스턴스에 첨부(라우팅)할 수 있다.

이번 절의 앞에서 언급했듯이 각 EC2 인스턴스에 포함된 로컬 디스크 스토리지는 단명이다. 실행 인스턴스가 재부팅되면 스토리지는 그대로 유지될 것이다. 그러나 인스턴스가 종료된 후에는 취소된 다음에 재사용된다. EC2 EBS는 높은 신뢰성 및 가용성을 가진 영속 스토리지를 제공한다. 여러분은 EBS 볼륨을 생성할 수 있고, 그것을 같은 가용 영역에 있는 모든 인스턴스에 첨부할 수 있다. Amazon S3에 대한 스냅샷 백업을 특정 시점에 생성할 수 있으며, 백업을 같은 볼륨에 복구하거나, 백업을 사용해 새로운 볼륨을 만들 수 있다. EBS 볼륨은 파일을 저장하기 위해 포맷해서 사용하거나 포맷하지 않는 "원시(raw)" 스토리지로써 사용할 수 있다.

Amazon DevPay 시스템을 활용하면 여러분의 EC2 기반 애플리케이션을 위한 Amazon의 가입 및 요금 청구 인프라를 사용할 수 있다. DevPay를 이용하면 여러분 자신의 지불 계획을 만들 수 있으며, 선불식, 반복식, 사용량 기반의 요금을 다양하게 섞을 수 있다. 일단 여러분이 만든 AMI에 Payment 계획을 첨부하면 여러분의 고객은 그것에 가입하고, 하나 이상의 AMI 복사본을 기동할 수 있다. 그들은 자신의 Amazon 계정을 통해서 사용량만큼 지불할 것이다.

함께 연계

Amazon EC2를 다른 AWS 인프라 서비스와 연계해 사용하면 그 기능이 더 강력해진다. 우리는 앞에서 Amazon S3, AMI 스토리지, EBS 스냅샷의 사용 방법을 살펴봤다. 그리고 앞 장에서 본 것처럼 EC2 인스턴스에서 실행되는 PHP 코드를 사용해 S3 API를 호출할 수 있다. S3는 구조적이지 않은 애플리케이션 데이터, 즉 바이너리나 스트링을 저장하기에 이상적이다.

비슷한 방식으로 EC2 인스턴스에서 실행되는 코드는 구조적인 데이터 저장을 위해 Amazon SimpleDB를 사용하고, 관계형 데이터의 저장을 위해 Relational Database Service를 사용하고, 확장 가능한 인스턴스 사이나 프로세스 사이 버퍼로서 Amazon Simple Queue Service를 사용할 수 있다. Elastic MapReduce는 EC2 서비스에서 실행되며, 많은 양의 데이터를 처리하는 데 사용할 수 있다.

이 아키텍처 모델의 또 다른 장점은 EC2 서비스와 여기서 언급한 다른 서비스 사이의 지연성이 매우 낮다는 점이다. 왜냐하면, 이들 서비스가 같은 지역에서 실행되기 때문이다.

Amazon EC2 가격 책정 모델

Amazon EC2 사용 요금은 여러 기준에 따라 과금되며, 여기에는 인스턴스 사용, 데이터 전송, AMI 스토리지, IP 주소 예약, EBS 데이터 스토리지, EBS I/O가 포함된다. 가격은 시간에 따라 변경된다. 따라서 Amazon EC2 홈페이지(http://aws.amazon.com/ec2)에서 최신 정보를 확인하기 바란다.

인스턴스 사용

EC2 인스턴스 각 유형에 대한 시간당 가격을 표 5.1에서 살펴봤다. 인스턴스가 실행될 때부터 인스턴스가 사용되기 시작하며, 시간 단위로 청구된다. 기본 가격이 있으며, 최종 가격에 여러 요소가 영향을 미칠 수 있다.

- 유럽과 아시아 태평양 지역에서 EC2 인스턴스를 실행하는 것이 미국에서 실행하는 것보다 더 비싸다.

- 리눅스나 오픈솔라리스에서 실행하는 것보다 윈도우에서 실행할 때 비용이 더 비싸다.

- DevPay를 통해서 액세스된 AMI의 사용료는 해당 AMI를 만든 사람이 설정한 요율에 따라 부과된다.

- 예약된 인스턴스를 구매하면 더 낮은 시간당 요율을 적용받을 수 있다.

처음 몇 시간 또는 처음 몇 주 동안 운영하면서 AWS 계정을 주의 깊게 살펴볼 때 앞에서 언급한 요소를 고려하기 바란다.

시간이 지나면서 실행해야 할 EC2 인스턴스가 많아질 것 같으면 인스턴스 예약 옵션을 살펴보기 바란다. 1년이나 3년 동안 인스턴스를 예약하기 위해 선취 수수료를 지불하고 나서 해당 인스턴스를 실제로 사용하면 시간당 요금을 더 적게 낼 수 있다. 이렇게 하면 맞춤형으로 사용할 때보다 시간당 총비용이 낮아진다. 이 글을 쓰는 시점에 인스턴스를 3년 예약하고 해당 인스턴스를 최소 19% 정도 사용하면 맞춤형 인스턴스보다 더 저렴해진다. 그리고 예약 인스턴스를 구매하면 EC2 인스턴스가 필요할 때 제때에 할당할 수 있다.

데이터 전송

데이터 전송 요금은 EC2 인스턴스에서 전송하고 EC2 인스턴스로 전송하는 데이터의 양에 따라 정해진다. 인스턴스로 전송하는 데이터는 기가바이트당 0.10달러의 요금이 부과된다. 이 요금은 데이터양에 상관없이 정액 부과된다. 이에 반해 인스턴스 외부로 전송하는 데이터에 대한 비용은 데이터양에 따라 줄어드는 방식이다. 즉 기가바이트당 0.17달러에서 시작하며, 외부로 전송되는 데이터양이 한 달에 150테라바이트를 초과하면 기가바이트당 비용은 0.10달러까지 내려간다.

데이터 전송 비용과 관련해 몇 가지 특수한 사례가 있다.

- AWS 가용 영역 내부에서 이루어진 데이터 전송에는 과금되지 않는다.
- 지역 사이에서 전송된 데이터는 인터넷 속도에 따라 과금되며, 이에 관해서는 앞에서 살펴보았다. 그리고 전송의 양쪽, 즉 한 지역으로부터 나온 전송과 다른 지역으로 가는 전송에 대해 다르게 과금된다.
- 같은 지역의 가용 영역 사이에서 전송되는 데이터는 기가바이트당 0.10달러의 비용이 과금된다.
- 같은 지역에 있는 EC2와 다른 AWS 서비스 사이에서 전송되는 데이터에는 비용이 과금되지 않는다.

AMI 스토리지

여러분이 생성하는 AMI는 Amazon S3에 직접 저장되거나 EBS 스냅샷(이것은 S3에 저장)으로 저장된다. 따라서 AMI를 생성하면 그만큼 비용이 들어간다. 필자의 리눅스 AMI는 500~700MB의 공간을 사용한다. 윈도우 AMI는 더 많은 공간을 사용한다. 아마도 필자가 리눅스가 아닌 윈도우를 사용했다면 5GB 이상의 공간이 필요했을 것이다. 여러 버전의 AMI

를 만들고 관리해야 하거나, 애플리케이션의 계층마다 별도의 AMI를 생성해야 한다면 감당해야 할 스토리지 비용이 얼마인지 주의 깊게 고민하는 것이 현명할 것이다.

IP 주소 예약

일래스틱 IP 주소를 할당하고, 이 주소를 EC2 인스턴스에 붙일 수 있으며, 이에 들어가는 비용은 없다. 그러나 주소를 할당했지만, 그 주소를 인스턴스에 붙이는 것에 실패하면 시간당 0.01달러의 요금이 부과된다. 한 달간 비용 없이 IP를 재배치(붙이고 떼는 것)할 수 있고, 횟수는 최대 100번이다. 100번이 넘으면 재배치 한 건당 0.10달러의 비용을 내야 한다.

EBS

EBS(Elastic Block Store) 볼륨에 의해 소모되는 스토리지는 기가바이트당 매월 0.10달러의 요금이 부과된다. EBS는 여러분이 어떤 형태로든 원하는 방식으로 사용할 수 있는 스토리지이므로 얼마만큼 사용하느냐보다는 얼마만큼 할당하느냐에 따라 요금이 결정된다.

　EBS에 대해 백만 건의 I/O 요청마다 0.10달러의 요금이 부과된다. 다른 AWS에 대한 요금과 같이 이 양은 실제 사용량에 따라 비례 배분되므로 I/O 요청이 50만 건이면 0.05달러의 비용이 청구된다.

첫 번째 Amazon EC2 인스턴스 기동

개념과 가격에 대해 알아봤으므로 EC2 기능을 실제로 사용할 차례다. 먼저, SSH 키를 준비하고, AWS 관리 콘솔에 익숙해진 다음에 인스턴스를 기동한다. 일단 인스턴스가 실행되면 인스턴스에 IP 주소를 할당하고 붙인 뒤 EBS 볼륨을 생성, 첨부, 포맷한다. 그다음 아파치를 활성화하고, 일부 코드를 실행한 후 모든 것을 셧다운한다.

SSH 키 생성 및 준비

SSH를 사용해 인스턴스에 연결할 수 있어야 한다. 그러나 인스턴스에 연결하려면 하나 이상의 Amazon EC2 키 쌍을 생성해야 한다. 키 쌍이 있어야 연결 시 Amazon EC2 인스턴스에 아이덴티티를 입증할 수 있다.

http://console.aws.amazon.com에 접속한 뒤 Amazon EC2 탭을 클릭한다. EC2 서비스에 가입하지 않았으면 가입해야 하며, 비용 지불을 위해 신용카드 정보를 제공해야 한다.

유럽이나 아시아 지역에 있다면 이번 연습을 위해 로컬 EC2 지역을 사용하고 싶을 수 있다. 이를 위해서 **Region** 메뉴에서 로컬 EC2 지역을 선택한다(그림 5.1 참고).

그림 5.1 AWS 관리 콘솔의 Region 메뉴

 경고

CloudFusion의 EC2 지역

이 글을 쓸 당시에 CloudFusion 최신 버전인 2.5는 디폴트인 us-east-1 이외의 EC2 지역에 제한적이었다. 이 책에 있는 코드를 실행할 때 문제를 경험했다면 us-east-1 지역에 있는 인스턴스를 사용해 보기 바란다. CloudFusion 2.6에서는 많은 문제를 해결할 것으로 기대하며, 조만간 세상에 나올 것이다. 이 책을 읽을 때 2.6이 이미 나왔다면 새로운 기능을 이용하기 위해 일부 코드를 수정해야 할 수도 있다. 제공된 문서를 이용하면 쉽게 수정할 수 있을 것이다.

일단 AWS 관리 콘솔이 보이면 Key Pairs를 클릭한 다음에 Create Key Pair 버튼을 누른다. 이렇게 하면 그림 5.2와 같은 대화상자가 나올 것이다.

그림 5.2 새로운 키 쌍 생성 및 명명

키 쌍의 이름을 입력한다. 여기서는 "Jeff's Keys"라고 했다. 그다음 **Create** 버튼을 누르면 AWS 관리 콘솔은 파일을 내려받기 시작할 것이다. 브라우저 설정 값에 따라 파일을 저장하라는 프롬프트가 뜨거나 파일이 로컬 디스크에 저장될 것이다.

내려받은 .pem 파일을 안전하고 보안이 확보된 곳에 저장한다. 왜 안전한 곳에 저장해야 하는가? 해당 파일을 잃어버리면 그 파일을 다시 생성해야 할 것이다. 일단 그렇게 하면 기존의 EC2 인스턴스에 더는 SSH로 접근할 수 없다. 왜 보안이 확보된 곳에 저장해야 하는가? 인가되지 않은 사람이 해당 파일을 발견하면 그는 실행 중인 인스턴스에 접근할 수 있게 된다.

윈도우에서 PuTTY 준비

3장의 "하드웨어와 소프트웨어"에서 언급한 것처럼 PuTTY SSH 클라이언트를 사용할 것을 적극 권장한다. 연결을 위해 PuTTY SSH 클라이언트를 사용할 수 있으려면 비공개 키를 PuTTY가 사용할 수 있는 형식으로 변환해야 한다. 이 작업을 아직 하지 않았다면 PuTTY 복사본과 PuTTYgen 유틸리티[2]를 구한다. 실행 파일이나 설치 파일을 내려받으면 된다. PuTTY를 많이 사용할 것이므로 PuTTY의 바로가기를 만들어 두는 것도 좋은 생각이다.

PuTTYgen을 실행해서 Conversions 메뉴를 클릭한다. 그리고 Import key를 선택한다. 앞에서 저장했던 .pem 파일을 연다. 원한다면 키의 보안성을 강화하기 위해서 패스프레이즈(로컬 비밀번호)를 추가할 수 있으며, 필자는 그림 5.3과 같이 했다. 키를 사용할 때마다 패스프레이즈를 넣어야 할 것이다. PuTTYgen의 File 메뉴로 가서 Save private key를 선택한다. 이 키도 로컬 데스크톱의 안전하고 보안이 확보된 곳에 저장한다.

그림 5.3 키 변환 중에 패스프레이즈 추가

---

2 http://www.chiark.greenend.org.uk/~sgtaham/putty/

맥 OS X이나 리눅스에서 키 쌍 준비

키 쌍 파일을 저장한 디렉터리에서 터미널 창을 연다. 첫 번째로 해야 할 중요한 작업은 파일 퍼미션을 정확하게 지정하는 것이다. 그렇지 않으면 키 쌍 파일을 사용해서 연결 작업을 할 수 없으며, WARNING: UNPROTECTED PRIVATE KEY FILE! 오류 메시지가 발생한다. 읽기 퍼미션과 쓰기 퍼미션을 파일 소유자로 제한하려면 chmod 명령어를 사용한다. your_key_file.pem을 여러분의 파일명으로 교체한다.

```
$ chmod 600 your_key_file.pem
```

원하면 다음 명령어를 사용해 패스프레이즈를 설정할 수도 있다.

```
$ ssh-keygen -p
```

위 명령어를 입력하면 키 쌍 파일의 위치를 묻는 프롬프트가 뜨며, 확인을 위해 패스프레이즈를 두 번 입력하라는 요청이 있을 것이다.

AWS 관리 콘솔 훑어보기

AWS 관리 콘솔(AWS Management Console)이 여러분의 브라우저에 이미 열려 있을 것이다. Amazon EC2 탭 아래의 Navigation 페인을 잠시 둘러본다. 여기에는 이 장에서 설명한 EC2 리소스에 대한 링크가 있다. 여기서는 콘솔을 잠깐 사용할 것이다. 오른쪽 위 모서리에는 **Help** 버튼이 있으며, 콘솔의 각 기능을 자세히 알고 싶으면 이 버튼을 이용한다(그림 5.4 참고).

그림 5.4 AWS 관리 콘솔의 Help 버튼

첫 번째 인스턴스 기동

이제 인스턴스를 실제로 기동할 시점이다. 이번 실습에서는 LAMP Web Starter를 기동할 것이다. 이 AMI는 Fedora Core 8 리눅스 배포판을 통합하며, 여기에는 PHP, 아파치, MySQL이 포함된다.

Navigation 페인에서 Instances를 클릭한 다음 Launch Instances 버튼을 누른다. 그러면 Request Instances Wizard가 표시될 것이다(그림 5.5 참고).

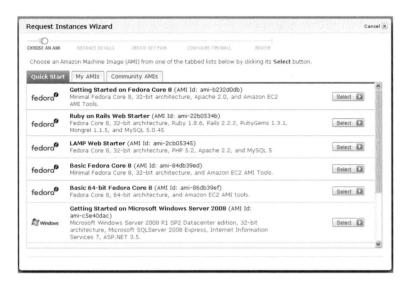

그림 5.5 Request Instances Wizard

LAMP Web Starter AMI 옆의 Select 버튼을 클릭한다. 두 번째 페이지인 Instance Details에서 Continue 버튼을 클릭한다. 마법사의 세 번째 페이지인 Create Keypair 메뉴에서 키 쌍을 선택하고 Continue 버튼을 클릭한다. 마법사의 네 번째 페이지인 Configure Firewall에서 기본 보안 그룹이 선택되었는지 확인하고 Continue 버튼을 클릭한다.

마법사의 다섯 번째이자 마지막 페이지인 Launch에서 설정 값을 확인한다(그림 5.6 참고).

그림 5.6 설정 값을 살펴본 후 Launch를 누름

설정 값을 확인한 후 Launch 버튼을 누른다. 축하한다. 여러분의 첫 번째 EC2 인스턴스를 이제 막 기동했다.

마법사의 마지막 페이지를 닫는다. 그리고 My Instances 목록을 본다. EC2 인프라는 인스턴스를 사용할 준비를 뒤에서 진행하고 있으며, 다음과 같은 작업이 이루어진다.

1. 가용 서버 찾기

2. S3를 기반으로 하는 인스턴스용 서버의 부트 디스크로 AMI 복사, EBS를 기반으로 하는 인스턴스용 AMI로부터 EBS 볼륨 생성

3. 서버 부팅

4. 보안 설정 값 적용

5. 요금 측정 프로세스를 시작해 사용량 추적

리눅스와 오픈솔라리스 인스턴스는 1~2분 안에 기동된다. 윈도우 인스턴스는 조금 더 걸려서 최대 5분 정도다.

인스턴스가 running 상태로 변경되면 사용할 준비가 된 것이다. 그림 5.7에서는 두 개의 인스턴스가 실행되고 있어서 두 개의 행과 두 개의 상태 표시기가 있다.

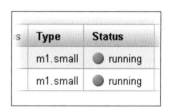

그림 5.7 인스턴스가 실행

SSH 접근 활성화

새로운 인스턴스에 연결하기 전에 default라는 이름의 EC2 보안 그룹이 SSH(22번 포트) 접근과 HTTP(80번 포트) 접근을 허용하는지 확인해야 한다. AWS 계정은 이들 포트 접근을 기본적으로 허용했다. 따라서 그룹을 점검해서 그룹이 이미 있다면 신경 쓸 필요는 없다.

Security Groups를 클릭하고 default 그룹을 클릭한 다음 Allowed Connections의 목록을 본다. 목록의 Connection Method 열에 SSH가 있는지 확인하고, SSH의 From Port와 To Port가 22로 설정돼 있는지 점검한다. 이렇게 되어 있지 않으면 하단 행의 Custom… 선택 메뉴를 SSH로 변경하고 Save 버튼을 누른다. 이렇게 하면 다른 필드는 자동으로 채워진다. 데스크톱 컴퓨터의 IP 주소를 알고 있으면 데스크톱의 IP를 Source IP에 넣어서 사용할 수 있다. 서픽스는 /32로 한다.[3]

---

3   이렇게 하기로 했을 때, 데스크톱 컴퓨터의 IP 주소가 바뀌면 그룹을 업데이트한다. 여러 IP 주소에서 접근할 수 있게 하려면 다수의 SSH 규칙을 추가한다.

HTTP가 목록에 없으면 HTTP(80번 포트)에 대해서도 같은 작업을 한다. 그림 5.8은 HTTP를 새로 추가하는 방법을 보여준다. SSH가 이미 추가돼 있음을 볼 수 있다.

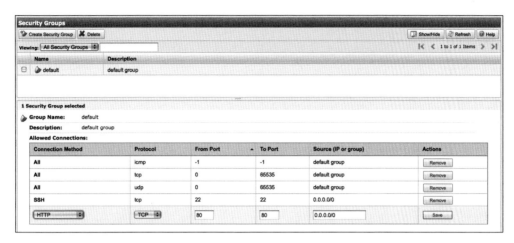

그림 5.8   기본 보안 그룹에 연결 방법 추가

인스턴스에 연결

My Instances 목록에는 유용한 정보가 많이 있다. 특히 흥미로운 것은 Public DNS 칼럼이다(그림 5.9 참고).

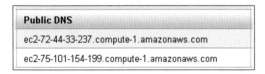

그림 5.9   실행 중인 각 인스턴스의 Public DNS 이름을 보여주는 콘솔

SSH로 연결해야 할 때 인스턴스의 공개 DNS 이름을 복사한다.

윈도우에서 PuTTY로 연결

PuTTY를 실행해서 Public DNS 이름을 Host Name 필드에 붙여 넣는다(그림 5.10 참고).

그림 5.10   윈도우용 PuTTY 설정

왼쪽의 카테고리에서 Connection – SSH – Auth를 선택하고, Browse… 버튼을 눌러서
PuTTYgen으로부터 저장한 비공개 키의 위치를 지정한다(그림 5.11 참고).

그림 5.11   PuTTY에서 SSH 인증 설정

Open 버튼을 클릭하면 PuTTY가 여러분의 인스턴스로 연결할 것이며, 비공개 키의 Public
부분을 사용해 자체를 인증한다. 이렇게 하고 나면 PuTTY는 여러분의 요청이 해당 비공개 키
를 사용할 것인지 확인하는 요청을 할 것이다(그림 5.12 참고).

그림 5.12 새로운 키의 사용을 확인하는 PuTTY

Yes를 클릭한 다음에 로그인 프롬프트가 뜨면 root를 입력한다. 여러분은 키를 사용해서 이미 식별되었기 때문에 루트 계정에 대한 비밀번호가 필요하지 않다. 그러나 여러분의 키에 대해 패스프레이즈를 설정했다면 그와 관련된 프롬프트가 뜰 것이다. 로그인에 성공하면 그림 5.13과 같은 화면이 뜬다.

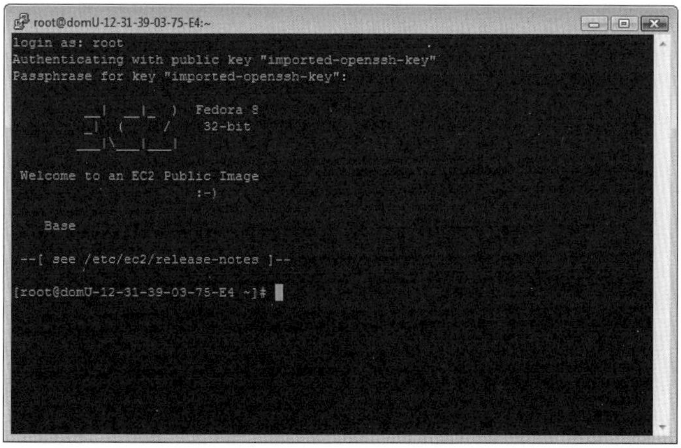

그림 5.13 EC2 인스턴스 로그인 성공

맥 OS X이나 리눅스 터미널에서 연결하기

새로운 터미널 창을 열어서 다음 명령어를 입력한다.

```
$ ssh -i jeffskeys.pem root@ec2-nnn-nnn-nn-nnn.compute-1.amazonaws.com
```

jeffskey.pem 자리에 여러분의 키 쌍 파일을 넣고, ec2-nnn-nnn-nn-nnn 자리에 여러분 인스턴스의 공개 DNS 이름을 넣는다. 그렇게 하면 결과는 다음과 같다.

```
The authenticity of host 'ec2-nnn-nnn-nnn-nnn.compute-1.amazonaws.com (nnn.nnn.nnn.nnn)'
↵can't be established.
RSA key fingerprint is cd:79:eb:e3:e9:2e:d6:b2:9c:79:65:2a:27:c5:1b:ba.
Are you sure you want to continue connecting (yes/no)?
```

물론 호스트 정보와 RSA 키 지문 세부 정보는 위의 내용과 다를 것이다. 위의 질문에 대해 yes를 입력하면 로그인되며 다음과 같은 결과를 수신할 것이다.

```
Warning: Permanently added 'ec2-nnn-nnn-nnn-nnn.compute-1.amazonaws.com,nnn.nnn.nnn.nnn'
↵(RSA) to the list of known hosts.

   __|  __|_  )    Fedora 8
   _|  (     /     32-bit
  ___|\___|___|

Welcome to an EC2 Public Image
                    :-)
    Base

--[ see /etc/ec2/release-notes ]--

[root@domU-12-31-38-00-2E-18 ~]#
```

키 쌍 파일에 패스프레이즈를 지정했다면 패스프레이즈를 입력하라는 프롬프트가 나올 것이다. 호스트와 프롬프트 정보는 위의 내용과 다를 것이다.

연결

축하한다. 여러분은 이제 여러분 자신의 EC2 인스턴스를 완벽하게 통제하게 됐다. 하나 이상의 EC2 인스턴스를 시작할 계획이라면 프롬프트를 더 명확하게 만들어서 인스턴스를 구별할 수 있게 만들어야 한다. 해당 쉘이 개발 서버(development server)라는 것을 나타내기 위해서 쉘 프롬프트를 문자열 "<dev>: "로 지정하려면 다음과 같이 한다.

```
[root@domU-12-31-38-00-2E-18 ~]# export PS1="<dev>: "
```

설치된 패키지를 확인하기 위해서 다음 명령어를 실행한다.

```
<dev>: yum list | grep installed
```

긴 목록을 볼 것이다. 약간의 시간을 들여서 새로운 EC2 인스턴스가 있는지 살펴보는 것도 좋을 것이다. 자주 사용하는 리눅스 명령어를 실행해 보고 이들 명령어가 제대로 작동하는지 점검하기 바란다. yum 명령어를 사용해 새로운 패키지를 설치할 수 있다. vim보다 emacs를 선호하면 다음의 명령어로 emacs를 설치한다.

```
<dev>: yum -y install emacs
```

이 시점에서 잠깐 멈추기로 했다면 여러분의 인스턴스가 현재 실행되고 있어서 그만큼 비용을 지불하고 있다는 것을 기억하기 바란다. 인스턴스를 계속 실행할 필요가 없다면 AWS 관리 콘솔로 가서 해당 인스턴스를 선택하고 Instance Actions 메뉴에서 Terminate를 선택한다. 이렇게 하면 인스턴스에 저장되어 있던 모든 데이터는 없어질 것이다.

EBS 기반의 AMI를 기동하면 추가 옵션이 있다. Instance Actions 메뉴에서 Stop를 선택할 수 있다. 운영체제가 셧다운 되어서 인스턴스의 상태가 Stopped로 변경될 것이다. 나중에 인스턴스를 다시 시작할 수 있으며, 루트 파일 시스템의 모든 파일도 부트업될 것이다. 사람들이 예전에 나온 S3 기반 AMI보다 EBS 기반 AMI를 선호하는 여러 가지 이유 중 하나는 바로 이러한 유연성 때문이다.

IP 주소 할당

인스턴스에 영구적인 IP 주소를 부여할 수 있다. exit 명령어로 SSH 세션을 종료한 다음 AWS 관리 콘솔로 간다. Navigation 페인에서 Elastic IPs를 클릭하고 Allocate New Address 버튼을 누른다. 대화상자의 Yes, Allocate 버튼을 눌러서 새로운 IP 주소의 할당을 확정한다. 잠깐의 시간이 지난 후에 새로 할당된 주소가 Addresses 목록에 들어갈 것이다.

이 시점에 주소는 여러분의 것이지만 다른 EC2 인스턴스와는 여전히 연계돼 있지 않다. 이 문제를 해결해 보자. 목록에서 주소를 클릭한 다음 Associate 버튼을 누른다. 그림 5.14와 같은 대화상자가 나올 것이다.

그림 5.14 일래스틱 IP 주소와 EC2 인스턴스 연계

메뉴에서 적절한 인스턴스 ID를 선택한 다음 Associate 버튼을 누른다. 이제 호스트 이름 대신 일래스틱 IP 주소를 사용하는 새로운 SSH 세션을 생성한다. 도메인 이름과 DNS 제공업체가 있다면 해당 도메인 이름을 공개 IP 주소에 매핑할 수 있다.

할당됐지만 매핑되지 않은 IP 주소에도 요금이 부과된다는 것을 잊지 않기 바란다. 인스턴스를 종료해서 IP 주소가 더는 필요 없을 때는 AWS 관리 콘솔을 사용해서 해당 IP 주소를 해제하기 바란다.

EBS 볼륨 생성

인스턴스와 IP 주소가 있으므로 스토리지 볼륨을 생성, 첨부, 포맷할 차례다.

일단 생성했으면 EBS 볼륨을 같은 가용 영역에 있는 인스턴스에 볼륨으로서 첨부할 수 있다. 인스턴스가 이미 실행되고 있으므로 그것이 어느 영역에서 실행되고 있는지 파악해 보자. AWS 관리 콘솔로 가서 Instances 뷰를 선택한다. 인스턴스의 행을 클릭하고 아래에 표시된 인스턴스의 상세 속성을 살펴본다(그림 5.15 참고).

Zone:	us-east-1a
Type:	m1.small
Owner:	889279108296
Ramdisk ID:	ari-a51cf9cc
Key Pair Name:	Jeff's Keys
AMI Launch Index:	0

그림 5.15 인스턴스의 가용 영역 찾기

인스턴스는 us-east-1a 구역에 있다. Navigation 페인의 Volumes를 클릭한 다음 Create Volume 버튼을 누른다. 그러면 그림 5.16과 같은 대화상자가 보일 것이다.

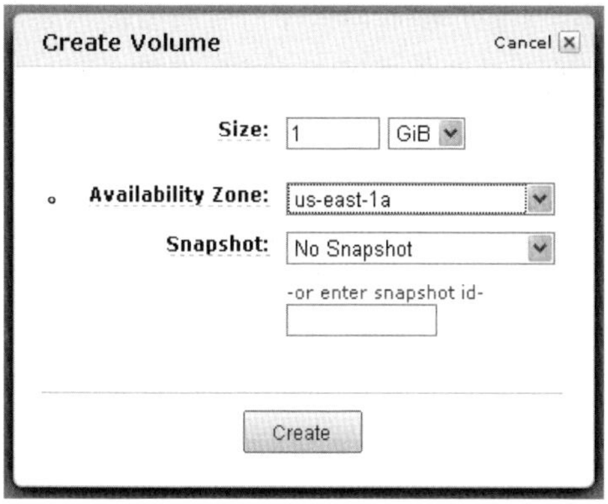

그림 5.16   EBS 볼륨 생성

이 대화상자의 폼에서는 값을 **GiB**(gigibyte)와 **TiB**(tebibyte) 단위로 입력받는다. 우리에게 익숙한 GB와 TB는 10의 승수로 표현하지만 GiB와 TiB는 2의 승수로 표현한다. 1GiB는 1,073,741,824바이트이며, 1GB는 1,000,000,000바이트다.

원하는 볼륨 크기를 입력한다. 10GiB가 적당한 값이다. 그리고 인스턴스의 가용 영역을 선택한다. 다른 필드는 있는 그대로 남겨 두고 Create 버튼을 누른다. EBS Volumes 목록에 새로운 볼륨이 나타날 것이며, 상태는 creating이 된다. 몇 초 기다린 후에 Refresh 버튼을 누르면, 상태가 available로 바뀔 것이다.

볼륨을 선택하고 Attach 버튼을 누른다. 아니면 볼륨에서 마우스 오른쪽 버튼을 클릭하고 Attach Volume을 선택한다. 이렇게 하면 그림 5.17과 같은 Attach Volumn 대화상자가 나올 것이다.

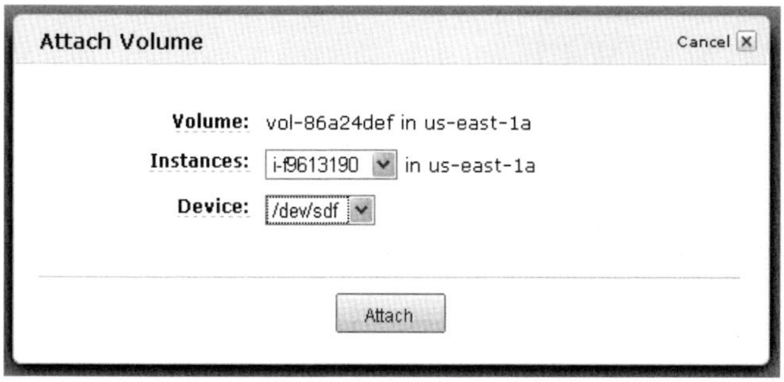

그림 5.17   EBS 볼륨을 Amazon EC2 인스턴스에 첨부

인스턴스를 선택하고 Device 필드에서 값을 선택한 뒤 Attach 버튼을 누른다. Attachment Information 열에 attached라는 단어가 나올 때까지 EBS Volumns 목록을 새로고침한다.

이 시점에서 새로운 EBS 볼륨이 여러분의 인스턴스에 첨부된다. 그러나 아직 파일을 저장할 준비는 되어 있지 않다. SSH 세션으로 가서 새로 첨부된 볼륨에 파일 시스템을 올린다.

```
<dev>: mkfs -F /dev/sdf
```

이 명령어를 실행하고 나면 /dev/sdf에 파일을 저장할 수 있다. 마운트 포인트를 생성하고 파일 시스템을 마운트한다. 다음과 같이 하면 된다.

```
<dev>: mkdir /data
<dev>: mount /dev/sdf /data
```

이제 영구적이고 고성능인 디스크 볼륨을 EBS에서 실행하게 됐다. 파일 저장 여부에 상관없이 EBS에 할당한 스토리지에 대해 요금이 청구된다는 점을 염두에 두기 바란다.

아파치 테스트

LAMP Web Starter AMI에는 아파치 웹 서버가 이미 설치, 설정, 실행되고 있다. 여러분의 IP 주소 앞에 http://를 붙여서 사이트에 방문해 보자. 그러면 그림 5.18과 같은 화면이 뜰 것이다.

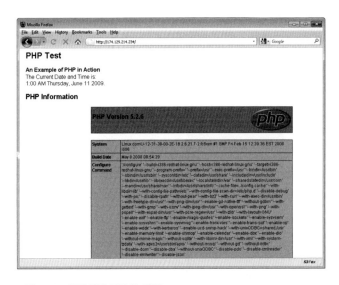

그림 5.18 아파치와 PHP가 실행

여러분은 위 화면이 phpinfo PHP 함수의 결과로서 나온다고 인식할 것이다.

코드 실행

기본 홈페이지는 /home/webuser/helloworld/htdocs/index.php에 저장된다. 원한다면 코드를 약간 변경할 수 있으며, 기본적으로 텍스트 에디터인 vim[4]과 nano[5]를 사용할 수 있다. 앞에서 emacs[6]를 설치했으면 emacs를 사용할 수도 있다. 예를 들어 〈h1〉 태그를 변경해 보자.

```
<h1>Jeff's PHP Test</h1>
```

원한다면 여러분의 이름을 넣는다. 페이지를 새로 고침하고 페이지가 적절하게 변경됐는지 확인한다.

앞 장에서 사용하던 PHP 코드를 실행하려면 새로운 EC2 인스턴스를 조금 수정할 필요가 있다. EBS 볼륨에 디렉터리를 생성한다.

```
<dev>: mkdir /data/src
<dev>: cd /data/src
```

Git 버전 제어 시스템을 설치해야 한다.

 팁

한 번에 여러 개의 패키지를 설치할 수 있다. 여러 개의 패키지를 동시에 설치하려면 yum을 사용해야 한다. 새로운 AMI를 처음부터 준비해야 할 때 yum을 사용하면 작업이 간편해질 수 있다. 패키지를 하나씩 설치하는 것보다 한꺼번에 설치하는 것이 더 효율적이기 때문이다. 예를 들어 emacs, CVS, Subversion을 단번에 설치하려면 yum - y install emacs cvs svn 명령어를 사용한다.

---

4 http://vim.sourceforge.net/

5 http://www.nano-editor.org/

6 http://www.gnu.org/software/emacs/

CloudFusion 라이브러리를 내려받아 압축을 풀자.

```
<dev>: wget http://tarzan-aws.googlecode.com/files/cloudfusion_2.5.zip
--2010-07-26 00:57:02--  http://tarzan-aws.googlecode.com/files/cloudfusion_2.5.zip
Resolving tarzan-aws.googlecode.com... 72.14.254.82
Connecting to tarzan-aws.googlecode.com|72.14.254.82|:80...connected.
HTTP request sent, awaiting response... 200 OK
Length: 184441 (180K) [application/x-zip]
Saving to: `cloudfusion_2.5.zip'

100%[====================================>] 184,441 89.7K/s in 2.0s

2010-07-26 00:57:05 (89.7 KB/s) - `cloudfusion_2.5.zip' saved [184441/184441]

<dev>: unzip cloudfusion_2.5.zip
Archive: cloudfusion_2.5.zip
  creating: cloudfusion/
  inflating: cloudfusion/_utilities.class.php
  inflating: cloudfusion/cloudfront.class.php
    :
  inflating: cloudfusion/sqsqueue.class.php
<dev>: rm -f cloudfusion_2.5.zip
```

/data/src/cloudfusion 디렉터리에 CloudFusion을 설치할 것이다.

3장의 "CloudFusion 설치" 절에서 설명했던 것과 같은 절차를 밟아야 한다. include_path PHP 설정 값을 업데이트해 /data/src/cloudfusion 경로를 포함한다. /etc/php.ini에 php.ini 파일이 있을 것이다. config.inc.php로 /data/src/cloudfusion/config-sample.inc.php 파일을 복사한다. 여러분의 AWS 계정 키 정보가 추가된다.

새로운 디렉터리인 /data/src/book을 만든다. 그리고 index.php라는 PHP 파일을 새로 만든다. 이 파일의 내용은 다음과 같다.

```php
<?php
error_reporting(E_ALL);

require_once('tarzan.class.php');

$s3 = new AmazonS3();
$buckets = $s3->get_bucket_list();
```

```
?>
<html>
    <head>
        <title>S3 Buckets</title>
    </head>
    <body>
        <h1>S3 Buckets</h1>
        <ul>
        <?php foreach($buckets as $bucket): ?>
            <li><?php echo $bucket ?></li>
        <?php endforeach ?>
        </ul>
    </body>
</html>
```

index.php 파일을 모든 사람이 읽을 수 있게 만든다.

```
<dev>: chmod 644 index.php
```

아파치의 htdocs 디렉터리에서 index.php 파일이 있는 /data/src/book 디렉터리로 심볼릭 링크를 만든다.

```
<dev>: cd /home/webuser/helloworld/htdocs
<dev>: ln -s /data/src/book book
```

이번 절의 시작 부분에서 사용했던 URL에 /book을 덧붙여서 브라우저에서 해당 주소를 방문한다. 4장에서 설정한 S3 버킷 목록이 보일 것이다. 그렇지 않으면 php.ini 파일을 편집해서 include_path를 정확하게 추가하고, CloudFusion의 config.inc.php 파일에서 AWS 키 ID와 비밀 키 값을 편집한다. 또한, php.ini 파일을 편집하고 display_errors를 On으로 설정해야 한다. 이 경우 PHP 오류 메시지가 나올 수 있으며, 이때 어떤 문제가 있는지 진단해야 할 수도 있다.

셧다운

여러분이 원한다면 인스턴스가 실행되게 그냥 둘 수 있다. 아니면 인스턴스를 셧다운할 수도 있다. 앞에서 설명한 것처럼 EBS 기반 인스턴스를 중단한 다음 나중에 EBS 기반 인스턴스를 다시 시작할 수 있다.

인스턴스를 셧다운할 계획이지만 나중에 사용하기 위해 EBS 볼륨을 유지하고 싶으면 인스턴스를 동기화하고 마운트 해제하기 바란다. 그렇게 하면 데이터가 손실되지 않고 파일 시스템이 그대로 유지된다. 이를 위해서 다음과 같이 하면 된다.

```
<dev>: sync
<dev>: umount /dev/sdf
```

AWS 관리 콘솔에서 인스턴스를 셧다운할 수 있다. 아니면 다음과 같이 그냥 중단하면 된다.

```
<dev>: halt
```

완성

이제, EC2 인스턴스를 기동하는 방법, 일래스틱 IP 주소를 설정하는 방법, EBS 볼륨을 생성/첨부/포맷하는 방법을 안다. 여기서 해 봐서 알겠지만, 기본적인 EC2 인스턴스를 시작하고 설정하는 작업은 매우 쉽다.

AMI

AMI(Amazon Machine Image)에 관해 배울 차례다. AMI 카탈로그를 살펴보고 AMI의 기본 내용에 관해 논의하겠다. AMI를 선택할 때 고려할 요소를 살펴보고, 새로운 AMI의 생성 방법을 배울 것이다.

AMI 카탈로그

EC2 AMI 카탈로그[7]는 그림 5.19와 같다.

AMI 카탈로그에는 모든 공개 EC2 AMI가 범주별로 나뉘어서 목록으로 제시돼 있다. 가운데에 있는 Browse by Category에는 제공업체, 운영체제, 지역별로 AMI가 정리돼 있다. AMI는 특정 EC2 지역에 국한되므로 마지막 범주로 있다. 첫 번째 범주인 Amazon Web Services에는 Amazon에서 제공하는 AMI가 포함된다. 두 번째 범주인 Community에는

7　http://aws.amazon.com/amis

AWS 개발자 커뮤니티 구성원이 만든 AMI가 포함된다. 나머지 범주에는 오라클, 썬, IBM 같은 회사에서 제공하는 AMI가 목록으로 들어간다.

특정 범주를 클릭하면 AMI 목록을 볼 수 있으며, 목록에 있는 한 항목을 클릭하면 특정 AMI에 관해 더 자세히 알 수 있다. 그림 5.20은 Ubuntu 9.04 Jaunty Server AMI에 대한 정보가 어떻게 표시되는지 보여준다.

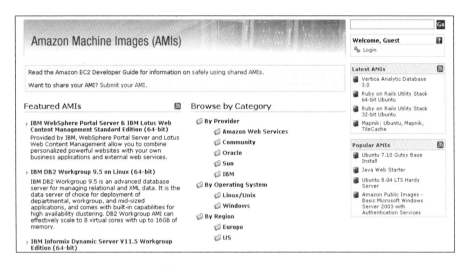

그림 5.19   Amazon EC2 AMI 카탈로그

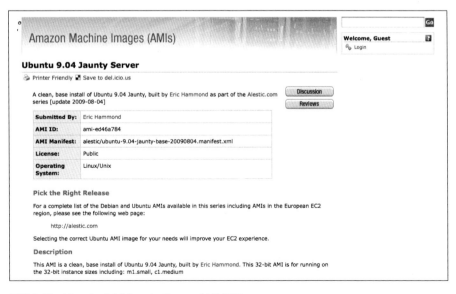

그림 5.20   Ubuntu 9.04 Jaunty Server AMI 목록

AMI 목록에는 AMI 관련 필수 정보가 있으며, 여기에는 사용할 수 있는 각 지역의 AMI ID, AMI의 기원(생성자, 내부에 있는 것), 등급, 토론 내용이 포함된다. 일부 정보는 Describe Images 함수나 ec2-describe-images 명령어에 의해 확보될 수 있다.

AMI 선택

프로젝트에 사용할 AMI를 선택하기 전에 많은 요소를 고려해야 한다. AMI 모델에는 많은 선택 사항과 풍부한 유연성이 있다. 무엇을 선택하느냐에 따라 Amazon EC2를 규모 있고 효율성 있게 사용할 수 있다. 여러분은 CPU 워드 크기와 운영체제를 선택해야 하며, 일부 인스턴스는 운영체제 배포판도 선택해야 한다.

대다수는 뒤로 소급해서 작업할 필요가 있다. 즉, 애플리케이션 계층에서 시작해서 호환성이 보장되게 선택 작업을 한다. 복잡한 아키텍처에서 최상의 해결책은 하나 이상의 CPU 워드 크기, 운영체제, 운영체제 배포판을 가진 이기종의 통합 인스턴스라는 것을 알게 될 것이다.

Fedora, Debian, Ubuntu, openSUSE, Red Hat Enterprise Linux, Oracle Enterprise Linux, Gentoo를 포함해 많은 리눅스 배포판에서 EC2 AMI를 사용할 수 있다. 저장한 배포판을 선택하는 일은 복잡하며, 이번 절의 서술 범위를 넘어선다. 고려해야 할 요소는 다음과 같다.

- 기존 시스템과의 호환성
- 배포판의 평판
- 각 배포판의 고유한 기능(예: 패키지 관리)
- 상용 지원의 가능성
- 특수 애플리케이션에 대한 지원

EC2 인스턴스를 시작하는 것은 매우 간단하므로 호환성 및 성능 시험 작업도 꽤 쉽게 처리할 수 있다. 각 배포판의 기능을 살펴보고, 배포판이 많은 돈을 들이지 않고 여러분의 요구를 충족시키는지 확인한다.

커스텀 AMI 생성

여러분 자신의 AMI를 생성하려는 이유가 무엇인가? 첫 인스턴스와 같은 추가 인스턴스를 기동할 수 있게 시스템 설정을 동결시키기를 원할 수 있다. 아니면, 파트너나 고객과 그 설정을 공유하거나 EC2 커뮤니티 전체와 공유하고 싶은 것일 수도 있다.

　AMI 생성 과정을 설명하기 전에 AMI를 생성하는 여러 가지 방법을 잠깐 살펴보자. AMI 생성을 이야기할 때 여러 번 말했지만, EC2 인스턴스를 사용자 정의하는 방법이 많이 있다. 그것들에 대해 잠깐 살펴보자.

- No Configuration(설정 없음) : 기존에 만든 AMI로 작업을 처리할 수 있다. 단기 실험용 개발을 하고 있다면 미리 정의한 AMI가 여러분이 필요로 하는 모든 것을 포함할 것이다. 소스 코드를 외부 소스 코드 제어 시스템이나 EBS 볼륨에 저장할 수 있다. 사무실에 도착했을 때 인스턴스를 기동하고, 볼륨을 마운트하고, 코딩 작업을 한 다음에 볼륨을 마운트 해제하고 일과가 끝날 때 인스턴스를 종료할 수 있다.

- Manual Configuration(수동 설정) : 같은 AMI 복사본을 여러 개 기동해야 할 필요가 없고 설정 절차가 짧고 간단하면 기본 방법으로 AMI를 시작한 다음 AMI를 수동으로 설정할 수 있다. 리눅스 시스템에서는 필요한 모든 패키지를 하나의 명령어로 설치할 수 있다. 심지어 셸 스크립트를 생성하고, 그것을 Amazon S3에 저장하고, 매번 내려받아 실행할 수 있다. EBS 기반 인스턴스를 중단하고 다시 시작할 수 있으므로 많은 상황에서 수동 설정이면 충분하다.

- Automated Configuration(자동 설정) : 인스턴스가 기동될 때 사용자 데이터의 문자열(최대 약 10,000개의 글자)을 각 EC2 인스턴스로 넘길 수 있다. 이 데이터는 Amazon S3에 저장된 스크립트에 대한 참조일 수도 있고, 스크립트 자체일 수 있다.[8] 스크립트는 인스턴스의 최종 커스터마이제이션을 수행할 수 있으며, 여기는 소스 코드 리포지토리에서 스크립트와 설정 데이터를 검색하는 것이 포함된다.

8　이 방법으로 한다면 EC2에 최대 16,384바이트의 데이터를 보낼 수 있다.

- Automated Role-based Configuration(자동화된 역할 기반 설정) : 시스템이 여러 계층에 통합돼 있고 각 계층에 대한 시스템 설정이 별개라면 각 계층을 커스터마이징 하기 위해서 Automated Configuration(자동 설정) 모델을 확장할 수 있다. 즉, 인스턴스의 역할을 설명하는 매개변수를 기반으로 다른 변경 사항을 만들고 다른 패키지를 설치할 수 있다. 역할은 임의적이며, 애플리케이션에 따라 달라질 것이다. 예를 들어 3계층 애플리케이션에는 "웹 서버", "데이터베이스 마스터", "데이터베이스 슬레이브", "애플리케이션 서버" 역할이 있을 수 있다.

위 옵션 중 어떤 것도 여러분의 요구를 충족시키지 못하면 여러분만의 AMI를 만든다. 이 과정은 빠르고, 간단해서, 클라우드 컴퓨팅과 AWS의 성능이 들어간 좋은 애플리케이션을 가질 수 있을 것이다.

EBS 기반 AMI가 나오면서 AMI 생성 과정은 훨씬 더 간단해졌다. S3 기반 AMI를 생성해야 할 때 EC2 문서에서 번들링, 업로딩, 등록 단계에 관해 더 많이 배울 수 있다.

AMI의 생성 단계는 다음과 같다.

1. 계획 수립 : 처리하고 싶은 것을 결정한다.
2. 이미지 준비 : 재사용 가능 이미지를 생성한다.
3. 이미지 생성 : 이미지의 EBS 스냅샷을 생성한다.
4. 재사용 : AMI의 복사본 여러 개를 기동한다.
5. 공유 : AMI가 다른 것에 접근할 수 있게 만든다.

계획 수립

이 단계에서는 기본 운영체제부터 시작해서 AMI의 목적과 내용을 파악할 필요가 있다. 추가 패키지를 로드할 수 있으며, AMI에 특수한 코드나 데이터를 미리 올려놓아서 특수한 코드나 데이터를 AMI의 사용자가 이용할 수 있게 만들 수도 있다.

이번 예제를 설명하기 위해서 Basic Fedora Core 8 AMI를 사용할 것이며, 아파치, MySQL, CVS, Subversion, emacs도 함께 사용하겠다. 이렇게 구성하면 웹 개발 AMI가 될 것이다.

여러분의 AMI를 EC2의 다른 사용자도 사용할 수 있게 하려면 그 안에 무엇이 있는지 다른 사람도 알 수 있게 내용을 문서화할 필요가 있다.

공개 AMI를 많이 만들어서 공유하고 싶으면 제작 과정을 자동화하는 방법을 생각해서 수작업을 줄이고 필요에 따라 AMI를 재생성하는 능력도 갖출 필요가 있다. 공개 AMI 제작자로서 활동하려면 시스템 업데이트와 패치를 병행함으로써 여러분의 AMI를 사용하는 이들에게 최신 상태가 유지된 AMI를 제공할 수 있어야 한다. 이 과정의 단순성, 효율성, 신뢰성을 확보하기 위해 스크립트와 체크리스트를 만들기 바란다.

 팁

목록화

필자는 매우 오래전부터 목록을 애용하고 있다. 무언가를 써내려 가면 어수선함이 정리되고 진행할 단계가 명확해진다. 필자가 진행한 예전의 웹 프로젝트 중 한 개의 시스템을 재구축하는 과정은 29단계였다. 이 시스템을 4~5년 전에 만들었지만 체크리스트를 보면 필요한 모든 정보가 충분히 들어 있어서 지금이라도 재구축 작업을 쉽게 처리할 수 있다.

이미지 준비

이미지는 AMI에 패키징된 파일들의 집합이다. 이 파일 집합을 로컬(EC2가 아님) 머신에 준비하거나, EC2 인스턴스에 준비할 수 있다. EC2 인스턴스를 사용하고 있다면 머신의 루트 파일 시스템을 이미지의 기반으로 사용할 수 있다. 아니면 크고 빈 파일을 만들어서 그 안에 시스템을 설치할 수 있다. 필자는 실행 중인 머신의 루트 파일 시스템을 사용할 것이다.

이미지 생성 과정에서는 모든 파일을 루트 파일 시스템에 올린다. 이 과정에서 다른 파일 시스템(로컬이나 EBS)에 있는 파일은 배제되고 실행 중인 인스턴스와 무관한 상태 정보(예: 일래스틱 IP 주소나 EBS 볼륨)는 캡처하지 않는다. 완전한 기능 수행을 위해 여러분의 AMI에 이 정보가 필요하다면 시작 과정의 일환으로서 주소가 할당되고 볼륨이 첨부 및 마운트되게 조정 작업을 거쳐야 한다.

이미지를 준비해 보자! 먼저, Basic Fedora Core 8 AMI의 복사본을 부트업하고, 여러분의 키 쌍을 참조한다. 인스턴스에 로그인해 필수 패키지를 모두 설치한다.

```
<dev>: yum -y install httpd mysql cvs svn emacs
```

모든 패키지를 내려받으려면 시간이 좀 걸릴 것이다. 변경할 내용이 있으면 변경을 한다. 예를 들어, 시스템이 부트업될 때 아파치가 시작되게 설정할 수 있다. /etc/rc4.d 디렉터리로 가서 적절한 초기화 스크립트에 대한 심볼릭 링크를 생성한다.

```
<dev>: cd /etc/rc4.d
<dev>: ln -s ../init.d/httpd S15httpd
```

원하는 대로 시스템을 설정했으면 원하는 상태가 되게 시스템을 다시 부팅한다. AWS 관리 콘솔에서 해당 인스턴스를 마우스 오른쪽 버튼으로 클릭하고 Reboot 옵션을 선택하면 된다 (그림 5.21 참고).

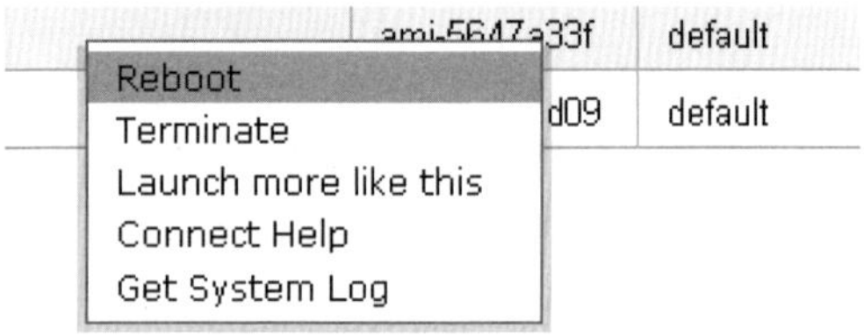

그림 5.21 EC2 인스턴스 다시 부팅

root로 로그인했으면 명령어 프롬프트에서 reboot 명령어를 실행하면 된다.

원하는 모든 서비스가 실행되는지 확인한다. 그리고 여러분이 원하는 방식대로 이미지가 만들어질 때까지 변경하고 조정한다. 부트 과정의 로우 레벨 부분을 변경하면 부팅될 수 없는 이미지를 생성했다는 것을 발견할 수 있다. 실제 하드웨어에서 실행되는 시스템에서 이러한 일이 일어나면 이전 상태로 복구할 방법이 없다. 한 쌍의 인스턴스를 시작하기 원할 수 있으며, 테스트 인스턴스에서 원하는 변경 작업을 할 수 있고, 변경할 때마다 재부팅한다. 재부팅에 성공하면 재사용할 수 있는 이미지를 생성하기 위해 사용할 인스턴스에 같은 변경을 적용할 수 있다. 또한, 과정이 진행되는 동안 이미지의 스냅샷 버전을 번들링하고 업로드할 수 있다. 부팅할 수 없는 AMI가 생성됐으면 한두 단계 뒤로 돌아가서 무엇이 틀렸는지 확인하고 다시 과정을 진행한다. 앞에서 언급했듯이 체크리스트가 잘 되어 있으면 이 작업을 쉽게 처리할 수 있다.

흥분하지 말고 필요한 모든 패키지를 천천히 설치하기 바란다. AMI가 크면 생성이나 부팅에 더 많은 시간이 걸린다. 시스템과 관련 없는 패키지를 추가하면 **공격 표면**(attack surface)이 늘어나서, 인가받지 않은 사용자가 보안 허점을 노려서 무단으로 접근할 가능성이 높아진다. 필요한 것만 골라서 설치하기 바란다.

이미지 정리

이미지 생성 과정에서는 루트 파일 시스템의 모든 파일이 복사되므로 포함하고 싶지 않은 파일이 무엇인지 생각할 필요가 있다. 여러분은 아마도 로그 파일, 쉘 히스토리 파일, AWS 키를 배제하고 싶을 것이다. 한 번 더 말하지만 체크리스트가 좋으면 곤란한 상황과 잠재적인 보안 이슈를 막을 수 있다.

필요치 않은 서비스를 셧다운하고, bash_history와 같은 쉘 히스토리 파일을 제거하고, 로그 파일을 비우고, AWS 키가 루트 파일 시스템이 아닌 다른 곳에 저장돼 있는지 확인한다. 이를 처리하는 예는 다음과 같다.

```
<dev>: rm ~/.bash_history
rm: remove regular file `/root/.bash_history'? y
<dev>: cd /var/log
<dev>: > cron
<dev>: > maillog
<dev>: > secure
<dev>: > spooler
<dev>: > yum.log
<dev>: > httpd/error_log
<dev>: > httpd/access_log
```

이미지 생성

다음 단계는 번들을 Amazon S3로 업로드하는 것이다. 이 작업을 하기 위해서 AWS 접근키 ID, 비밀 접근키, 사용할 수 있는 S3 버킷이 필요하다.

루트 파일 시스템을 정리한 다음 AWS 관리 콘솔에서 인스턴스를 마우스 오른쪽 버튼으로 클릭하고 Create Image(EBS AMI) 라벨이 붙은 옵션을 선택해서 이미지를 생성할 수 있다. Create Image 대화상자가 표시될 것이다(그림 5.22 참고).

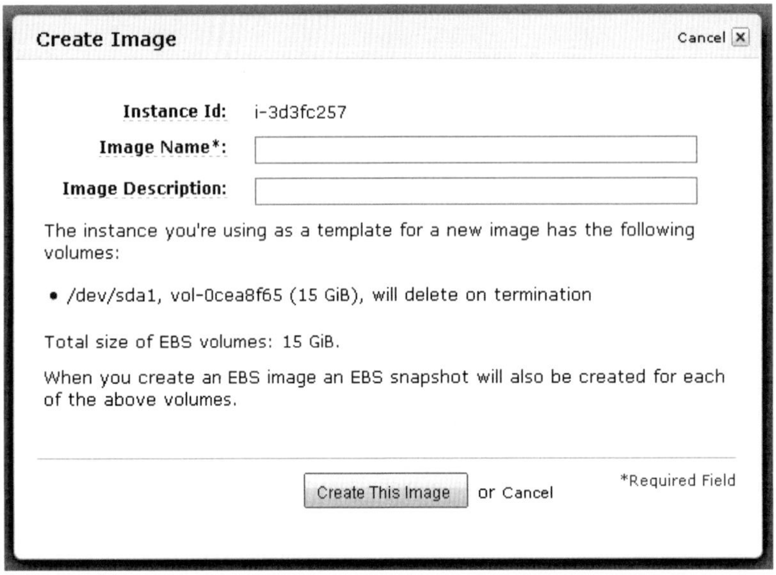

그림 5.22 Create Image 대화상자

인스턴스에 이름과 설명을 부여하고, Create This Image 버튼을 클릭한다. 인스턴스는 이미지 생성 과정의 일부로서 재부팅될 것이다. 따라서 인스턴스가 잠깐 응답하지 않더라도 당황하지 마라. 이미지 생성 과정에 걸리는 시간은 인스턴스의 루트 파일 시스템의 크기에 따라 달라진다. 생성 과정 중에 인스턴스의 상태는 available로 바뀔 것이다. 생성 과정이 종료될 때까지는 로그인할 수 없다.

AMI 재사용 및 공유

AMI를 생성했으므로 Launch Instance Wizard의 My AMIs 탭을 사용해서 AMI의 인스턴스를 찾고 기동할 수 있다. 여러분이 허락하기 전까지 이를 처리할 수 있는 퍼미션은 여러분에게만 있다. AMI의 가시성은 Private로 지정돼 있다.

새로운 AMI를 특정 AWS 사용자나 AWS 커뮤니티 전체와 공유할 수 있다. 특정 사용자와 공유하려면 그들의 AWS 계정 번호가 있어야 한다.

콘솔의 AMIs 뷰에서 원하는 AMI를 마우스 오른쪽 버튼으로 클릭한 다음 Edit Permissions 옵션을 선택한다. 그러면 그림 5.23과 같은 대화상자가 열린다.

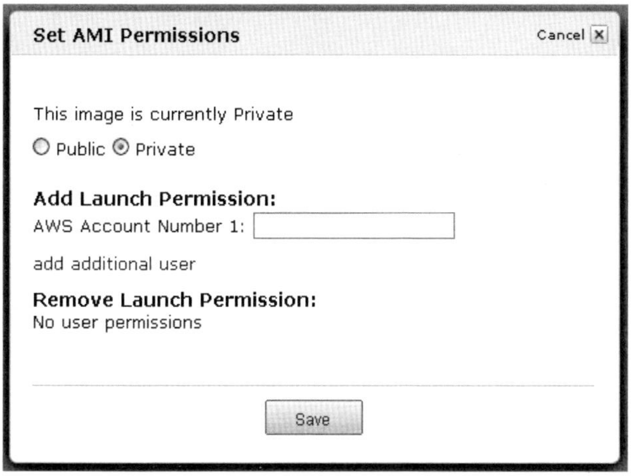

그림 5.23 Set AMI Permissions 대화상자 기동

　Add Launch Permission에서 공유할 AWS 사용자의 계정 번호를 입력한다. 다른 계정 번호를 입력해야 할 때마다 add additional user 링크를 클릭한다. AWS 커뮤니티 전체와 AMI를 공유하려면 Public을 선택한다.

EC2 API 사용

프로그래밍할 수 있는 데이터 센터 개념의 핵심은 모든 리소스를 외부 프로그램으로 조작할 수 있다는 점이다. 이번 절에서는 이 작업을 하는 프로그램을 하나 살펴볼 것이다. 주석과 오류 점검까지 포함해서 100줄밖에 되지 않는 이 프로그램은 다음과 같은 기능을 수행한다.

1. EC2 인스턴스 기동
2. 인스턴스가 "running" 상태로 전이될 때까지 대기
3. 공개 IP 주소 할당
4. EC2 인스턴스에 IP 주소 첨부
5. 한 쌍의 1GB EBS 볼륨 할당
6. EC2 인스턴스에 볼륨 첨부

프로그램은 일반적인 방법으로 시작한다.

chapter_05/ec2_setup.php(발췌)

```php
#!/usr/bin/php
<?php

error_reporting(E_ALL);

require_once('cloudfusion.class.php');
require_once('include/book.inc.php');

$ec2 = new AmazonEC2();
```

4장에서 사용한 S3 및 CloudFront 접근 객체와 같이 EC2 접근 객체는 EC2 기능에 접근하기 위한 완전한 메서드 세트를 제공한다.

인스턴스를 기동하는 일은 새로운 하드웨어를 사서 설치하는 것보다 쉽다.

chapter_05/ec2_setup.php(발췌)

```php
$options = array('KeyName' => "Jeff's Keys",
    'InstanceType' => "m1.small");

$res = $ec2->run_instances("ami-48aa4921", 1, 1, $options);

if (!$res->isOK())
{
    exit("Could not launch instance: " .
        $res->body->Errors->Error->Message . "\n");
}
```

키 쌍과 원하는 인스턴스 유형을 명시하는 옵션 배열을 구성한 후에 이 코드는 run_instance 메서드를 호출하고 오류를 점검한다.

인스턴스 ID와 인스턴스의 가용 영역이 필요하므로 그것들을 패치하고 인쇄한다.

chapter_05/ec2_setup.php(발췌)

```php
$instances        = $res->body->instancesSet;
$instanceId       = (string)$instances->item->instanceId;
$availabilityZone = (string)$instances->item->placement->availabilityZone;

print("Launched instance ${instanceId} " .
    "in availability zone ${availabilityZone}.\n");
```

다음 단계는 인스턴스가 실제로 올라오고 실행될 때까지 10초마다 인스턴스 상태를 폴링하는 것이다. 인스턴스가 부팅 과정 중에 있는 동안 EC2 서비스는 EBS 볼륨이 인스턴스에 첨부되는 것을 중단할 것이다. 간단한 반복문이 이 작업을 수행한다.

chapter_05/ec2_setup.php(발췌)

```php
do
{
    $options   = array('InstanceId.1' => $instanceId);
    $res       = $ec2->describe_instances($options);
    $instances = $res->body->reservationSet->item->instancesSet;
    $state     = $instances->item->instanceState->name;
    $running   = ($state == 'running');

    if (!$running)
    {
        print("Instance is currently in " .
            "state ${state}, waiting 10 seconds\n");
        sleep(10);
    }
}
while (!$running);
```

describe_instances 메서드는 $options 배열을 통해 넘겨진 인스턴스의 상태를 반환한다. 실제 인스턴스 상태는 반환된 결과 안에 중첩돼 있으므로 인스턴스 상태를 패치하기 위해 한 쌍의 문장이 사용된다. 인스턴스 상태가 "running"이 될 때까지 반복문을 반복한다.

이제 일래스틱 IP 주소가 필요하다. 일래스틱 IP 주소를 할당하고 표시해 보자.

chapter_05/ec2_setup.php(발췌)

```php
$res = $ec2->allocate_address();
if (!$res->isOK())
{
    exit("Could not allocate public IP address.\n");
}

$publicIP = (string)$res->body->publicIp;
print("Assigned IP address ${publicIP}.\n");
```

allocate_address 메서드는 힘든 일을 처리한다. 할당된 주소는 반환된 결과에서 추출된다.

주소를 확보했으므로 이것을 인스턴스에 첨부할 차례다. 다음과 같이 한다.

```
                                              chapter_05/ec2_setup.php(발췌)
$res = $ec2->associate_address($instanceId, $publicIP);
if (!$res->IsOK())
{
    exit("Could not associate IP address ${publicIP} " .
        "with instance ${instanceId}.\n");
}

print("Associated IP address ${publicIP} " .
    "with instance ${instanceId}.\n");
```

지금까지 매우 좋다! 이제 한 쌍의 1GB EBS 볼륨을 생성했고 EBS 볼륨들의 ID를 표시할 수 있다.

```
                                              chapter_05/ec2_setup.php(발췌)
$res1 = $ec2->create_volume(1, $availabilityZone);
$res2 = $ec2->create_volume(1, $availabilityZone);

if (!$res1->isOK() || !$res2->isOK())
{
    exit("Could not create EBS volumes.\n");
}

$volumeId1 = (string)$res1->body->volumeId;
$volumeId2 = (string)$res2->body->volumeId;

print("Created EBS volumes ${volumeId1} and ${volumeId2}.\n");
```

볼륨이 인스턴스의 가용 영역에 생성된다.

마지막 단계는 볼륨을 인스턴스에 첨부하는 것이다. attach_volume 메서드를 이용하면 이 작업을 매우 쉽게 처리할 수 있다.

```
                                              chapter_05/ec2_setup.php(발췌)
$res1 = $ec2->attach_volume($volumeId1, $instanceId, '/dev/sdf');
$res2 = $ec2->attach_volume($volumeId2, $instanceId, '/dev/sdg');

if (!$res1->isOK() || !$res2->isOK())
```

```
{
    exit("Could not attach EBS volumes " .
        "${volumeId1} and ${volumeId2} " .
        "to instance ${instanceId}.\n");
}

print("Attached EBS volumes ${volumeId1} and ${volumeId2} " .
    "to instance ${instanceId}.\n");

?>
```

일래스틱 IP 주소와 한 쌍의 디스크 볼륨을 첨부해서 리눅스 서버를 인스턴스화했다. EC2 API를 8번 호출해서 이 모든 작업을 처리했다.

마무리

이번 장에서 많은 것을 배웠다. EC2 리소스, 보안 그룹, EC2 가격 책정 모델에 관해 배웠다. 그런 다음에 키를 준비했고 첫 번째 EC2 인스턴스를 기동했다. 인스턴스에 공개 IP 주소를 부여하고, EBS 볼륨을 생성한 다음에, 아파치 웹 서버가 예상대로 실행됐는지 검증했다. 그리고 CloudFusion을 내려받아 설치했으며, 테스트 스크립트를 실행했다. AMI에 관한 모든 것을 배웠다. 즉, AMI를 어디서 찾고, 어떻게 선택하고, 어떻게 생성하는지 배웠다. 그와 함께 AWS 관리 콘솔의 많은 부분에 익숙해졌으며, 실제 EC2 API를 사용해서 EC2 리소스의 할당 방법 및 조작 방법을 배웠다.

이번 장을 마무리하기 전에 필자의 생각을 몇 가지 제시하고자 한다.

인스턴스의 시작, 설정, 종료가 쉽다는 것은 여러 가지 방법으로 무언가를 시작할 수 있게 만든다. 서버는 한 번 설치하고 오랫동안 사용하는 매우 비싼 하드웨어라고 생각하기보다 확장할 수 있는 임시 리소스라고 생각할 수 있다. 새로운 코드를 테스트하기 위해 두 번째 서버가 필요하면 서버를 준비해서 기동하기 바란다. 여러분의 코드가 여러 리눅스 배포판에서 새로운 버전의 MySQL과 함께 수행될 때 어떻게 되는지 보고 싶으면 이들 소프트웨어를 설치하고 인스턴스를 기동해 보기 바란다.

AWS 관리 콘솔에 들어 있는 풍부함과 성능에 대해서 여러분은 많은 감사함을 느낄 것이다. 이 장의 마지막 부분에 제시된 코드에서 봤듯이 EC2 API를 통해 이 모든 성능을 사용할 수 있다.

Amazon Web Service

06

Amazon SQS – 확장형 아키텍처 만들기

이번 장에서는 Amazon SQS의 모든 것을 배울 것이다. 먼저, 대용량 시스템 아키텍처의 비동기 메시징이 무엇인지 살펴보고, Amazon SQS와 이에 관련된 프로그래밍 모델을 설명할 것이다. 그다음으로 확장성이 뛰어난 시스템 아키텍처의 중심 구성요소로써 Amazon SQS를 사용할 수 있는 인스턴스를 살펴볼 것이다. 이때 중요한 디자인 패턴도 함께 다룬다. 마지막으로 Amazon SQS를 사용해서 간단한 이미지 크롤러와 프로세서를 만들어본다.

비동기 메시징

비동기 메시징이 채용됐다는 것은 애플리케이션을 모듈 방식으로 만들 수 있다는 의미다. 애플리케이션은 두 개 이상의 프로세싱 단계로 구성되며, 이들 단계는 프로세싱 파이프라인으로 정렬된다. 프로세싱 단계는 서로 느슨하게 결합해 있어서, 한 단계에서 다른 단계로 넘어갈 때 메시지를 보냄으로써 파이프라인 방식으로 작업을 수행한다. 인접한 프로세싱 단계는 같은 서버, 같은 LAN의 다른 서버들 또는 별도의 조직이 소유하고 운영하는 서버들에서 실행될 수 있다.

이 스타일의 아키텍처에는 많은 장점이 있다.

- 각 단계는 자체 속도로 실행된다. 따라서 파이프라인의 한 단계에서 속도가 일시적으로 저하돼도 전체 파이프라인이 지연되지 않고 해당 단계의 작업만 지연된다.

- 개발 단계의 작업이 정지되거나, 충돌이 일어나거나, 일시적으로 과부하가 걸리더라도 작업이 손실되지 않는다. 이러한 상황이 발생하면 프로세싱 리소스를 사용할 수 있을 때까지 작업이 지연되기만 한다.

- 각 단계는 기본적으로 독립적이므로 필요하면 단계는 하나 이상의 서버에 할당될 수 있다.

- 단계를 개별 서버에서 실행한다는 것은 로드가 늘어났을 때 이에 대처하기 위해 시스템을 확장할 수 있다는 의미다. 이를 위해서 서버를 추가하기만 하면 된다.

- 복잡한 애플리케이션을 독립적인 단계로 나눌 수 있으므로 재사용할 수 있으며, 테스트, 유지보수, 개선 작업을 단순화할 수 있다.

- CPU 사이클, I/O 대역폭, 메모리 같은 리소스에 대한 수요의 균형을 맞추는 방식으로 단계를 서버에 적절하게 할당할 수 있다.

프로세싱 파이프라인의 각 단계는 공장 조립 공정에서 일하는 작업자와 비슷하다. 단계는 작업 항목이 도착하기를 기다렸다가, 그것을 처리한 다음에, 다음 단계로 넘긴다. 다음에 제시한 의사코드는 프로세싱 파이프라인에 있는 한 단계의 중심 반복을 표현한 것이다.

```
while (true)
{
    M = ReceiveMessage(INPUT_QUEUE);
    P = ProcessMessage(M);
    SendMessage(P);
}
```

이 의사코드는 입력 메시지와 출력 메시지의 관계가 1:1이며, 변화도 있을 수 있다는 것을 보여준다. 한 개의 메시지를 처리하면 0개, 1개, 또는 여러 개의 메시지를 전송할 수 있다. 그러나 여러 개의 메시지를 수신하고 한 개만 전송하는 경우는 비교적 드물다. 그 이유는 입력 큐에 있는 메시지가 서로 독립적이며, 이들 메시지는 대개 순서에 상관없이 처리될 수 있기 때문이다. 다음 절에서는 다른 모델을 살펴본다.

비동기 메시징 패턴

이번 절에서는 메시지 큐와 함께 서로 연결된 일련의 프로세스를 사용함으로써 복잡한 프로세싱 시스템을 분해하는 효과적인 몇 가지 방법을 살펴본다.

첫 번째 패턴은 선형 프로세싱 파이프라인(linear processing pipeline)이다. 첫 번째 프로세스는 단일 큐를 사용해서 두 번째 프로세스로 작업을 넘긴다(그림 6.1 참고).

이 패턴은 프로세스 1과 프로세스 2를 분리해 이들 프로세스가 작업을 독립적으로 진행할 수 있게 만든다. 프로세스 1의 작업 진행 결과, 프로세스 2가 감당할 수 있는 것보다 더 많은 결과가 만들어지면 그 결과는 큐 1에 축적된다. 프로세스 2가 할 작업이 없다면 프로세스 2는 대기하면서 큐에 새로운 작업이 있는지 점검한다. 그런데 프로세스 2가 처리할 수 없을 정도로 많은 작업이 발생하고, 큐의 크기가 계속 커지면 어떻게 해야 하는가? 가장 쉬운 해결책은 그림 6.2와 같이 프로세스 2의 복사본을 추가하는 것이다.

이 모델은 확장성이 매우 좋다. 프로세스 2의 인스턴스를 추가해서 늘어나는 로드에 대처할 수 있다. 그렇게 해서 프로세스의 수를 조정해 전체 처리량, 시간당 비용(프로세스들이 EC2 인스턴스에서 실행되고 있다고 가정), 만족도를 맞출 수 있다.

그림 6.1 선형 프로세싱 파이프라인

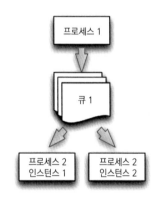

그림 6.2 확장할 수 있는 선형 프로세싱 파이프라인

확장할 수 있는 선형 파이프라인은 가장 공통된 패턴으로 다른 많은 유형의 애플리케이션에 사용할 수 있다. 파이프라인의 각 단계는 일반적으로 개별 유형의 작업을 수행한다. 즉, 이미지 전송, 데이터 레코드의 일관성 점검, 데이터 파일 형식 변경과 같은 작업을 처리한다.

이번에 설명할 패턴은 여러 유형의 메시지 경로가 여러 큐로 지정되게 한다. 경로 지정은 메시지의 유형에 따라 이루어진다. 웹 크롤러는 HTML 페이지와 PDF 문서에 대해 별도의 큐를 가질 수 있다. 또한, 프리미엄 고객에게 더 좋은 서비스를 제공하기 위해 여러 개의 큐를 사용할 수 있다. 이것은 두 가지 방법으로 이루어질 수 있다. 개별 인스턴스(아마도 로드가 낮은 인스턴스)가 프리미엄 고객을 위한 작업을 처리하거나, 일반 고객을 위한 보통 작업을 처리하기 전에 인스턴스가 프리미엄 고객을 위한 큐를 점검해서 처리할 수 있다.

대부분 첫 번째 프로세스는 유형에 관한 의사결정을 하고 메시지의 경로를 적절하게 지정한다. 그림 6.3과 같은 패턴이 된다.

물론 프로세스 2나 프로세스 3의 인스턴스를 하나 이상 실행해 작업을 처리할 수 있다. 프로세스는 큐에 의해서만 연결되므로 필요에 맞게 리소스를 쉽게 추가할 수 있다.

여러 개의 프로세스를 같은 큐에 쓸 수 있다. 이 경우 프로세스는 여러 리소스에서 온 데이터를 가질 것이고 공통 요소를 추출할 것이다. 그림 6.4에서 그 흐름을 보여주고 있다.

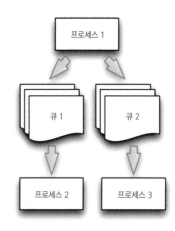

그림 6.3　여러 개의 큐에 대한 경로 지정 작업

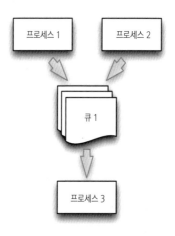

그림 6.4　두 개의 프로세스와 한 개의 큐

지금까지 살펴본 패턴은 선형으로서 처음에 시작해서 끝까지 한 방향으로 진행했다. 그러나 어떤 애플리케이션은 원래 데이터나 원래 데이터에서 파생된 정보를 시작 부분으로 되돌려 보내야 할 수 있다. 이 패턴을 웹 크롤러에서 볼 수 있다. 웹 크롤러는 웹 페이지를 조사한 다음 웹 페이지의 링크 자체를 크롤링한다. 이러한 방식으로 사용된 큐는 재귀 프로세싱 패턴을 효과적으로 구성한다(그림 6.5 참고).

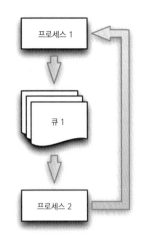

그림 6.5 작업을 첫 단계로 되돌리기

복잡한 작업 흐름을 임의로 구현하는 데 필요할 때 이들 패턴을 결합할 수 있다. 일단 여러분의 애플리케이션이 느슨하게 연결돼 있으면서 자치적인 작업 단위로 되어 있다는 개념에 익숙해지면 큐로 작업을 처리하는 다른 많은 방법을 알게 될 것이다. 애플리케이션은 모듈식이면서 더 유연할 것이며, 빠르게 변화하는 조건에 적응할 수 있을 것이다.

Amazon SQS 개요

확장성이 높은 시스템을 구축하면서 비동기 메시징의 기본적인 역할을 생각해 볼 때 Amazon SQS는 별도로 관리해야 할 첫 번째 Amazon 인프라 서비스 중 하나였다. 이번 절에서는 용어, 오퍼레이션, 가격 모델을 살펴본다. 곧 보겠지만, Amazon SQS는 다른 Amazon 웹 서비스들과 비교해서 매우 단순하다. Amazon SQS가 단순하다고 해서 SQS의 가치가 그만큼 낮다고 생각하면 오산이다. 반대로, 성공적인 AWS 애플리케이션 중 많은 애플리케이션이 SQS를 매우 중용하고 있다.

용어와 개념

AWS 계정의 범위 안에서 많은 수의 SQS 큐를 생성할 수 있다. 그러나 아마존은 30일 동안 메시지가 게시되지 않거나 검색되지 않은 큐를 삭제할 권리가 있다.

각 큐에는 이름이 있으며, 큐의 이름은 SQS의 개별 인스턴스 안에서 고유해야 한다(현재 미국과 유럽에 SQL 인스턴스들이 있음). 큐 이름의 길이는 최대 80글자이며, 알파벳과 숫자, 대시, 밑줄이 사용될 수 있다.

모든 큐는 고유한 큐 URL로 식별된다. URL은 큐가 만들어질 때 할당되며 큐에서 이루어지는 모든 오퍼레이션에는 큐 URL이 필요하다.

큐는 메시지를 저장하기 위해 사용된다. 메시지의 최대 길이는 8,192바이트다. 최대 길이가 짧으므로 메시지는 다른 곳에 저장된 데이터에 대한 포인터(예: URL)를 넘기기 위해 사용된다. Amazon S3가 복잡한 프로세싱 파이프라인을 지나가지만, 데이터를 저장하기에 적합한 장소다.

SQS에서 검색한 메시지는 두 번 검색되지 않게 자동 삭제되기보다는 일시적으로 보이지 않게 된다. 일단 코드가 메시지를 검색하면 일정한 시간(visibility timeout)이 확보되며, 이 시간 동안 메시지를 처리한 다음 삭제하면 된다. 메시지가 유지되거나 애플리케이션이 메시지를 처리하는 동안 충돌이 일어나면 메시지가 다시 한 번 더 보인다. 이 모델을 이용하면 애플리케이션 오류 때문에 발생하는 데이터 손실을 막는 애플리케이션을 만들 수 있다. 가시성 타임아웃(visibility timeout)의 기본값은 30초이며, 최댓값은 12시간이다.

SQS에서 메시지를 검색할 때 수신 핸들(receipt handle)을 받는다. 메시지를 처리한 후 메시지를 삭제하려면 이 핸들을 가지고 있어야 한다. 가시성 타임아웃과 같은 메시지 속성을 변경할 때 이 핸들을 사용한다.

큐에는 시간제한이 있으며, 처리되지 않은 메시지는 4일 후 큐에서 삭제된다.

다른 애플리케이션과 개발자가 여러분의 큐에 접근할 수 있는 접근 여부를 선택할 수 있으며, 이를 위해 접근 정책(access policy)을 사용하면 된다. 접근 정책을 이용하면 SQS의 각 부분에 대한 접근을 매우 정교하게 통제할 수 있다.

주의 사항

SQS는 분산 큐로 구현되고 여러 서버에서 실행된다. 이 설계를 메시지 순서, 메시지 배달, 메시지 샘플링과 관계해서 사용할 때 매우 흥미로운 것이 있다. 여러분의 애플리케이션을 만들면 이 말이 무엇인지 알겠지만 그 전에 잠깐 살펴보자.

메시지 순서(Message Order)

큐는 분산되므로 SQS는 전송 순서와 같은 순서대로 메시지를 반환하지는 않을 것이다. 여러분의 애플리케이션 로직은 메시지가 정해진 순서대로 수신되지 않게 작성돼야 한다.

메시지 배달(Message Delivery)

매우 드물지만, SQS가 같은 메시지를 한 번 이상 반환할 수 있다. 애플리케이션은 메시지를 멱등(idempotent)으로서 취급하거나(같은 것을 한 번 이상 처리해도 나쁜 영향을 미치지는 않음), 아니면 상태 표시자(state indicator)를 다른 곳(예: Amazon SimpleDB)에 저장할 수 있다.

메시지 샘플링(Message Sampling)

애플리케이션이 큐로부터 메시지를 반환하도록 SQS에게 요청할 때 SQS는 큐를 저장한 서버의 실제 서브셋을 점검한다. 큐에 1,000개 미만의 항목이 있으면 첫 번째 검색은 항목을 반환하지 않고, 두 번째 검색에서 반환할 것이다.

애플리케이션을 개발하고 디버그할 때 이 모든 것을 염두에 두기 바란다.

오퍼레이션

곧 보겠지만 SQS 프로그래밍 모델은 매우 간단하다.

* 여러분의 계정으로 큐를 생성하고 삭제할 수 있으며, 큐 목록을 만들 수 있다.
* 메시지를 전송, 수신, 삭제할 수 있으며, 가시성 타임아웃 같은 메시지 속성을 변경할 수 있다.
* 큐의 접근 퍼미션을 매우 정교하게 통제할 수 있다.

조금 있다가 코드를 작성할 것이다.

가격 책정 모델

SQS 사용 요금은 두 가지, 즉 요청과 대역폭 관점에서 부과된다.

SQS 요청 10,000건당 0.01달러(1센트)를 지불한다. 요청 한 건당 0.000001달러인 셈이다. 요청당 가격이 매우 낮기는 하지만 주의해야 한다. 특히, 새로운 메시지에 대한 SQS 큐를 느슨하지 않은 반복으로 폴링하지 않기 바란다. 이렇게 하기보다는 시간 지연을 사용하고 백오프 방식을 고려한다.

데이터 전송 요금은 SQS로 들어오고 SQS에서 나가는 데이터의 양에 따라 정해진다. SQS 내부로 전송되는 데이터 요금은 기가바이트당 0.10달러다. 이 양은 사용량만큼 배분되어서 청구된다. SQS 외부로 전송되는 데이터는 양이 많아지면 내려가는 방식으로 비용이 청구된다. 처음에 기가바이트당 0.17달러에서 시작해서 양에 따라 내려가며, 외부로 나간 데이터양이 월간 150테라바이트를 초과하면 기가바이트당 0.10달러가 된다.

지역 내부에서 전송되는 데이터에 대해서는 비용이 부과되지 않는다. 예를 들어, us_east Region에 있는 EC2 인스턴스에서 같은 지역의 SQS 큐로 데이터를 전송할 수 있으며, 이 경우 요금이 부과되지 않는다.

Amazon SQS 프로그래밍

이제, 코드를 살펴볼 차례다. 시작하기 전에 여러분의 AWS 계정에 서비스를 활성화했는지 확인해야 한다. SQS 홈페이지(http://aws.amazon.com/sqs/)를 방문한 다음 Sign Up For Amazon SQS 버튼을 누른다. 로그인하면 가격 및 신용카드 정보가 보일 것이다. Complete Sign Up 버튼을 클릭하면 서비스가 활성화된다.

앞 장들에 나온 코드 예제들과 같이 셔뱅(#! /usr/bin/php)으로 시작하는 프로그램은 명령어 라인에서 실행하는 것으로 간주한다.

큐 생성

다음 코드를 사용해서 큐를 몇 개 만든다.

chapter_06/create_queues.php(발췌)

```php
#!/usr/bin/php
<?php

error_reporting(E_ALL);

require_once('cloudfusion.class.php');
```

```php
if (count($argv) < 2)
{
    exit("Usage: " . $argv[0] . " QUEUE...\n");
}

$sqs = new AmazonSQS();

for ($i = 1; $i < count($argv); $i++)
{
    $queue = $argv[$i];

    $res = $sqs->create_queue($queue);

    if ($res->isOK())
    {
        print("Created queue '${queue}'\n");
    }
    else
    {
        $error = (string) $res->body->Error->Message;
        print("Could not create queue '${queue}': ${error}.\n");
    }
}

exit(0);
?>
```

이 스크립트는 명령어 라인에서 큐 이름을 받아서, 새로운 AmazonSQS 객체를 생성하고, 각 큐 이름에 대해 create_queue 메서드를 호출하고, 도움이 되는 메시지를 출력한다. 출력 예는 다음과 같다.

```
$ php create_queues.php A B C
Created queue 'A'
Created queue 'B'
Created queue 'C'
```

큐를 생성할 수 없는 경우 반환된 데이터에서 오류 메시지를 추출한 다음에 출력된다.

이미 존재하는 큐를 생성한다고 해서 오류가 나지는 않으며, 어떤 방식으로든 큐에 영향을 미치지 않는다.

큐 목록 표시

큐의 목록을 표시해 보자.

```php
                                            chapter_06/list_queues.php(발췌)
#!/usr/bin/php
<?php

error_reporting(E_ALL);

require_once('cloudfusion.class.php');

$sqs = new AmazonSQS();

$res = $sqs->list_queues();

if ($res->isOK())
{
    $queues = $res->body->ListQueuesResult->QueueUrl;
    for ($i = 0; $i < count($queues); $i++)
    {
        print($queues[$i] . "\n");
    }
}
else
{
    print("Could not retrieve list of SQS queues\n");
}

exit(0);
?>
```

이 프로그램은 list_queues 메서드를 호출한 다음 실행 결과로 나온 배열을 표시한다.

큐가 1,000개 이상이면 list_queues 메서드나 다른 SQS 함수를 사용해 모두 목록으로 표시하는 것이 불가능하다. 이 경우 list_queues에 프리픽스 아규먼트를 붙여야 하며, 이렇게 하면 프리픽스에 의해 결과들을 묶음으로 구분할 수 있다. 현실적으로 1,000개 이상의 큐가 필요한 애플리케이션은 흔치 않으므로 이 제약요인이 실제로 해가 되지는 않을 것이다.

큐에 항목 삽입

다음 단계는 일부 항목을 큐로 로드하는 것이다. 하나 이상의 행을 큐에 삽입하는 프로그램은 다음과 같다. 큐 URL과 항목이 명령어 라인에 명시된다.

```php
chapter_06/post_queue.php (발췌)
#!/usr/bin/php
<?php

error_reporting(E_ALL);

require_once('cloudfusion.class.php');

if ($argc < 3)
{
    exit("Usage: " . $argv[0] . " QUEUE_NAME ITEM...\n");
}

$sqs = new AmazonSQS();
$queueName = $argv[1];

for ($i = 2; $i < $argc; $i++)
{
    $message = $argv[$i];

    $res = $sqs->send_message($queueName, $message);

    if ($res->isOK())
    {
        print("Posted '${message}' to queue '${queueName}'\n");
    }
    else
    {
        $error = $res->body->Error->Message;
        print("Could not post message to queue: ${error}\n");
    }
}

exit(0);
?>
```

프로그램 코드에서 볼 수 있듯이 이것은 꽤 쉽다. send_message 메서드가 모든 작업을 처리한다. 지금 여기서 하려는 일은 큐 이름을 제공하고 메시지를 큐에 삽입하는 것이다. 스크립트의 실행 방법과 출력 예는 다음과 같다.

```
$ php post_queue.php queue_name A B C
Posted 'A' to queue queue_name
Posted 'B' to queue queue_name
Posted 'C' to queue queue_name
```

큐에서 항목 추출

큐에서 항목을 추출하는 방법을 살펴보자. 다음 스크립트는 새로운 항목을 추출할 것이다. 이때 1초 기다린 다음에 receive_message 메서드가 아무런 메시지도 반환하지 않으면 다시 추출할 것이다.

chapter_06/pull_queue.php(발췌)

```php
#!/usr/bin/php

error_reporting(E_ALL);

require_once('cloudfusion.class.php');

if ($argc != 2)
{
    exit("Usage: " . $argv[0] . " QUEUE_NAME\n");
}

$sqs = new AmazonSQS();
$queueName = $argv[1];

while (true)
{
    $res = $sqs->receive_message($queueName);

    if ($res->isOK())
    {
        if (isset($res->body->ReceiveMessageResult->Message))
        {
            $message = $res->body->ReceiveMessageResult->Message;
```

```
                    $messageBody = $message->Body;
                    $receiptHandle = (string)$message->ReceiptHandle;

                    print("Message: '${messageBody}'\n");

                    $sqs->delete_message($queueName, $receiptHandle);
                }
                else
                {
                    sleep(1);
                }
            }
            else
            {
                $error = $res->body->Error->Message;
                print("Could not pull message from queue: ${error}\n");
            }
        }

exit(0);
?>
```

스크립트는 무한 while 반복문을 사용해 receive_message 메서드를 반복적으로 호출한다. receive_message 메서드를 호출한 후에 코드는 메시지의 반환 여부를 점검한다.

```
if (IsSet($res->body->ReceiveMessageResult->Message))
```

sleep(1) 함수가 호출되면 스크립트는 1초 동안 멈춰서 SQS에 대한 과도하고 낭비적인 호출이 이루어지는 것을 막는다. 이러한 호출이 적절하지만 SQS를 1초에 한 번 폴링하면 하루에 약 8.5센트의 비용이 나가고 이것을 한 달로 치면 2.60달러가 된다. 2.60달러가 많은 돈은 아니지만 이러한 호출로 비용이 나간다는 점을 인식하는 것이 중요하다.

이번 장의 앞에서 논의한 것처럼 SQS에 대해서 receive_message를 호출하고 반환 값을 보고 메시지가 없다는 것을 나타낼 수 있다. 메시지가 있을 때도 메시지가 없다고 표시할 수 있다. 물론 이런 일이 실제로는 드문 일이지만 살펴볼 가치는 있으므로 여기서 다뤘다.

큐 조작 스크립트를 테스트해보자. 최상의 결과를 위해서 두 번째 터미널이나 PuTTY 창을 연다. 이는 두 개의 쉘 프롬프트를 별도로 선택할 수 있게 하기 위해서다. 첫 번째 창에서 다음 명령어로 큐를 생성한다.

```
$ php create_queues.php my_queue
```

두 번째 창에서 새로운 큐로부터 메시지를 폴링한다.

```
$ php pull_queue.php my_queue
```

큐는 비어 있고 프로그램은 조용히 반복문을 돌 것이다. 이제, 첫 번째 창으로 되돌아가서 큐에 메시지를 넣어보자.

```
$ php post_queue.php my_queue 1 2 3 4 5
```

두 번째 창으로 가면 다음과 같이 메시지가 도착한 것을 볼 수 있다.

```
Message: '3'
Message: '4'
Message: '1'
Message: '5'
Message: '2'
```

실행 결과에서 메시지가 게시된 순서와 다르게 표시됐다. 그 이유는 앞에서 논의한 것처럼 SQS가 분산형으로 구현됐기 때문이다.

지금까지 진행한 설명에서 송신자와 수신자가 어떻게 함께 작업하는지 감을 잡았을 것이다. 가령, 현재 디렉터리의 모든 파일 이름을 큐로 게시하기 위해 post_queue.php로 *을 넘길 수 있다. 새로운 작업을 마쳤으면 터미널 창에서 **ctrl+c**를 눌러서 첫 번째 프로세스를 죽인다.

여기서 살펴본 간단한 호출은 매우 복잡한 시스템 아키텍처를 만들 수 있는 기반이 된다. 다음 절에서는 가장 공통된 패턴 중 일부를 살펴볼 것이다. 그러나 그 전에 매우 유용한 데이터 형식인 JSON에 관해 잠깐 살펴보고 넘어가자.

JSON 소개

이번 장 후반부에서는 Amazon SQS를 사용해 메시지 기반 시스템을 구축하는 방법을 배울 것이다. 각 프로세스는 SQS 큐로부터 메시지를 추출해서, 메시지를 처리하고, 후처리를 위해 다른 큐에 메시지를 쓸 수 있을 것이다. 복잡하고 구조적인 데이터를 이 프로세스에서 다른 프로세스로 넘길 수 있을 것이며, 따라서 공통된 데이터 형식이 있어야 한다. 이 데이터 형식은 작으면서, 생성하기 간단하고, 처리하기 쉬워야 한다. 디버깅의 단순화를 위해 사람이 읽을 수 있으면 더할 나위 없을 것이다.

이 조건을 충족시키는 데이터 형식으로 XML과 JSON이 있다. XML에 대해서는 이미 논의했으며, 여러분은 XML이 무엇이며 어떻게 보이는지 알 것이다.

경량의 데이터 상호 교환을 위해 설계된 **JSON**(Java Script Object Notation)은 비교적 새로운 형식이다. JSON은 텍스트 형식으로서 매우 깔끔하고 읽기도 쉽다. JSON으로 만든 파일은 ASP에서 비주얼 폭스프로에 이르기까지 거의 모든 프로그래밍 언어에서 사용할 수 있다.[1]

PHP는 5.2.0 버전부터 JSON을 지원한다. json_encode 함수는 JSON 레프리젠테이션을 받아들여서 PHP 값을 반환한다.

정수와 문자열에 대한 JSON 인코딩은 별로지만, 배열에 대한 인코딩은 괜찮다. 예를 들어, PHP에서 다차원 배열을 만든 다음에 JSON 레프리젠테이션을 다음과 같이 출력해보자.

```
$values = array(1,"one",
    array(1, 2, 3),
    array(1, 2, array('a' => 'Uno', 'b' => 'Dos'))
);
print(json_encode($values) . "\n");
```

위 코드는 다음과 같은 결과를 만들 것이다.

```
[1,"one",[1,2,3],[1,2,{"a":"Uno","b":"Dos"}]]
```

JSON 데이터에서 PHP 배열을 생성하는 것은 다음과 같이 간단하다.

```
$decoded = json_decode(
    '[1,"one",[1,2,3],[1,2,{"a":"Uno","b":"Dos"}]]', true);
```

여기서 볼 수 있듯이 JSON 형식은 사용하기도 쉽고 읽기도 쉬우며, 작기까지 하다. 이번 장의 후반부에서 이들 함수를 사용할 것이다.

---

1   JSON에 대해 더 많은 정보를 보려면 http://www.json.org/를 방문한다.

이미지 크롤러 만들기

사용하려고 배운 것을 적용하고, 실제 애플리케이션을 만들 차례다. 여기서 만들 애플리케이션은 이미지 크롤러다. 웹 페이지의 URL이 주어지면 크롤러는 페이지를 내려받고 내려받은 페이지를 Amazon S3에 저장한다. 크롤러는 그다음에 페이지를 파싱해서 HTML image 태그를 찾고, 페이지의 모든 이미지를 S3로 내려받은 뒤 이미지를 공통 크기로 조정한다. 페이지의 모든 이미지를 내려받은 후에 이들 이미지는 하나의 복합 이미지를 그리는 데 사용된다. 복합 이미지에는 원래의 페이지에서 와서 크기가 조정된 모든 이미지가 들어갈 것이다.

그림 6.6은 처리 흐름을 설명한다.

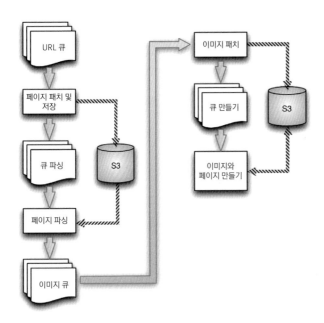

그림 6.6 이미지 크롤러의 파이프라인

그림을 보면 처리 과정이 복잡해서 염려될 수 있지만 걱정할 필요는 없다. 곧 보겠지만 이처럼 복잡한 시스템을 모듈 방식으로 만드는 것은 쉽다. 3장에서 Amazon S3에 접근하는 방법을 배웠고, 이번 애플리케이션을 처리할 때 그때 배운 내용을 활용할 것이다. 그리고 큐를 생성하고 큐를 처리하는 방법도 알고 있으므로 추가로 해야 할 일은 네 개의 스크립트를 작성하는 것이다. 하나씩 살펴보자.

이미지 크롤러 호스팅

AMI 인스턴스에서 이미지 크롤러 파이프라인을 실행하기를 원할 것이다. 5장 이후부터 실습 진행에 아무런 문제가 없었을 것이다. 5장에서 EBS 볼륨을 확보했다면 확보한 EBS 볼륨을 다시 마운트할 수 있으며, /data/src/cloudfusion에서 CloudFusion 라이브러리 파일을 사용할 수 있을 것이다. 기존 파일 시스템을 삭제할 수 있으므로 mkfs 명령어는 실행하지 않기 바란다.

이미지 크롤러 파일을 저장할 새로운 디렉터리, /data/src/crawler를 생성한다. 그리고 book.inc.php가 들어갈 /data/src/include 디렉터리를 만든다.

LAMP Web Starter AMI를 사용하고 있다면 이미지 프로세싱 스크립트를 실행할 때 오류를 만날 것이다. 그 이유는 PHP GD 라이브러리가 없기 때문이다. 이 문제를 해결하려면 다음 명령어를 실행하면 된다.

```
<dev>: yum -y install php-gd
```

몇 개의 유틸리티 명령어와 몇 개의 파이프라인 함수 스크립트를 작성할 것이다. 유틸리티 명령어는 많은 일을 처리하지 않고 큐에 대한 쿼리만 진행하므로 로컬에서 실행할 수 있다. 또한, 유틸리티 명령어는 아무 때나 실행될 수 있는데, 이는 유틸리티 명령어가 제한된 기간 동안 기능을 수행하다가 종료될 수 있기 때문이다. 파이프라인 함수 스크립트는 AMI에서 실행된다. 왜냐하면, 이 스크립트는 크롤링, 다운로딩, 업로딩을 많이 하기 때문이다. 이것만 하는 것이 아니라 파일 저장, S3에서 파일 검색, 이미지 처리 같은 작업도 처리한다.

정의와 유틸리티 함수

각 큐는 여러 프로세스에 의해 참조되므로 book.inc.php 파일에 큐의 심볼릭 이름을 정의할 필요가 있다.

```
                                          chapter_06/include/book.inc.php(발췌)
define('URL_QUEUE', 'c_url');
define('PARSE_QUEUE', 'c_parse');
define('IMAGE_QUEUE', 'c_image');
define('RENDER_QUEUE', 'c_render');
```

큐에서 다음 메시지를 추출하는 유틸리티 함수를 만들어보자. 메시지는 삭제하면 안 된다.

```php
function pullMessage($sqs, $queue)
{
    while (true)
    {
        $res = $sqs->receive_message($queue);

        if ($res->isOk())
        {
            if (IsSet($res->body->ReceiveMessageResult->Message))
            {
                $message      = $res->body->ReceiveMessageResult->Message;
                $messageBody  = $message->Body;
                $messageDetail = json_decode($messageBody, true);
                $receiptHandle = (string)$message->ReceiptHandle;

                return array(
                    'QueueURL' => $queue,
                    'Timestamp' => date('c'),
                    'Message' => $message,
                    'MessageBody' => $messageBody,
                    'MessageDetail' => $messageDetail,
                    'ReceiptHandle' => $receiptHandle
                );
            }
            else
            {
                sleep(1);
            }
        }
        else
        {
            print("Could not pull message from queue '${queue}': " .
                $res->body->Error->Message . "\n");
            return null;
        }
    }
}
```

receive_message 메서드에서 메시지를 반환하지 않으면 함수가 1초 동안 일시 정지된다. 앞에서 논의했듯이 메시지가 사용될 수 있을 때도 이러한 현상이 일어난다. 이것이 이 애플리케이션에서는 문제가 되지 않는다. 이는 1~2초 뒤에는 메시지가 틀림없이 반환될 것이기 때문이다.

함수는 모든 종류의 주요 정보와 함께 배열을 반환하며, 여기에는 메시지를 만든 큐 URL, 원래 메시지, 메시지 본문, 기록된 메시지 본문, 타임스탬프, 수신 핸들이 포함된다. 메시지 처리 후 해당 메시지를 삭제하려면 수신 핸들이 있어야 한다.

이 함수를 더 정교하게 만들면 더 복잡한 폴링 전략을 실행할 수 있지만, 그 작업은 여러분의 몫으로 남겨둔다.

크롤 큐 상태 명령어

시스템의 상태를 볼 필요가 있다. 각 큐에 얼마나 많은 항목이 있는지 보여주는 작은 유틸리티를 살펴보자.

```php
                                                chapter_06/crawl_queue_status.php(발췌)
#!/usr/bin/php
<?php

error_reporting(E_ALL);

require_once('cloudfusion.class.php');
require_once('include/book.inc.php');

$sqs = new AmazonSQS();
$queues = array(URL_QUEUE, PARSE_QUEUE, IMAGE_QUEUE, RENDER_QUEUE);

$underlines = '';
foreach ($queues as $queue)
{
    printf("%-12s ", $queue);
    $underlines .= str_repeat('-', strlen($queue)) .
                   str_repeat(' ', 12 - strlen($queue)) . " ";
}
print("\n");
print($underlines . "\n");

foreach ($queues as $queue)
{
    $res = $sqs->create_queue($queue);
```

```
    if ($res->isOK())
    {
        $size = $sqs->get_queue_size($queue);
        printf("%-12s ", number_format($size));
    }
}
print("\n");

exit(0);
?>
```

이 스크립트는 큐 이름의 배열을 반복하고 큐 크기를 검색한다. 숫자는 정확하지 않고 근사치다. 그 이유는 SQS가 근본적으로 분산형이기 때문에 정확성이 다소 부족하다는 점을 앞에서도 이야기했다.

나머지 코드 대부분은 다음 출력 결과를 만든다. 이 스크립트의 출력 결과는 다음과 같다.

```
$ php crawl_queue_status.php
c_url       c_parse     c_image     c_render
-----       -------     -------     --------
0           18          0           0
```

이것은 c_parse 큐에 18개의 항목이 있고, 다른 세 큐에는 아무것도 없다는 것을 보여준다.

크롤 로더 명령어

URL을 파이프라인의 첫 번째 단계로 로드하는 방법이 필요하다. 이를 처리하는 명령어 라인 툴은 다음과 같다.

chapter_06/load_crawl_urls.php(발췌)

```php
#!/usr/bin/php
<?php

error_reporting(E_ALL);

require_once('cloudfusion.class.php');
require_once('include/book.inc.php');

if ($argc < 2)
```

```
{
    exit('Usage: ' . $argv[0] . " URL...\n");
}

$sqs = new AmazonSQS();

for ($i = 1; $i < $argc; $i++)
{
    $histItem = array('Posted by ' . $argv[0] . ' at ' . date('c'));
    $message = json_encode(array('Action' => 'FetchPage',
        'Origin' => $argv[0],
        'Data' => $argv[$i],
        'History' => $histItem));
    $res = $sqs->send_message(URL_QUEUE, $message);

    if ($res->isOK())
    {
        print("Posted '${message}' to queue " . URL_QUEUE . "\n");
    }
    else
    {
        $error = $res->body->Error->Message;
        print("Could not post message to queue: ${error}\n");
    }
}
?>
```

URL과 일부 추가 정보는 배열로서 함께 묶인다. 배열을 JSON 값($message 변수에 저장된 메시지)으로 변환하기 위해 json_encode 함수를 호출하고, URL_QUEUE 큐에 게시하기 위해 send_message 메서드를 호출한다. 이 툴의 사용 방법은 다음과 같다.

```
$ php load_crawl_urls.php http://www.sitepoint.com
```

피드 프로세싱 파이프라인

프로세싱 파이프라인의 네 단계를 구현하는 데 필요한 툴을 만들어보자.

1. HTML 패치

2. HTML 파싱 및 이미지 URL 추출

3. 이미지 패치 및 썸네일 생성

4. 최종 모자이크 이미지 만들기

1단계: HTML 패치

이 단계는 매우 간단하다. 이 단계에서는 URL_QUEUE 큐로부터 URL을 추출해서 HTML을 패치한다. HTML을 Amazon S3에 저장한 다음에 파이프라인의 다음 단계로 작업을 넘기며, 이를 위해서 메시지를 PARSE_QUEUE 큐에 쓴다.

코드를 섹션별로 살펴보자. findQueueURL 유틸리티 함수로 입력 큐와 출력 큐의 위치를 지정한다.

chapter_06/fetch_page.php(발췌)

```php
#!/usr/bin/php
<?php

error_reporting(E_ALL);

require_once('cloudfusion.class.php');
require_once('include/book.inc.php');

$sqs = new AmazonSQS();
$s3 = new AmazonS3();
```

그다음에 반복문을 이용해 프로세싱 메시지를 만든다. 반복문은 다음과 같으며 여기서 가장 흥미로운 부분인 ":"로 대체됐다.

chapter_06/fetch_page.php(발췌)

```php
while (true)
{
    $message = pullMessage($sqs, URL_QUEUE);

    if ($message != null)
    {
        : the interesting bit…
    }
}
?>
```

위 코드에서 the interesting bit… 부분에는 무엇이 들어갈까? 이에 대해 살펴보자. 먼저, 페이지 URL과 수신 핸들에 접근하는 메시지를 살펴보자.

```
                                              chapter_06/fetch_page.php(발췌)
$messageDetail = $message['MessageDetail'];
$receiptHandle = $message['ReceiptHandle'];
$pageURL       = $messageDetail['Data'];
```

이것은 load-crawl-urls.php 유틸리티 명령어 스크립트에서 생성했던 메시지 형식이다.

이제 URL을 가졌으므로 HTML을 패치할 수 있으며, 이를 위해 file_get_contents PHP 함수를 사용한다.

```
                                              chapter_06/fetch_page.php(발췌)
print("Processing URL '${pageURL}':\n");
$html = file_get_contents($pageURL);
print(" Retrieved " . strlen($html) . " bytes of HTML\n");
```

HTML을 가졌으므로 HTML을 S3에 저장할 수 있다. 이를 위해 4장에서 만든 uploadObject 함수를 사용한다.

```
                                              chapter_06/fetch_page.php(발췌)
$key = 'page_' . md5($pageURL) . '.html';
if (uploadObject($s3, BOOK_BUCKET, $key, $html, S3_ACL_PUBLIC))
{
    $s3URL = $s3->get_object_url(BOOK_BUCKET, $key);
    print(" Uploaded page to S3 as '${key}'\n");
```

이 코드는 페이지 URL을 32글자 16진 문자열로 바꾸기 위해 PHP의 md5 함수를 사용한다. 이 문자열은 페이지에 대한 고유한 키를 만들 것이다.[2]

그다음 HTML을 S3로 업로드하고, 새로운 객체의 S3 URL을 $s3URL에 저장한다.

페이지가 S3에 저장되고 나면 파이프라인의 다음 단계에서 필요한 정보가 들어 있는 메시지를 생성할 차례다. 이를 처리하는 코드는 다음과 같다.

---

2   여러 개의 URL이 같은 MD5 값을 가질 가능성이 조금 있다. 따라서 또 다른 고유한 값(예: 마이크로초 단위의 현재 시각)을 추가하는 것도 방법이다.

```
                                              chapter_06/fetch_page.php(발췌)
$origin = $messageDetail['Origin'];
$history = $messageDetail['History'];
$history[] = 'Fetched by ' . $argv[0] . ' at ' . date('c');

$message = json_encode(array('Action' => 'ParsePage',
    'Origin' => $origin,
    'Data' => $s3URL,
    'PageURL' => $pageURL,
    'History' => $history));
```

메시지의 Data 요소에는 다음 단계에서 파싱할 HTML의 S3 URL이 들어간다. PageURL은 원래 페이지의 URL이며, History 요소에는 파이프라인을 지나가면서 데이터에 대해 이뤄졌던 모든 프로세싱 단계의 타임스탬프가 들어간다. Action 요소는 페이지에 대해 다음에 이뤄질 액션을 나타낸다. 엄격히 말해서 S3 URL은 한 단계에서 그다음 단계로 넘어가야 하는 유일한 요소다. 더 복잡한 메시지를 생성하는 방법을 보여주기 위해 여기서는 다른 값들을 포함했다.

그런 다음에 메시지는 다음 큐인 parser 큐로 삽입되며, 페이지에 대한 책임이 parser 단계로 넘어간다.

```
                                              chapter_06/fetch_page.php(발췌)
$res = $sqs->send_message(PARSE_QUEUE, $message);
print(" Sent page to parser\n");
```

모든 것이 잘되면 입력 큐에 있는 메시지는 삭제된다.

```
                                              chapter_06/fetch_page.php(발췌)
if ($res->isOK())
{
    $sqs->delete_message(URL_QUEUE, $receiptHandle);
    print(" Deleted message from URL queue\n");
}
print("\n");
```

if 문(if (uploadObject($s3, BOOK_BUCKET, $key, $html))에 else 절도 추가한다. 업로드에 실패하면 메시지를 출력한다.

```
                                            chapter_06/fetch_page.php(발췌)
}
else
{
    print("Error uploading HTML to S3\n");          .
}
```

반복문에 대한 설명이 끝났다. the interesting bit… 부분에 들어가는 내용은 이 장의 나머지 코드에 있는 메인 반복문 안에 있으므로, 여기서는 while 반복문 안에 있는 코드에만 집중할 것이다. 전체 코드는 이 책의 코드 아카이브에 있다.

2단계: HTML 파싱 및 이미지 URL 추출

파이프라인의 두 번째 단계로 가보자. 이 단계에서는 원래 HTML을 S3에서 추출하고, 서드파티 HTML 파서를 사용해 HTML을 파싱한 뒤, 일부 이미지 링크를 추출하고, 이들 링크를 다음 단계로 넘긴다. 예제를 단순화하기 위해 절대 URL을 가진 이미지만 처리한다.

HTML을 파싱하기 위해 PHP Simple HTML DOM Parser[3]를 사용한다. 사이트에 가서 파일을 내려받고 내려받은 파일을 include 폴더에 저장한다. 스크립트 설정과 반복문의 개요는 다음과 같다.

```
                                            chapter_06/parse_page.php(발췌)
#!/usr/bin/php
<?php

error_reporting(E_ALL);

require_once('cloudfusion.class.php');
require_once('include/simple_html_dom.php');
require_once('include/book.inc.php');

$sqs = new AmazonSQS();
$s3 = new AmazonS3();

while (true)
{
    $message = pullMessage($sqs, $PARSE_QUEUE);
```

---

3 http://simplehtmldom.sourceforge.net/

```
        if ($message != null)
        {
            ⋮ process the message...
        }
    }
?>
```

parse 큐에서 추출한 각 메시지에 대한 반복문 내부에서 무슨 일이 일어나는지 살펴보자. 첫 번째 단계는 S3에서 페이지로 접근하는 것이다. 파서를 이용해 패칭과 파싱을 결합할 수 있으며, 그 작업은 다음과 같이 간단하다.

```
                                           chapter_06/parse_page.php(발췌)
$messageDetail = $message['MessageDetail'];
$receiptHandle = (string)$message['ReceiptHandle'];
$pageURL       = $messageDetail['Data'];

print("Processing URL '${pageURL}':\n");
$dom = new simple_html_dom();
$dom->load_file($pageURL);
```

DOM을 사용하면 개별 HTML 태그나 태그 모음의 위치를 정하고 처리하는 일이 매우 쉬워진다. 페이지 제목을 추출하는 방법은 다음과 같다.

```
                                           chapter_06/parse_page.php(발췌)
$pageTitle = $dom->find('title', 0)->innertext();
print(" Retrieved page '${pageTitle}'\n");
```

값을 $pageTitle 변수에 저장할 것이며, 값을 프로세싱 파이프라인을 따라 넘길 수 있다.

이제 이미지 링크를 처리할 차례다. 이미지 링크는 최대 16개 캡처할 것이다.

```
                                           chapter_06/parse_page.php(발췌)
$imageURLs = array();
foreach ($dom->find('img') as $image)
{
    $imageURL = $image->src;
    if (preg_match('!^http://!', $imageURL))
    {
```

```
        print(" Found absolute URL '${imageURL}'\n");
        $imageURLs[] = $imageURL;
        if (count($imageURLs) == 16)
        {
            break;
        }
    }
}
```

위 코드에서 $dom->fine('img') 식은 페이지에서 HTML 태그 〈img/〉가 있는 배열을 검색한다. $image->src 식은 태그에서 src 어트리뷰트를 검색하며, src 어트리뷰트는 이미지의 URL이다.

URL이 "http://" 문자열로 시작하면 $imageURLs 배열에 추가하고, 배열에 16개의 이미지가 있을 때 반복문이 종료된다.

이 시점에서 최대 16개 이미지가 있는 배열을 확보하고, 다음 단계에서 이미지 패처로 전송될 수 있다. 이제, 메시지를 구성할 차례다.

chapter_06/parse_page.php(발췌)

```
if (count($imageURLs) > 0)
{
    $origin   = $messageDetail['Origin'];
    $history  = $messageDetail['History'];
    $history[] = 'Processed by ' . $argv[0] . ' at ' . date('c');

    $message = json_encode(array('Action' => 'FetchImages',
        'Origin'    => $origin,
        'Data'      => $imageURLs,
        'History'   => $history,
        'PageTitle' => $pageTitle));

    $res = $sqs->send_message(IMAGE_QUEUE, $message);
    print(" Sent page to image fetcher\n");

    if ($res->isOK())
    {
        $sqs->delete_message(PARSE_QUEUE, $receiptHandle);
        print(" Deleted message from parse queue\n");
    }
```

```
    print("\n");
}
```

이 코드는 반복문 내부의 마지막 부분이다. 파서가 이미지를 찾으면 이미지 패치 큐에 대한 메시지를 구성해서 이미지 URL 배열을 메시지 데이터로서 넘기며, 여기에는 페이지 제목도 포함된다. 이것은 나중에 사용할 것이다.

이 시점에서 페이지는 파싱됐다. 이미지 타이틀을 추출했고 16개 이미지의 URL 위치도 지정했다. 이미지 패처에는 필요로 하는 모든 것이 들어 있다.

3단계: 이미지 URL 패칭

세 번째 단계를 진행할 차례다. 이 단계에서는 이제 익숙해진 프로세싱 반복문을 사용할 것이다. 이 단계에서는 앞 단계에서 만든 이미지 URL 배열로 작업하며, 각 이미지 URL을 패치한다. 그다음 4장에서 작성한 thumbnailImage 함수를 사용해 이미지의 크기를 THUMB_SIZE 상수에 정의한 대로 작게 조정한다.

이 시점에서 이번 단계에 필요한 코드를 여러분 스스로 작성할 수 있다. 잠깐 살펴보자. 앞 단계에서처럼 우리가 필요로 하고 반복문을 시작하는 큐에 대한 참조를 얻는다.

chapter_06/fetch_images.php(발췌)

```php
#!/usr/bin/php
<?php

error_reporting(E_ALL);

require_once('cloudfusion.class.php');
require_once('include/book.inc.php');

$sqs = new AmazonSQS();
$s3 = new AmazonS3();

while (true)
{
    $message = pullMessage($sqs, IMAGE_QUEUE);
```

```php
    if ($message != null)
    {
        : process the message...
    }
}
?>
```

반복문 안에서 코드는 큐 메시지로부터 이미지 URL의 배열을 읽고, 모든 이미지를 패치하고, 이들 이미지를 S3에 저장한다.

```php
                                            chapter_06/fetch_images.php(발췌)
$messageDetail = $message['MessageDetail'];
$receiptHandle = (string)$message['ReceiptHandle'];
$imageURLs = $messageDetail['Data'];

print("Processing message with " . count($imageURLs) . " images:\n");

$s3ImageKeys = array();
foreach ($imageURLs as $imageURL)
{
    print(" Fetch image '${imageURL}'\n");
    $image = file_get_contents($imageURL);
    print(" Retrieved " . strlen($image) . " byte image\n");

    $imageThumb = thumbnailImage($image, 'image/png');

    $key = 'image_' . md5($imageURL) . '.png';

    if (uploadObject($s3, BOOK_BUCKET, $key, $imageThumb))
    {
        print(" Stored image in S3 using key '${key}'\n");
        $s3ImageKeys[] = $key;
    }
}
```

위 코드를 보면, file_get_contents 함수는 이미지를 내려받고, thumbnailImage 함수는 썸네일을 생성하고, uploadObject 함수는 새로운 이미지 썸네일을 S3 버킷에 업로드한다.

그다음에 메시지는 일반적인 방식으로 파이프라인을 따라 넘어간다.

chapter_06/fetch_images.php(발췌)

```php
if (count($imageURLs) == count($s3ImageKeys))
{
    $origin = $messageDetail['Origin'];
    $history = $messageDetail['History'];
    $pageTitle = $messageDetail['PageTitle'];

    $history[] = 'Processed by ' . $argv[0] . ' at ' . date('c');

    $message = json_encode(array('Action' => 'RenderImages',
        'Origin' => $origin,
        'Data' => $s3ImageKeys,
        'History' => $history,
        'PageTitle' => $pageTitle));

    $res = $sqs->send_message(RENDER_QUEUE, $message);
    print(" Sent page to image renderer\n");

    if ($res->isOK())
    {
        $sqs->delete_message(IMAGE_QUEUE, $receiptHandle);
        print(" Deleted message from fetch queue\n");
    }
    print("\n");
}
```

$s3ImageKeys 배열은 썸네일에 대한 모든 키를 저장한다. 따라서 우리는 썸네일 키의 수가 우리가 처리하는 이미지의 수와 일치하는지를 테스트한다. 그 수가 일치한다는 것은 모든 이미지를 제대로 처리했다는 의미이고, 사이트 메시지가 다음 큐로 전송될 수 있다는 의미다. 메시지가 다음 큐로 성공적으로 전송되면 이미지 패치 큐의 메시지는 삭제될 수 있다.

크롤러가 이제 3/4 완성됐다. 한 단계만 남았다.

4단계: 이미지 만들기

네 번째이자 마지막 단계에서는 S3 객체 키로 각 객체를 S3로부터 패치해서 썸네일 모자이크 이미지를 생성한다. 이 코드에서는 PHP의 GD 라이브러리에 있는 함수를 많이 사용한다.

설정이나 반복문의 전체 구성은 다른 단계와 거의 같으며, 이미지를 만드는 과정을 제어하기 위해 상수를 몇 개 만들고, 큐에 대한 참조가 필요하다는 것만 다르다. 이 단계는 마지막 단계이므로 메시지를 전송할 큐는 더이상 없다.

```php
                                          chapter_06/render_images.php(발췌)
#!/usr/bin/php
<?php

error_reporting(E_ALL);

require_once('cloudfusion.class.php');
require_once('include/book.inc.php');

define('BORDER_LEFT', 12);
define('BORDER_RIGHT', 12);
define('BORDER_TOP', 12);
define('BORDER_BOTTOM', 12);
define('IMAGES_ACROSS', 4);
define('IMAGES_DOWN', 4);
define('GAP_SIZE', 6);

$sqs = new AmazonSQS();
$s3 = new AmazonS3();

while (true)
{
    $message = pullMessage($sqs, RENDER_QUEUE);

    if ($message != null)
    {
        : process the message...
    }
}
?>
```

BORDER_로 시작하는 상수에는 메인 이미지와 썸네일의 각 가장자리에 얼마의 공간을 줄 것인지 지정한다. IMAGE_ACROSS와 IMAGES_DOWN은 모자이크 그리드에 들어갈 이미지의 수를 지정한다. GAP_SIZE에는 썸네일들 사이의 간격이 들어간다.

반복문 내부의 코드는 일반적인 방법으로 시작해서, 큐로부터 메시지 데이터를 검색한다. 그다음 기본적인 모자이크 이미지를 생성한다. 상수는 최종 이미지가 얼마나 큰지 알아내기 위해 사용한다.

```
                                       chapter_06/render_images.php(발췌)
$messageDetail = $message['MessageDetail'];
$receiptHandle = (string)$message['ReceiptHandle'];
$imageKeys = $messageDetail['Data'];
$pageTitle = $messageDetail['PageTitle'];

print("Processing message with " . count($imageKeys) . " images:\n");

$outX = BORDER_LEFT + BORDER_RIGHT +
        (IMAGES_ACROSS * THUMB_SIZE) +
        ((IMAGES_ACROSS - 1) * GAP_SIZE);

$outY = BORDER_TOP + BORDER_BOTTOM +
        (IMAGES_DOWN * THUMB_SIZE) +
        ((IMAGES_DOWN - 1) * GAP_SIZE);

$imageOut = ImageCreateTrueColor($outX, $outY);
```

이미지는 흰색으로 채워지고, 가장자리는 검은색으로 된다.

```
                                       chapter_06/render_images.php(발췌)
ImageFill($imageOut, 0, 0,
    ImageColorAllocate($imageOut, 255, 255, 255));
ImageRectangle($imageOut, 0, 0,
    $outX - 1, $outY - 1,
    ImageColorAllocate($imageOut, 0, 0, 0));
```

다음 썸네일이 그려질 위치를 추정할 필요가 있다. 이것을 위해 $nextX와 $nextY를 사용할 것이며, 시작점을 왼쪽 위 모서리로 지정할 것이다.

```
                                       chapter_06/render_images.php(발췌)
$nextX = BORDER_LEFT;
$nextY = BORDER_TOP;
```

이제, 각 썸네일 이미지를 차례차례 처리해야 한다. 그래서 S3 키를 반복문으로 돌릴 것이다.

chapter_06/render_images.php(발췌)

```
foreach ($imageKeys as $imageKey)
{
```

이 상부 구조가 제대로 되면 각 썸네일 이미지를 검색하고 검색한 썸네일 이미지를 목적지 이미지에 그리는 작업은 쉽다.

chapter_06/render_images.php(발췌)

```
print(" Fetch image '${imageKey}'\n");
$image = $s3->get_object(BOOK_BUCKET, $imageKey);

$imageBits = ImageCreateFromString($image->body);

print(" Render image at ${nextX}, ${nextY}\n");
ImageCopy($imageOut, $imageBits, $nextX, $nextY,
    0, 0, ImageSx($imageBits), ImageSy($imageBits));
```

이미지 모양을 화려하게 만들기 위해서 각 썸네일 주위에 가장자리를 그린다.

chapter_06/render_images.php(발췌)

```
ImageRectangle($imageOut, $nextX, $nextY,
    $nextX + ImageSx($imageBits),
    $nextY + ImageSy($imageBits),
    ImageColorAllocate($imageOut, 0, 0, 0));
```

각 썸네일을 처리할 때 마지막 단계는 출력 위치를 업데이트하고 foreach 반복문을 닫는 것이다.

chapter_06/render_images.php(발췌)

```
    $nextX += THUMB_SIZE + GAP_SIZE;
    if (($nextX + THUMB_SIZE) > $outX)
    {
        $nextX = BORDER_LEFT;
        $nextY += THUMB_SIZE + GAP_SIZE;
    }
}
```

모든 썸네일 이미지가 그려지면 마지막 이미지를 S3로 업로드할 수 있다.

```
$imageFileOut = tempnam('/tmp', 'aws') . '.png';
ImagePNG($imageOut, $imageFileOut, 0);
$imageBitsOut = file_get_contents($imageFileOut);
unlink($imageFileOut);

$key = 'page_image_' . md5($pageTitle) . '.png';

if (uploadObject($s3, BOOK_BUCKET, $key, $imageBitsOut, S3_ACL_PUBLIC))
{
```

마지막으로 해야 할 일이 남아 있다. 먼저, 최종 이미지의 위치를 기록해야 한다. 그다음에 메시지는 삭제되어야 하고, 메시지가 한 단계에서 다음 단계로 이동할 때 유지했던 프로세싱 내역을 보여줄 수도 있다.

```
    print(" Stored final image in S3 using key '${key}'\n");
    print_r($messageDetail['History']);

    $sqs->delete_message(RENDER_QUEUE, $receiptHandle);
    print(" Deleted message from render queue\n");
}

print("\n");
```

메시지 내역의 예는 다음과 같다.

```
Array(
    [0] => Posted by load_crawl_urls.php at 2009-06-29T09:28:10-04:00
    [1] => Fetched by fetch_page.php at 2009-06-29T09:28:11-04:00
    [2] => Processed by parse_page.php at 2009-06-29T09:28:12-04:00
    [3] => Processed by fetch_images.php at 2009-06-29T09:28:15-04:00
)
```

각 단계에서 메시지를 얼마만큼의 시간 동안 사용했는지 볼 수 있다. 이 실행 결과는 필자가 프로세싱 파이프라인으로 http://www.sitepoint.com을 실행했을 때 만들어진 결과다. 그림 6.7은 생성된 이미지를 보여준다.

그림 6.7 프로세싱 파이프라인에 의해 생성된 이미지

최종 이미지는 앞에서 설명한 네 개의 프로세싱 단계와 로더 프로그램이 제대로 진행된 결과로 나온 것이다. 각 단계는 상황에 따라 큐가 늘어나거나 줄어들어서 실행 속도가 달라질 수 있다. 분당 수십 개 또는 수백 개의 요청을 처리하기 위해 애플리케이션의 규모를 쉽게 조정할 수 있다.

코드 실행

이번 장에 있는 코드를 실행하려면 창을 잘 조작할 수 있어야 한다. 먼저, 다섯 개의 터미널 창을 만든다. 각 창은 하나의 단계를 나타낼 것이며, 마지막 창은 URL 로드용이다. AMI에 연결해서 각 창에서 하나의 명령어를 실행한다. 될 수 있으면 창을 순서대로 정렬한다. 그렇게 하면 프로세싱 파이프라인이 작동하는 것을 볼 수 있다. 다음과 같이 한다.

1. 창 1 : 페이지 패치 및 저장

   ```
   <dev>: php fetch_page.php
   ```

2. 창 2 : 페이지 파싱

   ```
   <dev>: php parse_page.php
   ```

3. 창 3 : 썸네일 이미지 패치

   ```
   <dev>: php fetch_images.php
   ```

4. 창 4 : 최종 이미지 만들기

   ```
   <dev>: php render_images.php
   ```

5. 창 5 : URL을 파이프라인으로 로드. AMI에 연결하거나 로컬에서 이 작업을 할 수 있음

   ```
   $ php load_crawl_urls.php http://www.sitepoint.com
   ```

이 명령어를 시작하자마자 파이프라인의 각 단계가 차례대로 진행되는 것을 볼 수 있다. 이 명령어를 한 번 이상 실행할 수 있다. 즉, 명령어 라인에 여러 개의 URL을 넣을 수 있다.

아무 때나 crawl_queue_status.php 명령어를 실행해 큐 상태를 점검할 수 있다.

```
$ php rawl_queue_status.php
```

각 파이프라인 단계의 복사본을 한 번에 여러 개 실행해야 할 수 있다. 3단계가 좋은 예다. 왜냐하면, 3단계는 이미지 내려받기, 썸네일 생성, 썸네일을 S3로 불러오기 위해 몇 초를 사용하기 때문이다.

파이프라인으로 작업할 때 창 1에서 창 4까지 돌아가면서 각 프로세싱 단계를 줄여야 한다. ctrl+c를 사용한다. 이렇게 하면 SQS 요청에 대한 요금 청구를 방지할 수 있다.

마무리

Amazon SQS는 간단하지만 강력한 서비스다. 큐와 메시지의 기본 개념을 익히면 지금 본 것처럼 큐와 메시지를 사용해서 프로그램을 새로운 방법으로 만들 수 있다.

이번 장에서는 프로세스를 구상하고, 프로세스를 여러 부분으로 나누어서, 각 부분을 독립된 프로그램으로 구축하고 프로그램을 Amazon SQS 큐에 연결했다. 이 책을 쓸 때 프로그램을 실제로 만들고 테스트했다. 사실, 필자는 이번 장의 각 절을 쓸 때 각 단계에 필요한 코드를 실제로 작성했다. 그리고 코드가 준비될 때까지 메시지를 큐에 그대로 두었다.

이번 장에서 논의한 아키텍처 모델을 이용하면 크고, 복잡하고, 확장성이 뛰어난 애플리케이션을 구축할 수 있다. 최신 디자인을 위해 약간의 시간을 투자하면 시스템을 구현하고 실행할 때 그만큼 혜택을 볼 것이다.

Amazon Web Service

07

EC2 모니터링, 오토 스케일링,
일래스틱 로드 밸런싱

이번 장에서는 Amazon EC2의 세 가지 강력한 기능인 모니터링, 오토 스케일링, 일래스틱 로드 밸런싱을 배울 것이다. 확장성이 좋고 성능이 뛰어난 웹 애플리케이션을 구축하기 위해 이들 기능을 개별적으로 또는 함께 사용하는 방법도 살펴본다. 이들 기능을 이용하기 위해 CloudFusion 라이브러리를 활용하는 방법도 배운다. 그리고 Apache JMeter 애플리케이션을 사용해 예측할 수 있는 테스트 로드를 생성하는 방법도 살펴본다. 마지막으로, 애플리케이션이 원하는 대로 확장되는지 확인하기 위해 실제 애플리케이션을 테스트하는 방법을 배운다.

소개

복잡한 시스템 아키텍처를 운영하고 대규모 하드웨어 투자를 진행하려면 이에 걸맞은 관리 기능을 확보해야 한다. 이 경우에 Amazon EC2 서비스의 모니터링, 오토 스케일링, 일래스틱 로드 밸런싱 기능을 이용하면 된다.

실제 웹 애플리케이션은 확장성을 갖춰야 하며, 확장성에는 수직 확장성과 수평 확장성이 있다. **수직 확장성**(vertical scaling)은 성능이 더 높고 좋은 서버가 기존의 서버를 대체하는 것

177

이고, **수평 확장성**(horizontal scaling)은 기존 서버 옆에 추가 서버를 배치하는 것이다. 수직 확장성을 스케일 업 모델(scale-up model)이라 하고, 수평 확장성을 스케일 아웃 모델(scale-out model)이라 한다.

수직 확장성

수직 확장성은 용량을 추가할 수 있는 가장 쉬운 방법이다. 먼저 일반적인 성능의 서버로 시작해서 여러분의 요구 수준을 그 서버가 더이상 충족하지 못할 때까지 사용한다. 그러다가 더 큰 것을 사서, 코드와 데이터를 새로운 서버로 옮기고, 기존의 서버는 버린다. 새로 구매한 더 큰 시스템의 용량이 다 찰 때까지 사용하다가 또 새로운 서버를 구매한다. 이러한 과정은 가장 큰 하드웨어를 확보할 때까지, 그리고 여러분의 조직이 더이상 성장하지 않을 때까지 반복된다.

수직 확장성은 비용이 비쌀 수 있다. 더 큰 시스템으로 업그레이드할 때마다 그만큼 투자를 해야 한다. 하드웨어를 실제로 구매하면 초기 비용으로 수천 달러가 들어갈 것이다. 그다음에 업그레이드할 때마다 수만 달러에서 수십만 달러의 비용이 들어간다. 또한, 어느 시점에서는 백업 시스템을 확보해야 하며, 이에 소요되는 비용도 메인 시스템만큼 들어간다. 생각지 못한 일이 일어나지 않거나 별도로 사용할 필요가 없을 때 백업 시스템은 계속 대기 상태로만 있을 것이다.

수평 확장성

수평 확장성은 수직 확장성보다 조금 더 복잡한 데, 장기적으로 보면 훨씬 더 유연하고 확장성이 뛰어나다. 더 큰 서버로 업그레이드하는 대신에 비슷하거나 같은 사양의 서버를 하나 더 구해서 두 서버 사이에서 스토리지와 프로세싱 로드가 공유되게 만든다. 두 서버가 요구 사항을 더 이상 맞추지 못하면 세 번째, 네 번째, 다섯 번째 서버를 계속 추가한다. 이와 같은 수평 확장성 모델을 채용하면 리소스를 경제적으로 증가시킬 수 있다. 서버의 개수가 늘어남에 따라 특정 서버에 의존하는 비율을 줄임으로써 시스템의 신뢰성을 높일 수 있다.

물론 서버들 사이에서 스토리지와 프로세싱 로드를 공유하는 것이 그렇게 어렵지 않다고 말하는 사람도 있다. SQS 메시지 큐와 묶여서 느슨하게 결합한 시스템은 쉽게 확장할 수 있다. 전통적인 관계형 DB나 중앙집중식 스토리지와 관련된 시스템은 확장이 더 어려울 수 있다.

모니터링, 확장, 로드밸런싱

로드를 처리하기 위해 자동으로 확장되는 수평 확장형 시스템을 구축하기 위해 여러 가지 서비스가 필요할 것이다.

먼저, 각 서버가 얼마나 많은 작업을 처리하는지 알아야 한다. 그리고 네트워크에서 얼마나 많은 데이터가 들어오고 나가는지를 파악해야 하고, 디스크 읽기 및 쓰기가 얼마나 많이 발생하는지도 알아야 한다. 그리고 CPU 비지(CPU busy) 시간도 얼마나 되는지 알아야 한다. Amazon CloudWatch가 이런 기능을 제공한다. CloudWatch가 EC2 인스턴스나 일래스틱 로드 밸런서에 대해 활성화하고 나면 CloudWatch가 필요한 정보를 캡처하고 저장해 두므로, 확장 여부를 결정할 때 그 정보를 활용하면 된다.

둘째, 시스템 성능을 관찰할 방법이 필요하다. 이는 시스템에 여유가 없어서 EC2 인스턴스를 더 추가하거나 시스템에 여유가 있어서 실행 중인 일부 인스턴스를 제거해야 할 것인지 결정하는 데 필요하다. EC2 오토 스케일링 기능을 이용하면 이 작업을 처리할 수 있다. 오토 스케일링 기능은 EC2 인스턴스를 추가하고 제거하는 데 필요한 논리를 확보하기 위해서 규칙 기반 시스템을 사용한다.

셋째, 실행 중인 각 인스턴스로 트래픽의 경로를 지정하는 방법이 있어야 한다. 이를 처리하려면 EC2 일래스틱 로드 밸런싱 기능을 이용한다. 오토 스케일링 기능과 연계해서 사용하면 EC2 지역 안에 있는 하나 이상의 가용 영역에 있는 EC2 인스턴스로 트래픽을 분배할 수 있다. 또한, 이 기능은 인스턴스의 상태를 점검할 수 있으며, 이를 통해서 오류가 발생한 인스턴스를 탐지하고 오류 인스턴스로 트래픽을 보내지 않는다.

그림 7.1은 이들 기능이 서로 어떻게 관련되어 있는지 보여준다.

외부에서 들어오는 HTTP 로드는 EC2 인스턴스 묶음 사이에서 밸런싱된다. CloudWatch는 인스턴스로부터 시스템 성능 데이터를 캡처하고 저장한다. 오토 스케일링 기능은 이 데이터를 사용해 묶음 안에 들어가는 EC2 인스턴스의 수를 조정한다.

곧 보겠지만, 이들 기능을 하나씩 이용하거나 아니면 함께 사용할 수 있다. 이와 같은 모듈식 모델은 많은 유연성을 제공하며, 기능을 하나씩 추가해 가면서 배울 수 있게 한다.

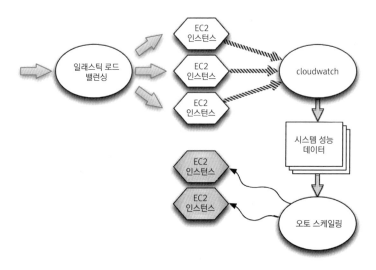

그림 7.1 일래스틱 로드 밸런싱, CloudWatch, 오토 스케일링 기능 사이의 관계

명령어 라인 툴 설치

이번 장에서는 Amazon 명령어 라인 툴을 사용할 것이다. 따라서 이들 툴을 설치하고, 이들 툴로 작업할 것이다. 먼저, .zip 파일 형태로 된 툴을 내려받는다.

- Amazon EC2 API 툴[1]

- Amazon CloudWatch API 툴[2]

- Auto Scaling API 툴[3]

- Elastic Load Balancing API 툴[4]

별도의 디렉터리에 파일의 압출을 푼다. 이름에 공백을 넣지 않는다.

명령어 라인 툴은 자바로 작성돼 있으므로 JRE(Java Runtime Environment)가 설치돼 있어야

---

1 http://developer.amazonwebservices.com/connect/entry.jspa?externalID=351

2 http://developer.amazonwebservices.com/connect/entry.jspa?externalID=2534

3 http://developer.amazonwebservices.com/connect/entry.jspa?externalID=2535

4 http://developer.amazonwebservices.com/connect/entry.jspa?externalID=2536

한다. JRE가 설치돼 있지 않으면 http://www.java.com에서 JRE를 내려받고 설치한다. 이때도 디렉터리 이름에 공백을 두지 않기 바란다.

CloudWatch, 일래스틱 로드 밸런서, 오토 스케일링 툴에서는 AWS 계정 접근키 ID와 비밀키가 필요하다. http://aws.amazon.com에 있는 여러분의 AWS 계정 페이지에서 이들 값을 확인할 수 있다. 이를 위해서 내 계정 메뉴에서 보안 자격 증명을 선택한다. 아니면 CloudFusion의 config.ini.php 파일에서 필요한 정보를 얻는다.

CloudWatch가 설치된 디렉터리에 있는 credentials-file-template 파일을 같은 디렉터리의 credentials.txt 파일로 복사한다. 텍스트 편집기에서 credentials.txt 파일을 열고, 여러분의 키를 삽입한다.

비공개 키와 연계된 X.509 인증서도 필요할 것이다. http://aws.amazon.com에 로그인한 뒤 내 계정을 클릭하고 보안 자격 증명을 선택하면 이 파일에 접근할 수 있다. X.509 Certificates 탭을 선택하고 Create a New Certificate 링크를 클릭한다. 이렇게 하면 대화상자가 뜨고, 여기서 여러분의 로컬 머신으로 내려받을 인증서 파일을 선택할 수 있다. Download Private Key File과 Download X.509 Certificate 버튼을 클릭해서 두 필수 파일을 내려받는다. 그리고 이들 파일을 안전한 곳에 저장한다.

이제, 환경 변수를 지정해야 한다. 이후에 나오는 예제에서 여러분 각자의 환경에 맞게 경로를 조정해야 한다. 윈도우 예제는 필자의 환경 설정 값이다.

HOME 환경 변수를 설정하기 위해 먼저, 몇 개의 명령어를 추가한다. 윈도우에서의 명령어는 다음과 같다.

```
C:\> set EC2_HOME=C:\ec2-api-tools-1.3-36506
C:\> set AWS_ELB_HOME=C:\ElasticLoadBalancing-1.0.1.23
C:\> set AWS_CLOUDWATCH_HOME=C:\CloudWatch-1.0.0.24
C:\> set AWS_AUTO_SCALING_HOME=C:\AutoScaling-1.0.4.4
```

맥 OS X과 리눅스에서는 구문이 조금 다르다.

```
$ export EC2_HOME=path_to_tools
$ export AWS_ELB_HOME=path_to_tools
$ export AWS_CLOUDWATCH_HOME=path_to_tools
$ export AWS_AUTO_SCALING_HOME=path_to_tools
```

그다음에 키와 인증서에 대한 전체 경로를 설정한다. 윈도우에서는 다음과 같이 한다.

```
C:\> set EC2_PRIVATE_KEY=U:\jeff\pk-5NFGWY … DRPFFK3.pem
C:\> set EC2_CERT=U:\jeff\cert-5NFGWY … DRPFFK3.pem
```

맥 OS X과 리눅스에서는 다음과 같이 한다.

```
$ export EC2_PRIVATE_KEY=path_to_private_key.pem
$ export EC2_CERT=path_to_certificate.pem
```

크리덴셜(credential)을 어디서 찾아야 하는지 툴에게 알려줘야 한다. 윈도우에서는 다음과 같이 한다.

```
C:\> set AWS_CREDENTIAL_FILE=C:\CloudWatch-1.0.0.24\credentials.txt
```

맥 OS X과 리눅스에서는 다음과 같이 한다.

```
$ export AWS_CREDENTIAL_FILE=path_to_credentials.txt
```

이제, PATH 환경 변수를 설정해 쉘이 명령어 라인 툴을 찾을 수 있게 한다. 윈도우에서는 다음과 같이 한다.

```
C:\> set PATH=%PATH%;%EC2_HOME%\bin
C:\> set PATH=%PATH%;%AWS_ELB_HOME%\bin
C:\> set PATH=%PATH%;%AWS_CLOUDWATCH_HOME%\bin
C:\> set PATH=%PATH%;%AWS_AUTO_SCALING_HOME%\bin
```

맥 OS X과 리눅스에서는 다음과 같이 한다.

```
$ export PATH=$PATH:$EC2_HOME/bin
$ export PATH=$PATH:$AWS_ELB_HOME/bin
$ export PATH=$PATH:$AWS_CLOUDWATCH_HOME/bin
$ export PATH=$PATH:$AWS_AUTO_SCALING_HOME/bin
```

툴은 JRE의 위치를 알아야 한다. 윈도우에서는 다음과 같이 한다.

```
C:\> set JAVA_HOME=C:\Java\jre1.5.0_09
```

맥 OS X과 리눅스에서는 다음과 같이 한다.

```
$ export JAVA_HOME=path_to_java
```

맥 OS X 사용자는 JAVA_HOME 환경 변수를 /System/Library/Frameworks/
JavaVM.framework/Home으로 지정한다.

인스턴스가 디폴트 이외의 지역에 있다면 해당 지역이 명령어 라인 툴에 의해 사용될 수 있
게 지정해야 하며, 이를 위해서 EC2_URL 환경 변수를 지정하면 된다. 이 작업을 하지 않으
면 명령어 라인 툴을 사용할 때마다 --region 매개변수를 지정해야 한다. 윈도우에서는 다음
과 같이 한다.

```
C:\> set EC2_URL=https://eu-west-1.ec2.amazonaws.com
```

맥 OS X과 리눅스에서는 다음과 같이 한다.

```
$ export EC2_URL=https://eu-west-1.ec2.amazonaws.com
```

이렇게 하면 모든 작업이 끝난다.

이 작업을 처리하는 가장 좋은 방법은 배치 파일을 작성해서 위에 나온 모든 문장을 포함하
는 것이다. 예를 들어, 윈도우를 사용한다면 ec2-tool-setup.bat라는 배치 파일을 만들고 이
파일을 실행시켜서 모든 변수를 설정한다. 맥 OS X이나 리눅스에서는 위의 모든 문장을 ec2-
tool-setup 파일에 넣고 아래의 명령어를 실행한다.

```
$ source ec2-tool-setup
```

다음에 제시된 명령어 중 하나나 그 이상을 실행해서 모든 설정이 제대로 됐는지 검증한다.
윈도우에서는 다음과 같이 한다.

```
C:\> mon-cmd --help
C:\> ec2-describe-images
C:\> elb-describe-lbs
```

맥 OS X이나 리눅스에서는 다음과 같이 한다.

```
$ mon-cmd --help
$ ec2-describe-images
$ elb-describe-lbs
```

연결 오류나 자바 스택 트레이스를 보인다면 작업 내용을 추적해서 무엇이 잘못됐는지 확인할 필요가 있다.

행운이 따라 주었다면 AWS 명령어 라인 툴을 제대로 설정했을 것이다. 그렇지 않으면 EC2 포럼[5]을 방문해서 정중하게 도움을 요청하기 바란다.

Amazon CloudWatch — EC2 데이터 모니터링

Amazon CloudWatch 개념과 가격 책정 모델에 관해 배울 차례다. 또한, 이번 절에서는 CloudWatch 지원을 CloudFusion 라이브러리에 추가한 다음 수집한 데이터를 검색하고 표시하는 코드를 작성한다.

Amazon CloudWatch 개념

Amazon CloudWatch는 많은 AWS 리소스에서 데이터를 수집, 집합, 저장, 제공한다. 현재의 Amazon CloudWatch 릴리즈는 EC2 인스턴스와 일래스택 로드 밸런서로부터 데이터를 수집한다. 조만간, 다른 서비스에 대한 지원도 추가될 것이다.

AmazonWatch에 관련된 용어와 개념이 많이 있다. 이들 용어는 서로 관련있으며, CloudWatch 모델을 이해하기 위해서 꼭 알아야 한다.

네임스페이스(namespace)는 데이터의 출처를 나타낸다. "AWS/EC2" 네임스페이스는 Amazon EC2 인프라에서 수집된 데이터와 관련있으며, "AWS/ELB" 네임스페이스는 일래스틱 로드 밸런서에서 수집된 데이터와 관련 있다.

메저(measure)는 관찰된 원래의 데이터 값이다. 메저는 축적되고 쌓여간다. 메저는 항상 네임스페이스의 일부로 비트, 바이트, 퍼센트와 같은 단위를 가진다. 각 메저에는 이름과 타임스탬프가 있다. 메저는 하나 이상의 관점에서 취합될 수 있다. 네임스페이스, 메저 이름, 0개 이상

---

5   http://developer.amazonwebservices.com/connect/forum.jspa?forumID=30

의 디멘션이 합쳐져서 하나의 메저 이름을 구성한다. 한 번 관찰된 메저는 2주(14일) 동안 유지된다.

유닛(unit)은 메저의 어트리뷰트다. CloudWatch에서 지원하는 유닛은 none, seconds, percent, bytes, bits, count, byte/second, bits/second, count/second다. 유닛은 옵션이며, 기본값은 none이다. ratio 같은 일부 숫자는 유닛을 가지지 않는다.

디멘션(dimension)은 특정 데이터 유형의 가공된 뷰다. CloudWatch가 지원하는 디멘션은 AvailabilityZone, ImageType(AMI Id), InstanceId, InstanceType, AutoScaleGroup이다.

메트릭(metric)은 저장 및 처리된 메저다. CloudWatch API는 네임스페이스, 메저, 유닛, 피리어드, 스태티스틱, 디멘션 매개변수를 기반으로 메트릭을 검색하는 함수를 제공한다.

디멘션 없는 메트릭은 고도로 집합된 데이터를 나타낸다. 특정 유형의 모든 EC2 인스턴스나 특정 계정에 있는 모든 인스턴스에서의 디스크 활동이나 CPU의 평균 사용량이 이에 해당한다.

피리어드(period)는 CloudWatch에서 메트릭을 요청할 때의 시간(단위: 초)을 나타내기 위해 사용된다.

스태티스틱(statistic)은 메트릭의 계산된 어트리뷰트이며, 메트릭을 구성하는 메저의 어트리뷰트를 반영한다. CloudWatch가 지원하는 메트릭은 minimum, maximum, average, sum이다. 다섯 번째 스태티스틱인 sample은 통계값 계산에 사용되는 측정 대상의 개수를 나타낸다.

Amazon CloudWatch 오퍼레이션

데이터 수집 프로세스를 시작하기 위해 CloudWatch에서 각 EC2 인스턴스를 활성화하도록 해야 한다. 일단 활성화하면 프로세스는 1분 안에 시작하고, 메트릭도 몇 분 안에 사용할수 있게 된다. 인스턴스를 기동할 때 CloudWatch를 활성화할 수 있다. 또한, 이미 실행 중인 EC2 인스턴스에 대해서 CloudWatch를 활성화하거나 비활성화할 수 있다. 활성화 오퍼레이션과 비활성화 오퍼레이션은 EC2 API의 일부다. CloudWatch 사용에서 인스턴스당 시간별로 요금이 청구된다. 여기에는 데이터를 수집하고 저장할 때의 오버헤드도 포함된다.

각 일래스틱 로드 밸런서는 일정한 측정을 CloudWatch로 자동으로 전달한다. 로드 밸런서 모니터링을 활성화할 필요가 없으며, 수집된 메트릭을 저장하거나 사용할 때 비용도 청구되지 않는다.

CloudWatch는 데이터를 2주 동안 누적해서 저장하며, 그 이상 된 데이터는 자동으로 버려진다.

CloudWatch를 활성화한 후에 명령어 라인 툴이나 CloudWatch API를 사용해서 측정 목록과 실제 메트릭을 검색할 수 있다. 이상에서 본 것처럼 CloudWatch는 실제보다 훨씬 더 단순해 보인다. 사실 CloudWatch의 실제 성능은 데이터에 접근하기 위해 사용된 매개변수에서 확인된다.

Amazon CloudWatch 가격 책정

CloudWatch를 사용하는 EC2 인스턴스에는 시간당 0.015달러(1.5센트)의 비용이 청구된다. 여기에는 명령어 라인 툴과 CloudWatch API를 사용해 저장한 데이터에 접근하는 비용, 모니터링 비용, 데이터 스토리지 비용이 포함된다.

CloudWatch에서 일래스틱 로드 밸런서 데이터를 저장하거나 사용하는 것에는 비용이 청구되지 않는다.

명령어 라인과 Amazon CloudWatch

CloudWatch를 적절하게 작동하는 가장 쉬운 방법은 명령어 라인을 이용하는 것이다. 꼭 알아야 할 사항이 하나 있다. EC2 툴은 EC2 인스턴스에 대한 CloudWatch를 활성화하거나 비활성화하기 위해 사용된다. CloudWatch 툴은 수집된 데이터에 접근하기 위해 사용된다.

단일 EC2 인스턴스를 위해 CloudWatch를 활성화하는 방법은 다음과 같다. 첫 번째 단계는 인스턴스의 ID를 파악하는 것이며, ec2-describe-instances 명령어를 사용하면 된다.

```
$ ec2-describe-instances
INSTANCE i-aaba69c3 ami-2b5fba42 ec2-75-101-154-199.compute-1.amazon
↪aws.com domU-12-31-38-00-A0-01.compute-1.internal running gsg-keyp
↪air 0 m1.small 2008-07-13T03:44:43+0000 us-east-1a aki-a71cf9ce
↪ari-a51cf9cc monitoring-disabled
```

이번 경우에 인스턴스 ID는 i-aaba49c3이다. 이 값을 확보한 후에 ec2-monitor-instances 명령어를 사용해 CloudWatch를 활성화한다(여러분의 인스턴스의 ID를 사용한다).

```
$ ec2-monitor-instances i-aaba69c3
i-aaba69c3 monitoring-pending
```

잠깐 기다렸다가 이 명령어를 다시 실행해서 CloudWatch가 특정 인스턴스를 위해 활성화
됐는지 확인한다.

```
$ ec2-monitor-instances i-aaba69c3
i-aaba69c3 monitoring-enabled
```

CloudWatch 툴에서 mon-list-metrics 명령어를 이용해서 가용 메트릭 목록을 표시한다.

```
$ mon-list-metrics
CPUUtilization AWS/EC2 {ImageId=ami-3c47a355}
CPUUtilization AWS/EC2 {InstanceType=m1.small}
CPUUtilization AWS/EC2
CPUUtilization AWS/EC2 {InstanceId=i-aaba69c3}
: a big long list…
```

결과는 메트릭(DiskReadBytes, DiskReadOps, NetworkIn, NetworkOut,
DiskWriteBytes, DiskWriteOps 등)별로 나오며, CloudWatch에서 요청할 수 있는 디멘션
(ImageId, InstanceId, InstanceType 등)을 나타낸다. 메트릭은 최근에 종료한 인스턴스에 대
해 유지되고 검색될 수 있다. CPU 활용 디멘션에 대한 내용을 잠깐 살펴보자.

다음은 실행 중이거나 최근에 종료된 모든 EC2 인스턴스의 CPU 활용 디멘션을 나타낸다.

```
CPUUtilization AWS/EC2
```

다음은 유형이 m1.small인 실행 중이거나 최근에 종료된 EC2 인스턴스의 CPU 활용 디멘
션을 나타낸다.

```
CPUUtilization AWS/EC2 {InstanceType=m1.small}
```

다음도 위와 동일한 데, 지정한 AMI를 사용해 기동된 것에 대한 인스턴스의 CPU 활용 디
멘션을 나타낸다.

```
CPUUtilization AWS/EC2 {ImageId=ami-3c47a355}
```

이것은 실행 중이거나 최근에 종료된 특정 EC2 인스턴스에 대한 것이다.

```
CPUUtilization AWS/EC2 {InstanceId=i-aaba69c3}
```

일단 디멘션을 선택했으면 mon-get-stats 명령어를 사용해서 원하는 모든 메트릭을 검색한다. 예를 들어, 지난 24시간 동안 시간별로 모든 CPU 활용 정도를 알려면 다음과 같이 한다.

```
$ mon-get-stats CPUUtilization --statistics Average
↪ --start-time 2010-07-27 --end-time 2009-07-28 --period 3600
↪ --namespace AWS/EC2
2009-07-18 00:00:00 60.0 5.9479999999999995 Percent
2009-07-18 01:00:00 60.0 6.910833333333331 Percent
2009-07-18 02:00:00 60.0 6.614666666666667 Percent
 : a big long list…
```

처음 두 열은 집합된 데이터의 날짜와 시간을 나타낸다. 세 번째 열은 메트릭을 만들기 위해 CloudWatch가 모은 샘플의 개수다. 이번 경우에 시간별(--period 3600)로 결과를 요청했으므로, CloudWatch는 각 결과에 60개의 샘플(분당 1개)을 요청했다. 다음 열은 요청한 메트릭의 CPU 사용량이다. 마지막 열은 단위로서 CPU 사용량 단위가 백분율이라는 것을 보여준다.

메트릭과 관련 단위에 대해 원하는 출력 결과를 얻기 위해서 mon-get-stats에 다양한 매개변수를 붙여서 시험해 볼 수 있다.

Amazon CloudWatch 프로그래밍

명령어 라인에서 CloudWatch에 접근하는 방법을 봤으므로 CloudFusion이 제공하는 기능을 살펴보고, Amazon CloudWatch 클래스를 사용해 차트를 그려보자.

가용 메트릭의 목록 표시

사용할 수 있는 모든 메트릭의 목록을 표시하는 프로그램은 다음과 같다.

```
                                              chapter_07/list_metrics.php(발췌)
#!/usr/bin/php
<?php

error_reporting(E_ALL);

require_once('cloudfusion.class.php');
require_once('cloudwatch.class.php');
```

```php
$cW = new AmazonCloudWatch();
$res = $cW->list_metrics();

if ($res->isOK())
{
    $metrics = $res->body->ListMetricsResult->Metrics->member;
    $metricsRows = array();
    foreach ($metrics as $metric)
    {
        $metricsRows[] = array('MeasureName' => (string) $metric->MeasureName,
            'Namespace' => (string) $metric->Namespace,
            'Name'      => (string) $metric->Dimensions->member->Name,
            'Value'     => (string) $metric->Dimensions->member->Value);
    }

    usort($metricsRows, 'CmpMetrics');

    printf("%-16s %-16s %-16s %-16s\n",
        "Namespace", "Measure Name", "Name", "Value");

    printf("%-16s %-16s %-16s %-16s\n",
        "=========", "============", "====", "=====");

    foreach ($metricsRows as $metricsRow)
    {
        printf("%-16s %-16s %-16s %-16s\n",
            $metricsRow['Namespace'],
            $metricsRow['MeasureName'],
            $metricsRow['Name'],
            $metricsRow['Value']);
    }
}
else
{
    $error = $res->body->Error->Message;
    exit("Could not list metrics: ${error}\n");
}

function CmpMetrics($m1, $m2)
{
    $k1 = $m1['Namespace'] . $m1['MeasureName'] . $m1['Name'];
    $k2 = $m2['Namespace'] . $m2['MeasureName'] . $m2['Name'];
```

```
    return strcmp($k1, $k2);
}


?>
```

이 프로그램은 list_metrics 메서드를 호출한 다음에 결과를 PHP 배열로 복사한다. PHP 의 usort 함수는 배열을 정렬해, 위 코드에 있는 CmpMetrics 함수에 의해 지정된 것처럼 Namespace, Measure, Name으로 그룹화한다.

이 프로그램을 실행하면 다음과 같은 결과가 나온다.

```
Namespace         Measure Name      Name          Value
=========         ============      ====          =====
AWS/EC2           CPUUtilization
AWS/EC2           CPUUtilization    ImageId       ami-3c47a355
AWS/EC2           CPUUtilization    InstanceId    i-aaba69c3
AWS/EC2           CPUUtilization    InstanceType  m1.small
 : a long list…
```

이것은 mon-list-metrics 명령어의 실행 결과와 매우 비슷하다.

메트릭 차트

CloudWatch 메트릭 차트가 있는 웹 페이지를 만들어보자. 이 작업을 처리하는 코드는 서로 관련돼 있으므로 여러 절에서 코드를 만들 것이다. 이번 절에 나오는 프로그램은 하나의 웹 페이지를 생성하는 것이며, 여러분은 이 웹 페이지를 여러분의 웹 서버에서 실행하기를 원할 것이다.

이 프로그램은 Google Chart API[6]를 사용할 것이며, 같은 페이지에 7개의 차트를 그릴 것이다(그림 7.2 참고).

---

6   http://code.google.com/apis/chart/

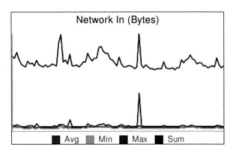

그림 7.2 Network In 차트

스크립트의 첫 부분은 다음과 같이 일반적인 코드로 구성된다.

```
                                                chapter_07/statistics_chart_page.php(발췌)
<?php

error_reporting(E_ALL);

require_once('cloudfusion.class.php');
```

약간의 데이터 프로세싱이 필요하다. 기본적으로 프로그램은 이전 24시간 동안 수집한 메트릭을 기록한다. $startDate_DT 변수는 시작 날짜와 시작 시각을 나타낸다. 그리고 $endDate_DT 변수는 종료 날짜와 종료 시각을 나타낸다. 이들 변수를 다음과 같이 선언하고 설정할 수 있다.

```
                                                chapter_07/statistics_chart_page.php(발췌)
$startDate_DT = new DateTime('now');
$endDate_DT = new DateTime('now');
$startDate_DT->modify('-1 day');
```

CloudWatch는 모든 날짜를 GMT(Greenwich Mean Time) 기준으로 표현한다. 날짜와 날짜 범위를 로컬 시간으로 표현하고 싶으면 질의를 조정해야 할 것이다.

다음 단계는 날짜 값을 CloudWatch 질의에서 사용하는 데 필요한 형식으로 변환하는 것이다. PHP의 DateTime 클래스의 형식 메서드를 다음과 같이 이용한다.

```
                                                chapter_07/statistics_chart_page.php(발췌)
$startDate = $startDate_DT->format('Y-m-d');
$endDate = $endDate_DT->format('Y-m-d');
```

매개변수가 요청의 일부로 제공됐으면 계속 진행해서 매개변수를 가져온다. 그렇지 않으면 적절한 기본값을 사용할 것이다.

```
                                    chapter_07/statistics_chart_page.php(발췌)
$period = IsSet($_GET['period']) ? $_GET['period'] : 15;
$start  = IsSet($_GET['start'])  ? $_GET['start']  : $startDate;
$end    = IsSet($_GET['end'])    ? $_GET['end']    : $endDate;
$period *= 60;
```

여기서 삼항 연산자(? :)가 매우 간편하다는 것을 알 수 있다. 포맷을 적절하게 한다면 이 구조를 이해하고 매우 간략한 if-then-else로 처리할 수 있다.

period 매개변수는 편의상 분으로 명시되지만 CloudWatch는 조정을 위해서 초로 명시한다.

이 프로그램은 7개의 차트를 만들 것이며, $charts 배열에 있는 정보에 의해 진행된다. 코드는 다음과 같다.

```
                                    chapter_07/statistics_chart_page.php(발췌)
$charts = array(
    array('M' => 'NetworkIn',
          'U' => 'Bytes',
          'L' => 'Network In (Bytes)'),

    array('M' => 'NetworkOut',
          'U' => 'Bytes',
          'L' => 'Network Out (Bytes)'),

    array('M' => 'CPUUtilization',
          'U' => 'Percent',
          'L' => 'CPU Utilization (Percent)'),

    array('M' => 'DiskReadBytes',
          'U' => 'Bytes',
          'L' => 'Disk Read Bytes'),

    array('M' => 'DiskReadOps',
          'U' => 'Count',
          'L' => 'Disk Read Operations/Second'),

    array('M' => 'DiskWriteBytes',
```

```
            'U' => 'Bytes',
            'L' => 'Disk Write Bytes'),

    array('M' => 'DiskWriteOps',
          'U' => 'Count',
          'L' => 'Disk Write Operations/Second'),
    );
```

배열의 각 요소에는 3개의 문자열이 들어간다. M 요소는 차트에 대한 CloudWatch 메저를 명시한다. U 요소는 CloudWatch 유닛을 명시한다. L 요소는 차트 제목을 명시한다.

위 작업이 모두 끝나면 Amazon CloudWatch 클래스의 인스턴스를 생성할 차례다.

```
                                        chapter_07/statistics_chart_page.php(발췌)
$cW = new AmazonCloudWatch();

$opt = array('Namespace' => 'AWS/EC2', 'Period' => $period);
$statistics = array('Average','Minimum','Maximum','Sum');
```

옵션 매개변수의 배열이 필요하다. 옵션 매개변수는 모든 호출에서 같으므로 $opt 배열에 설정할 수 있다. 이는 통계에서도 마찬가지이므로 $statistics 배열을 이용하겠다.

방금 설정한 $charts 배열을 보자. 다음 코드에서 요소를 반복문으로 돌려서 차트 생성에 필요한 정보를 제공한다. 또한, $chartImages 배열을 생성한다. HTML 템플릿에 사용할 차트의 소스 URL을 여기에 저장한다.

```
                                        chapter_07/statistics_chart_page.php(발췌)
$chartImages = array();
foreach ($charts as &$chart)
{
    $measure = $chart['M'];
    $unit    = $chart['U'];
    $label   = $chart['L'];
```

이 코드는 반복문을 설정하고, 각 차트의 메저, 유닛, 라벨을 가지고 온다.

이 정보를 확보했으면 원하는 메트릭을 CloudWatch로부터 가져올 차례다. 다음과 같이 하면 된다.

```
                                          chapter_07/statistics_chart_page.php(발췌)
$res = $cW->get_metric_statistics($measure,
        $statistics,
        $unit,
        $start,
        $end,
        $opt);

    if ($res->isOK())
    {
```

이번 요청에서 디멘션이 지정되지 않았다. 그 대신 실행 중이고 최근에 종료된 모든 EC2 인스턴스에 관한 정보를 검색한다. 다른 때와 마찬가지로 결과를 처리하기 전에 이 요청이 성공하게 해야 한다.

메트릭이 예상치 못한 순서대로 반환된다. 메트릭을 사용해서 차트를 그려야 하므로 모든 메트릭을 캡처한 다음에 정렬해야 한다. 반환 값을 조사해서 Datapoints 아이템을 찾아보자.

```
                                          chapter_07/statistics_chart_page.php(발췌)
$datapoints =
    $res->body->GetMetricStatisticsResult->Datapoints->member;
```

빈 배열을 만든 다음 Datapoints로부터 메트릭을 추출한다. 그리고 $dataRows에 정렬하고, 반환된 타임스탬프로 인덱싱한다.

```
                                          chapter_07/statistics_chart_page.php(발췌)
$dataRows = array();
foreach ($datapoints as $datapoint)
{
    $timestamp = (string) $datapoint->Timestamp;

    $dataRows[$timestamp] =
        array('Timestamp' => (string) $datapoint->Timestamp,
              'Units'     => (string) $datapoint->Unit,
              'Samples'   => (string) $datapoint->Samples,
              'Average'   => (float)  $datapoint->Average,
              'Minimum'   => (float)  $datapoint->Minimum,
              'Maximum'   => (float)  $datapoint->Maximum,
              'Sum'       => (float)  $datapoint->Sum);
```

```
    }
    ksort ($dataRows);
```

위 코드의 마지막 부분에서 메트릭을 배열 키(각 메트릭의 타임스탬프)로 정렬한다.

이제 메트릭이 정렬된다. 차트를 만들어야 하므로 네 개의 배열이 필요하다. 각 배열은 각 통계에 사용된다. 다음 코드는 $dataRows 배열을 생성하고 각 통계에 필요한 배열을 만든다.

```
                                          chapter_07/statistics_chart_page.php(발췌)
$averages = array();
$minimums = array();
$maximums = array();
$sums = array();

foreach ($dataRows as $dataRow)
{
    $averages[] = $dataRow['Average'];
    $minimums[] = $dataRow['Minimum'];
    $maximums[] = $dataRow['Maximum'];
    $sums[]     = $dataRow['Sum'];
}
```

Google Chart API를 위한 데이터 값을 지정하는 다양한 방법이 있다. 가장 간단한 방법은 값의 범위를 0~100으로 제한하는 것이다. 다음 단계는 모든 통계를 이 범위로 매핑하는 데 필요한 스케일 팩터를 계산하는 것이다. 이 작업이 모두 되면 각 배열의 스케일을 조정한다.

```
                                          chapter_07/statistics_chart_page.php(발췌)
$chartMax = max(max($averages), max($minimums), max($maximums), max($sums));
$scale    = 100.0 / $chartMax;

for ($i = 0; $i < count($averages); $i++)
{
    $averages[$i] = (int) ($averages[$i] * $scale);
    $minimums[$i] = (int) ($minimums[$i] * $scale);
    $maximums[$i] = (int) ($maximums[$i] * $scale);
    $sums[$i]     = (int) ($sums[$i]     * $scale);
}
```

차트 API는 차트의 각 라인에 대한 데이터 값을 콤마 구분 문자열로서 받아들인다. 라인에 필요한 값은 파이프나 수직 막대 문자에 의해 구분된다. 이를 처리하는 코드는 다음과 같다.

```
                                             chapter_07/statistics_chart_page.php(발췌)
$average = implode(',', $averages);
$minimum = implode(',', $minimums);
$maximum = implode(',', $maximums);
$sum = implode(',', $sums);

// Combine arrays for use in chart
$series = $average . '|' .
          $minimum . '|' .
          $maximum . '|' .
          $sum;
```

이제 차트를 만들 준비가 거의 다 됐다. 다음 단계는 차트 제목에 있는 공백을 플러스 기호 (+)로 바꾸고, 색을 설정하는 것이다.

```
                                             chapter_07/statistics_chart_page.php(발췌)
$label = str_replace(' ', '+', $label);
$colors = 'ff0000,00ff00,0000ff,800080';
```

이 모든 정보를 확보했으면 이제 차트에 필요한 URL을 구성할 수 있다. 다음과 같이 한다.

```
                                             chapter_07/statistics_chart_page.php(발췌)
$chartURL = "http://chart.apis.google.com/chart";
$chartURL .= '?chs=300x180';                 // Chart size
$chartURL .= '&cht=lc';                      // Line chart
$chartURL .= '&chtt=' . $label;              // Label
$chartURL .= '&chdlp=b';                     // Legend at bottom
$chartURL .= '&chdl=Avg|Min|Max|Sum';        // Legend
$chartURL .= '&chco=' . $colors;             // Colors
$chartURL .= '&chd=t:' . $series;            // Data series
```

Google Chart API는 많은 고급 서식과 라벨링 옵션을 제공한다. 그러나 여기서는 최소한 으로만 적용하고, 나머지는 여러분의 몫으로 남겨둔다.

최종 단계는 URL을 $chartImages 배열에 저장하는 것이다.

```
                                          chapter_07/statistics_chart_page.php(발췌)
$chartImages[] = $chartURL;
```

모든 차트의 URL을 저장한 후에 마지막 단계는 HTML 템플릿을 포함한 다음에 종료하는 것이다.

```
                                          chapter_07/statistics_chart_page.php(발췌)
$output_title = 'Chapter 7 Sample - Charts of CloudWatch ' . 'Statistics';
$output_message = "Charts of CloudWatch Statistics from ${start}" . " to ${end}";


include 'include/statistics.html.php';
```

다음 내용은 예제 페이지의 HTML 템플릿이다.

```
                                          chapter_07/statistics_chart_page.php(발췌)
<!DOCTYPE html PUBLIC "-//W3C//DTD XHTML 1.0 Strict//EN"
    "http://www.w3.org/TR/xhtml1/DTD/xhtml1-strict.dtd">
<html xmlns="http://www.w3.org/1999/xhtml" xml:lang="en" lang="en">
<head>
    <title><?php echo $output_title ?></title>
</head>
<body>
    <h1><?php echo $output_title ?></h1>
    <p><?php echo $output_message ?></p>
    <?php foreach($chartImages as $image): ?>
        <img src="<?php echo $image ?>"/>
    <?php endforeach ?>
</body>
</html>
```

알아야 할 가장 중요한 점은 이 프로그램이 실제로 차트를 그리지 못한다는 것이다. 그 대신 이 프로그램은 구글이 작업하도록 요청하는 HTML 페이지를 요청한다. 브라우저가 페이지를 표시할 때 브라우저는 페이지의 각 차트를 위해서 Google Chart API를 호출한다. 구글에 있는 서버는 해당 URL을 처리하고, 차트를 그리고, 브라우저로 반환한다. 그런 다음 브라우저는 차트를 페이지에 그린다.

그림 7.3은 최종 페이지를 보여준다.

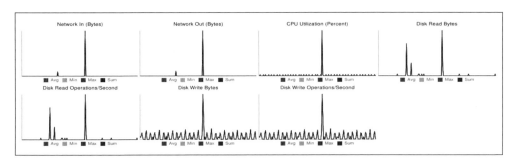

그림 7.3 7개의 CloudWatch 메트릭(차트 형식)

이 페이지는 약간의 매개변수를 받는다. 여러 기간의 메트릭을 모으기 위해서 period 매개변수를 다양하게 지정할 수 있다. 날짜를 지정하기 위해 start 매개변수와 end 매개변수를 지정할 수 있으며, 2012-12-12과 같은 값을 사용하면 된다. 아니면 시간이 포함된 날짜를 지정할 수 있으며, 그 값은 2012-12-12T12:00:00과 같이 될 것이다. 페이지 URL에 매개변수를 추가하기만 하면 된다. 그 예는 다음과 같다.

```
statistics_chart_page.php?period=60&start=2012-12-12T12:00:00&end=
➥ 2012-12-12T18:00:00
```

페이지에 아무런 데이터도 표시되지 않으면 날짜 값으로 실험해야 할 수 있다. 예를 들어, 한 시간 전에 모니터링을 활성화하기만 했다면 테스트하는 동안에 시간 범위를 마지막 한 시간으로 제한한다. 기간을 1시간으로 줄이면 period 값도 줄여서 그래프에 세부 사항이 표시되게 한다. 마지막으로 날짜가 GMT로 표시됐는지 확인한다. 그렇지 않으면 지역 표준시간대에 따라 정확하지 않은 결과를 볼 것이다.

Google Chart API는 차트 URL의 전체 길이를 제한한다. 값이 작거나 시간 범위가 넓으면 메트릭이 더 많아지고 URL이 매우 길어질 것이다. 따라서 차트가 그려지지 않을 수 있다. 매개변수를 조정하거나 차트에 더 적은 통계가 그려질 수 있게 코드를 수정해 이 문제를 해결할 수 있다. 또한, JpGraph[7]와 같이 더 강력한 차트 생성 패키지를 사용할 수도 있다.

이 프로그램을 다양한 방법으로 확장할 수 있다. 가령, 앞에서 만든 프로그램과 결합해서 표시될 디멘션을 사용자가 선택할 수 있게 사용자 인터페이스를 생성할 수 있다. JQuery Datepicker[8] 복사본 두 개를 사용해 사용자가 날짜 범위를 선택할 수 있게 만들 수도 있다. 또

---

7 http://www.aditus.nu/jpgraph/

8 http://docs.jquery.com/UI/Datepicker

한, 이 프로그램을 더 큰 모니터링이나 시스템 제어 프로그램에 임베딩할 수 있다. 여러분이 어떻게 하느냐에 따라 유용하게 활용할 수 있다.

이번 절에서 많은 것을 배웠다. CloudWatch의 기본 개념을 다뤘고, EC2 인스턴스용 Amazon CloudWatch를 활성화하는 방법과 수집된 메트릭에 접근하는 방법도 배웠다. 또한, 가용 CloudWatch 메트릭의 목록을 표시하고 차트를 생성하기 위해 CloudFusion 라이브러리를 이용했다.

아파치 JMeter 학습 및 사용

매우 유용한 프로그램인 Apache JMeter에 대해 살펴보자.

왜 JMeter인가?

앞 절에서 차트 생성 프로그램을 실행했고 거의 아무 작업도 하지 않는 EC2 인스턴스를 모니터링하고 있다면 높낮이가 어떻게 일어나는지 조금은 알 것이다. 시스템 로드를 직접 일으킬 수 있으며, 이를 위해서 다음과 같은 작업을 하면 된다.

- 대용량 파일을 한 곳에서 다른 곳으로 복사한다(디스크 읽기 및 쓰기 오퍼레이션을 일으킨다).
- 인터넷에서 대용량 파일을 내려받는다(Network In 메트릭에 반영되는 로드를 생성한다).
- 대용량 파일을 서버에 두고 이것을 외부에서 내려받는다(Network Out 메트릭에 반영되는 로드를 생성한다).
- 매우 큰 파일을 정렬한다(CPU 사용량과 디스크 읽기 및 디스크 쓰기 오퍼레이션이 증가한다).

테스트 스크립트를 정교하게 만들지 않으면 테스트 작업을 진행하기 어려워질 것이다. 또한, 시스템을 최적화할 때 첫 번째 단계는 로드를 생성하는 것이므로 로드를 정교하게 재생산할 수 있어야 할 것이다.

Apache JMeter를 사용하면 웹 기반 애플리케이션의 스트레스 테스트 작업 과정을 단순화
할 수 있다. 테스트 계획이 세워지면 한 번의 클릭으로 아무 때나 실행할 수 있다. 테스트 결과
는 분석을 위해서 측정 및 저장된다.

이번 절이 너무 길어지지 않게 JMeter의 사용법을 단계별로 간략하게 살펴보겠다. JMeter
의 모든 기능을 설명하려면 많은 지면이 필요하지만, 여건상 그렇게 하지는 못한다.

JMeter 설치 및 실행

JMeter[9]는 오픈 소스 프로그램으로서 무료다. 바이너리 파일을 내려받고 디렉터리를 선택한
다. 결과 경로에 공백이 들어가지 않게 한다.[10]

설치 디렉터리의 sub 디렉터리로 가서 jmeter를 실행한다. 맥 OS X이나 리눅스가 아니고 윈
도우라면 jmeter.bat 파일을 실행한다. 윈도우에서는 라인에서 배치 파일을 실행하는 것이 가
장 좋다. 왜냐하면, JMeter의 리포트(리스너) 중 일부는 그곳에 자체 결과를 만들기 때문이다.

메인 창은 그림 7.4와 같다.

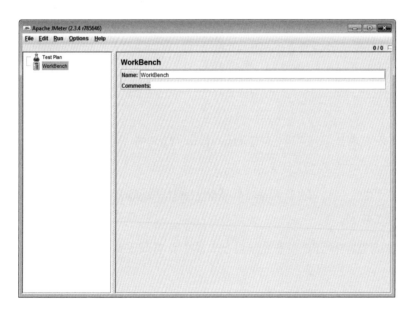

그림 7.4   JMeter의 메인 창

---

9   http://jmeter.apache.org/

10   자바는 왜 이 결함을 아직도 고치지 않는지 믿기 어렵다. 필자는 이 문제를 1996년에 처음 알았고, 그 이후 계속 불편을 감수하
고 있다.

테스트 계획 만들기

다음 단계는 JMeter 테스트 계획을 만드는 것이다. 테스트 계획에서는 실행할 병렬 스레드의 수, 각 스레드에서 만들 HTTP 요청, 결과 배치를 지정한다.

간단한 테스트 계획의 생성 방법은 다음과 같다.

1. Test Plan 노드를 마우스 오른쪽 버튼으로 클릭하고 Add > Threads(Users) > Thread Group을 선택한다.

2. 스레드가 4개이고, 가동 기간이 10초이며, 루프 카운트가 16이 되게 스레드 그룹을 설정한다.

3. 새로운 Thread Group 노드를 마우스 오른쪽 버튼으로 클릭하고 Add > Sampler > HTTP Request를 선택한다.

4. 서버 호스트 이름이나 IP 주소와 포트를 입력한다. 필자는 http://를 빼고 www. captaincloud.com을 입력했다. 포트 번호는 80번이면 된다.

5. 사이트에서 홈페이지를 검색하기 위한 경로로 "/"를 입력한다.

6. 같은 서버의 다른 페이지에 대해 앞 단계를 반복한다. 그리고 각 다른 이름을 입력한다.

7. Test Plan 노드를 한 번 더 마우스 오른쪽 버튼으로 클릭하고 리스너 노드인 Generate Summary Results, Aggregate Report, Graph Results를 추가한다.

완성된 테스트 계획은 그림 7.5와 같이 보일 것이다.

그림 7.5 완성된 테스트 계획

계획이 마음에 들면 File > Save를 선택한다.

테스트 실행

서버가 준비됐는지 확인한다. SSH로 서버에 로그인하고, 아파치 로그 파일 디렉터리로 간다. LAMP Web Starter AMI를 실행한다면 아파치 로그 파일 디렉터리는 /home/webuser/helloworld/logs일 것이다. 디렉터리로 간 다음에 tail을 실행한다.

```
$ cd /home/webuser/helloworld/logs
$ tail -f access_log
```

JMeter로 되돌아가서 Run 〉 Start를 선택한다. 서버 로그를 보고 요청이 예상대로 도착하는지 확인한다.

테스트가 진행되는 동안 Aggregate Report나 Graph Results 노드를 클릭해 JMeter에 의해 측정된 요청 통계를 본다.

서버 로그 파일을 계속 본다. w 명령어를 사용해 서버의 평균 부하 비율(load average)을 점검할 수 있다.

```
<dev>: w
19:17:15 up 373 days, 1:24, 4 users, load average: 0.01, 0.02, 0.09
USER     TTY     FROM          LOGIN@    IDLE     JCPU    PCPU    WHAT
root     pts/0   71.112.36.28  Mon17     2:47m    6.90s   6.88s   emacs -u jeff
root     pts/2   71.112.36.28  Mon19     0.00s    0.00s   0.00s   w
root     pts/4   71.112.36.28  14:46     3:02m    0.03s   0.03s   -bash
root     pts/3   71.112.36.28  Mon19     4:30m    0.00s   0.00s   -bash
```

평균 부하 비율이 높을수록 시스템은 더 바쁘다. 평균 부하 비율은 첫 번째 줄의 마지막 세 숫자이며, 차례대로 직전 1분, 5분, 15분 동안의 시스템 로드를 나타낸다.[11]

결과 보기

요약 결과는 JMeter가 기동된 명령어 창에 표시된다. 테스트 실행이 하나 끝날 때 한 줄이 작성된다. 필자가 다양한 매개변수 값으로 몇 가지 실험을 한 후의 결과를 아래에 제시해 두었다.

---

11 이것은 필자의 EC 인스턴스 중 하나에서 나온 실제 출력 결과다. 여기서 볼 수 있듯이 1년이 조금 넘어서 373일 동안 실행됐다.

```
Generate Summary Results + 68 in 4.9s = 13.8/s Avg: 432 Min:
➥    215 Max:    793 Err:    0 (0.00%)
Generate Summary Results = 192 in 11.9s = 16.1/s Avg: 419 Min:
➥    214 Max:    821 Err:    0 (0.00%)
Generate Summary Results = 576 in 25.1s = 23.0/s Avg: 455 Min:
➥    216 Max:    3294 Err:    0 (0.00%)
Generate Summary Results = 864 in 30.8s = 28.0/s Avg: 535 Min:
➥    216 Max:    3424 Err:    0 (0.00%)
Generate Summary Results + 454 in 12.7s = 35.8/s Avg: 596 Min:
➥    226 Max:    3332 Err:    0 (0.00%)
Generate Summary Results + 620 in 42.6s = 14.6/s Avg: 782 Min:
➥    217 Max:    40502 Err:    3 (0.48%)
Generate Summary Results = 1074 in 53.1s = 20.2/s Avg: 704 Min:
➥    217 Max:    40502 Err:    3 (0.28%)
```

"/s"로 끝나는 필드는 테스트 동안 초당 발행된 요청의 평균 개수를 나타낸다.

그림 7.6의 Aggregate Report에는 HTTP 요청 노드의 세부 정보가 표시되며, 마지막 줄에는 합계 정보가 표시된다.

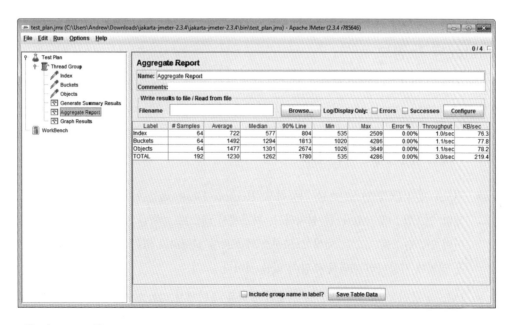

그림 7.6   JMeter의 Aggregate Report

그림 7.7의 Graph Results는 시간이 지나면서 발생한 다양한 통계를 차트로 보여준다.

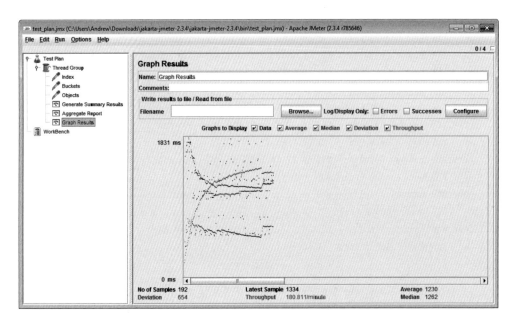

그림 7.7 JMeter의 Graph Results

체크박스와 Configure 창을 사용해 그래프 결과의 내용과 모양을 조정할 수 있다.

JMeter 추가 정보

JMeter는 데스크톱 시스템과 인터넷 연결에 많은 부담을 줄 수 있다. 테스트 계획의 HTTP 요청 객체의 수와 요청 스레드의 수는 계획 실행에 필요한 메모리와 대역폭의 양에 직접적인 영향을 미친다. 데스크톱 시스템의 용량에 제한이 있다면 EC2 웹 서비스로 전환하는 것도 방법이다. 이렇게 하는 방법은 두 가지다.

- 윈도우에서 EC2 인스턴스를 기동하고, Remote Desktop을 이용해 접근한다. 그리고 해당 인스턴스에 JMeter를 설치하고, 거기에서 테스트 계획을 실행한다. 테스트 드라이버 인스턴스를 테스트 대상(스트레스 테스트를 진행하고 있는 EC2 서버)과 같은 가용 영역에 기동하면 대역폭 부담이 없을 것이다.

- JMeter 엔진을 EC2 서버(기능 수행이나 비용 측면에서 리눅스 서버가 적절)에 설치한다. 그다음에 데스크톱에서 실행되는 JMeter 인스턴스에서 통제한다. JMeter 매뉴얼의 Remote Testing 절에 가면 상세 정보가 있다.[12]

---

12 http://jakarta.apache.org/jmeter/usermanual/remote-test.html

여기서 JMeter에 관해 짧게 소개했지만, 이 내용에서 많은 힌트를 얻기 바란다. 사용자 매뉴얼[13]을 읽으면 이 강력한 툴에 관해 자세히 배울 수 있다.

EC2 인스턴스 확장 – 일래스틱 로드 밸런싱

이번 절에서는 일래스틱 로드 밸런싱 기능에 관해 배울 것이다. 프로세스 모델과 가격에 대해 살펴본 다음에 사용할 서비스를 올릴 것이다. 이렇게 해서 여러 EC2 인스턴스를 위한 로드 밸런서를 생성한다. 그리고 프로그래밍 모델을 살펴볼 것이며, 이때가 되면 여러분의 애플리케이션에서 이 기능을 사용할 수 있을 것이다.

일래스틱 로드 밸런싱 개념

EC2의 일래스틱 로드 밸런싱 기능을 사용하면 AWS 지역에 소프트웨어 로드 밸런서를 생성할 수 있다. 각 **로드 밸런서**(load balancer)는 하나 이상의 네트워크 포트에서 청취하고 트래픽을 하나 이상의 EC2 인스턴스로 라우팅해서 여러 개의 가용 영역으로 분산한다. 로드 밸런서는 각 인스턴스의 상태를 점검하고 정상인 인스턴스로만 트래픽을 라우팅한다. 또한, 각 인스턴스로 전송된 트래픽의 양을 동등하게 만든다.

하나의 로드 밸런서는 개별 AWS 지역에 특정된 엔티티다. 로드 밸런서를 생성할 때 LoadBal과 같은 참조 이름을 제공할 것이다. 각 로드 밸런서는 전체 호스트 이름으로 구별된다. 가령, LoadBal-79377590.us-east-1.elb.amazonaws.com과 같은 이름이 붙는다. 이 이름은 로드 밸런서가 생성될 때 할당된다. EC2 인스턴스의 목록은 각 로드 밸런서에 첨부된다. 각 인스턴스에는 상태(healthy나 unhealthy)가 부여된다. 또한, 각 로드 밸런서에는 가용 영역의 목록이 있으며, 해당 영역에서 정상인(healthy) EC2 인스턴스로만 트래픽을 라우팅할 것이다.

각 로드 밸런서는 하나 이상의 리스너를 가져야 한다. 각 리스너는 특정 네트워크 포트에서 요청을 수락하며, 요청을 EC2 인스턴스의 지정된 포트로 전달한다. 리스너는 80번, 443번, 1024~65,535번 포트에서 청취할 수 있고, 모든 포트로 요청을 전달할 수 있다.

---

13 http://jakarta.apache.org/jmeter/usermanual/index.html

인스턴스 상태 체크는 각 로드 밸런서에 첨부된다. 상태 체크는 로드 밸런서에게 체크할 대상(포트, 프로토콜, URL 프래그먼트)을 제공한다. 인스턴스의 상태를 변경하기 전에 진행될 수 있는 체크의 횟수를 나타내는 임계치도 제공된다.

일래스틱 로드 밸런싱 프로세싱 모델

프로세싱 모델은 매우 간단하다. 무엇을 해야 하는지 살펴보자.

1. 일래스틱 로드 밸런서를 생성한다. 이를 위해서 참조 이름, 가용 영역의 초기 목록, 상태 체크를 위한 매개변수, 리스너 목록이 있어야 한다. 그러면 LoadBal-79377590.us-east-1. elb.amazonaws.com과 같은 호스트 이름을 수신할 것이다. 이 이름을 가지고 있으면 애플리케이션의 DNS 레코드의 CNAME 엔트리를 사용해 로드 밸런싱된 클러스터를 애플리케이션의 웹 네임스페이스의 일부로 만들 수 있다.[14]

2. 상태 체크와 실제 요청에 응답할 준비를 모두 마친 후에 인스턴스 ID를 사용해 하나 이상의 EC2 인스턴스를 로드 밸런서에 추가한다. 로드 밸런서는 각 인스턴스의 상태(InService 혹은 OutOfService)를 추적하기 시작할 것이다.

3. 트래픽의 경로를 로드 밸런서로 지정하기 시작한다. 이때 외부에서 볼 수 있는 호스트 이름을 사용한다.

4. 트래픽이 증가하면 추가 EC2 인스턴스를 로드 밸런서에 추가한다.

5. 더 이상 필요 없으면 로드 밸런서를 삭제한다.

여느 때와 마찬가지로 이 모든 오퍼레이션은 명령어 라인 툴이나 일래스틱 로드 밸런싱 API에 의해 이루어질 수 있다. 또한, CloudWatch를 사용해 로드 밸런서의 전반적인 상태를 모니터링할 수 있다.

로드 밸런서는 각 인스턴스에서 상태 체크를 수행할 것이며, 이때 생성 시 제공됐던 매개변수가 사용된다. 어떤 로드 밸런서가 다음에 제시된 상태 체크 매개변수와 함께 설정됐다고 가정하자.

---

14 도메인 루트를 정의하기 위해서 CNAME 레코드를 사용할 수 없다. 로드 밸런서에 www.example.com을 매핑하기 위해 CNAME을 사용할 수 있지만 example.com을 매핑할 수는 없다.

매개변수	값	유닛
HealthyThreshold	3	probes
UnhealthyThreshold	3	probes
Interval	30	seconds
Timeout	5	seconds

무슨 일이 일어나는지 정리해보자.

1. 30초마다 조사가 시작된다. 5초 안에 인스턴스가 예상대로 반응하면 조사는 성공한 것이 되고 그렇지 않으면 실패한 것이 된다.

2. 인스턴스의 상태가 InService이고 조사가 3번 연속해서 실패하면 상태는 OutOfService 로 바뀌고 해당 인스턴스로는 트래픽이 더 이상 라우팅되지 않는다.

3. 인스턴스의 상태가 OutOfService이고 조사에서 3번 연속해서 정상인 것으로 확인되면 상태는 InService로 변경되고 트래픽은 해당 인스턴스로 다시 라우팅된다.

상태 조사는 TCP 스타일이나 HTTP 스타일로 지정될 수 있다.

- **TCP 스타일 조사**(TCP-style probe)는 조사 대상 인스턴스의 지정된 포트에 대한 연결을 열려고 시도한다. 연결이 이뤄지면 연결은 즉시 닫히고 인스턴스는 정상인 것으로 간주한다.

- **HTTP 스타일 조사**(HTTP-style probe)는 조금 더 복잡하게 진행된다. 연결이 열린 다음에 URL 프래그먼트에 대해서 GET 요청이 이뤄진다. 조사 대상이 HTTP:80/check. html이면 /check.html 페이지의 80번 포트에서 HTTP GET 요청이 만들어질 것이다. 서버가 200 OK로 응답 회신하면 정상인 것으로 간주한다. 다른 응답이 오거나 응답이 오지 않으면 정상이 아닌 것으로 간주한다. 이러한 요청을 웹 서버의 로그 파일에서 볼 수 있다. 사이트 방문 통계를 수집한다면 이들 요청을 정렬해서 필터링할 수 있다.

HTTP 스타일 조사를 조금 독창적인 방법으로 사용할 수 있다. 가장 간단하고 명확한 작업은 정적 페이지를 참조하는 것이다. 서버가 올라왔고 웹 서버가 실행 중이라면 이 페이지를 사용할 수 있고 인스턴스는 트래픽을 수신할 것이다.

그러나 동적인 페이지라면 어떻게 되는가? 애플리케이션은 주기적인 데이터베이스 백업을 위해서 자체적으로 오프라인으로 될 것이며, 이 경우 503 Service Unavailable과 같은 응답을 반환할 것이다. 이 경우에 모든 인스턴스를 오프라인으로 만들기보다 로드를 처리할 수 있는 다른 인스턴스가 있는지 찾아볼 수 있다.

일래스틱 로드 밸런싱 가격 책정

일래스틱 로드 밸런싱의 가격을 책정하는 일은 매우 간단하다. 로드 밸런서의 사용 비용을 시간당 지불하면 된다. 또한, 로드 밸런서에서 전송되는 모든 데이터에 대해 지불하면 된다. 로드 밸런서에 대해서는 시간당 0.025달러(2.5센트)의 비용이 청구되고, 로드 밸런서에서 전송되는 데이터는 기가바이트당 0.008달러(1센트가 조금 안 됨)의 비용이 청구된다.

이것은 하드웨어 로드 밸런서를 구매하거나 EC2 인스턴스에서 소프트웨어 로드 밸런서를 실행하는 것보다 더 경제적이다. 일래스틱 로드 밸런서를 몇 년 사용하면서 시간당 비용을 지불하는 것이 같은 기능의 하드웨어 로드 밸런서를 구매하는 것보다 더 저렴하다.

일래스틱 로드 밸런싱 오퍼레이션

전통적인 하드웨어 로드 밸런서를 설정하려면 비용과 시간이 많이 들어가고 복잡하기까지 하다. 하드웨어를 구매해서 설치해야 하고, 하드웨어를 네트워크에 붙여야 하고, 설정 방법도 배워야 한다. 그렇게 해서 실행한 다음에 마지막으로, 시스템을 불안정하게 만들 수 있는 요소를 배제해야 한다.

그에 반해서 EC2의 일래스틱 로드 밸런싱은 저렴하고 몇 분 만에 설정할 수 있다. 테스트 설정을 만드는 것도 쉬워서 불안정 요소를 없애는 작업을 할 때의 위험 요소도 거의 없다.

이번 절에서는 일래스틱 로드 밸런서를 설정하고 트래픽을 한 쌍의 EC2 인스턴스로 보낼 것이다. 그리고 상태 체크 매개변수 중 일부를 수정하고, CloudWatch를 사용해서 일부 통계를 살펴볼 것이다.

이 작업을 하기 위해서 API 툴을 설치해야 한다.

이번 절의 뒷부분에서 $ 프롬프트에 있는 명령어는 필자의 로컬 데스크톱에서 실행된 것이다. 〈lb1〉: 프롬프트에 있는 명령어는 EC2 인스턴스에서 실행했다.

AWS 관리 콘솔을 사용해서 LAMP Web Starter AMI의 인스턴스를 us-east-1a 가용 영역에 기동한다. 인스턴스가 기동되기를 기다렸다가 SSH 세션을 열고 인스턴스 ID를 적는다.

이 인스턴스 ID가 곧 필요할 것이다.

/home/webuser/helloworld/htdocs/index.php 파일을 편집한다. 다음의 구문이 있을 것이다.

```
<h2>PHP Information</h2>
```

위 구문을 다음과 같이 변경한다.

```
<h2>PHP Information For First Instance!</h2>
```

곧 필요할 것이므로 SSH 창을 열어둔다.

브라우저에서 인스턴스의 공개 IP 주소를 방문하고 phpinfo 함수에서 나온 새로운 메시지와 결과를 확인한다.

LoadBal이라는 이름의 로드 밸런서를 생성한다. 다음의 명령어를 사용하면 된다.

```
$ elb-create-lb LoadBal --availability-zones us-east-1a
  --listener "protocol=HTTP,lb-port=80,instance-port=80"
```

이 로드 밸런스는 80번 포트의 HTTP 트래픽을 us-east-1a Availability Zone에서 실행되는 EC2 인스턴스로 보낼 것이다.

명령어는 로드 밸런서를 생성할 것이다. 그다음 주요 정보인 로드 밸런서의 호스트 이름을 표시할 것이다.

```
DNS-NAME LoadBal-79377590.us-east-1.elb.amazonaws.com
```

이 시점에 로드 밸런서가 실행된다. 다음 단계는 EC2 인스턴스를 관리하는 것이다. 다음과 같이, 즉 인스턴스 ID를 여러분의 인스턴스 ID로 교체하면 된다.

```
$ elb-register-instances-with-lb LoadBal --instances i-0f414766
INSTANCE-ID i-0f414766
```

로드 밸런서의 호스트 이름을 확보하고 브라우저에서 방문한다. EC2 인스턴스의 이름을 사용하면 여러분이 본 것과 같은 결과를 볼 것이다. 로드 밸런서가 인스턴스에 대한 직접 접근을

간섭하지 않는다는 것을 확인하기 위해 호스트 이름으로 한 번 더 방문한다.[15]

방금 전에는 로드 밸런서 설정을 최소한으로 했다. 즉, 로드 밸런서 한 개와 EC2 인스턴스 한 개로 설정했다. 하나의 EC2 인스턴스가 한가한 트래픽을 처리할 수 있다면 로드 밸런서를 이와 같은 방식으로 사용할 수 있다. 추가 EC2 인스턴스를 배치해서 더 많은 트래픽을 다룰 수 있다. 이렇게 하려면 어떻게 해야 하는지 살펴보자.

첫 번째 인스턴스를 만들 때 사용했던 것과 같은 AMI를 사용해 두 번째 EC2 인스턴스를 생성한다. 그러나 이번에는 us-east-1b 가용 영역에서 생성한다. 시작되기를 기다리는 동안 로드 밸런서에 영역을 추가한다. 다음과 같이 하면 된다.

```
$ elb-enable-zones-for-lb LoadBal --availability-zones us-east-1b
AVAILABILITY_ZONES us-east-1b, us-east-1a
```

인스턴스가 시작된 후에 /home/webuser/helloworld/htdocs/index.php 파일을 편집해서 "PHP Information For Second Instance!" 메시지를 삭제한다. 이외에 독특한 구문이 있으면 삭제한다. SSH 창에서 이 인스턴스가 실행되게 둔다. 이 인스턴스가 곧 필요할 것이다.

로드 밸런서에 인스턴스를 추가한다.

```
$ elb-register-instances-with-lb LoadBal --instances i-c95650a0
INSTANCE-ID i-0f414766
INSTANCE-ID i-c95650a0
```

브라우저를 한두 번 새로 고침한다. 행운이 따른다면 두 번째 인스턴스로부터 메시지를 볼 수 있을 것이다.

행운이 따르지 않아서 메시지가 변경되지 않았더라도 걱정할 필요는 없다. 현재 버전의 일래스틱 로드 밸런서에서는 같은 IP 주소나 브라우저에서 온 연속적인 요청이 같은 EC2 인스턴스로 라우팅되지 않게 한다. 이 경우 다른 컴퓨터나 스마트폰에서 해당 페이지에 접근할 수 있다. 아니면 가까운 친구에게 URL을 알려주고 해당 URL에서 어떤 내용이 보이는지 물어볼 수도 있다.

---

15 실제 시스템에서는 보안 그룹에 있는 엔트리를 삭제해서 외부에서 80번 포트를 통해 인스턴스에 직접 접근하는 것을 차단할 수 있다.

지금까지 좋았다. 한 개의 로드 밸런서와 한 쌍의 인스턴스로 작업했다. 인스턴스 중 하나 또는 인스턴스의 전체 가용 영역에 오류가 발생하면 로드 밸런서는 이를 알리고 모든 트래픽을 다른 인스턴스로 라우팅할 것이다. 이 상황이 발생하게 해보자.

첫 번째 EC2 인스턴스에 연결된 SSH 창으로 가서 아파치를 셧다운한다.

```
<lb1>: /home/webuser/helloworld/bin/stop_apache
```

브라우저를 여러 번 새로고침하고, 인스턴스가 더 이상 상태 체크를 넘기지 않는다는 것을 로드 밸런서가 파악할 수 있는 시간을 확보한다. 그 사이에 시원한 음료수를 마시는 것도 좋을 것이다.[16] 이렇게 하고 나면 다른 인스턴스에서 웹 페이지를 볼 것이다.

elb-describe-instance-health 명령어를 이용하면 첫 번째 인스턴스가 정상이 아니라는 것을 로드 밸런서가 파악하고 있다는 것을 알 수 있다.

```
$ elb-describe-instance-health LoadBal --headers
INSTANCE-ID    INSTANCE-ID      STATE
INSTANCE-ID    i-c95650a0       InService
INSTANCE-ID    i-0f414766       OutOfService
```

이제 첫 번째 인스턴스에서 아파치를 시작한다.

```
<lb1>: /home/webuser/helloworld/bin/run_apache
```

시간을 준 다음에 인스턴스의 상태를 다시 점검한다.

```
$ elb-describe-instance-health LoadBal --headers
INSTANCE-ID    INSTANCE-ID      STATE
INSTANCE-ID    i-c95650a0       InService
INSTANCE-ID    i-0f414766       InService
```

일래스틱 로드 밸런서가 상태 체크를 사용해 각 인스턴스의 상태를 확인한다는 것을 염두에 두기 바란다. 기본 상태 체크를 진행하면 시간이 조금 걸릴 것이다. 또한, 인스턴스가 정상이 아니라는 것을 결정하기 전에 3회에 걸쳐 점검한다.

---

16   여담이지만, 이 글을 쓰고 있는 지금은 늦은 저녁 시간이지만 시애틀은 너무 더워서 오늘만 2리터의 물을 마셨다!

```
$ elb-configure-healthcheck LoadBal --target HTTP:80/ --interval 5
↪ --timeout 2 --healthy-threshold 2 --unhealthy-threshold 2
HEALTH-CHECK   HTTP:80/   5   2   2   2
```

이 명령어는 인스턴스의 상태를 점검하는 주기(interval)를 기본값인 30초에서 최솟값인 5초로 변경한다. 또한, HealthyThreshold를 3에서 2로 줄이며, UnhealthyThreshold도 HealtyThreshold와 같게 한다. 여기서는 상태 체크의 횟수를 6배로 늘릴 것이다. 그러나 인터벌과 한계 값이 변경될 때 로드 밸런서는 그 변경을 빠르게 탐지하고 반응할 수 있을 것이다.

이렇게 변경한 후에 약간의 시간을 들여서 아파치를 시작하고 중단한다. 이제, 인스턴스의 상태가 변경될 때 로드 밸런서가 더 잘 응답하는 것을 알게 될 것이다.

앞에서 언급한 것처럼 로드 밸런서는 통계를 CloudWatch에 자동으로 보고한다. mon-list-metrics 명령어를 실행하면 사용할 수 있는 메트릭을 볼 수 있으며, 네임스페이스는 AWS/ELB가 될 것이다. 그리고 HealthyHostCount, Latency, RequestCount, UnHealthyHostCount 메트릭을 볼 수 있다.

로드 밸런서가 처리하는 요청의 평균 지연 시간과 최대 지연 시간을 확인하는 방법은 다음과 같다.

```
$ mon-get-stats Latency --namespace "AWS/ELB" --period 3600
↪ --start-time 2009-07-22 --statistics Average,Maximum
```

테스트와 실험을 모두 끝냈으면 테스트 인스턴스를 모두 셧다운해야 한다. 이는 AWS 관리 콘솔로 처리하거나 halt 명령어를 이용하면 된다.

로드 밸런서가 잃어버린 인스턴스를 알려줬는지 확인할 수 있다. 이를 위해서는 조금 전의 인스턴스 상태를 점검하면 된다.

```
$ elb-describe-instance-health LoadBal --headers
INSTANCE-ID    INSTANCE-ID      STATE
INSTANCE-ID    i-c95650a0       OutOfService
INSTANCE-ID    i-0f414766       OutOfService
```

마지막으로 로드 밸런서를 삭제한다.

```
$ elb-delete-lb LoadBal
```

로드 밸런서를 삭제할 것인지 물어볼 것이다.

일래스틱 로드 밸런싱 프로그래밍

모든 AWS와 마찬가지로 일래스틱 로드 밸런싱 기능에 접근하려면 프로그래밍 인터페이스를 통해야 한다.

그러나 아쉽게도 CloudFusion 현재 버전(2.5)에는 일래스틱 로드 밸런싱 지원 기능이 없다.

하지만 지원을 처리하는 새로운 클래스를 추가할 수 있다. 이에 대한 세부 내용은 이 책의 범위를 넘어선다. 그러나 여러분이 이 작업에 흥미가 있을 것이며 몇 가지 기본 정보가 필요할 것이다. DEFAULT_URL은 elasticloadbalancing.amazonaws.com이고 API 버전은 2009-05-15다.

일래스틱 로드 밸런싱 API 호출은 9개다.

CreateLoadBalancer는 새로운 로드 밸런서를 생성하고 DeleteLoadBalancer는 오래된 것을 삭제한다. ConfigureHealthCheck는 디폴트가 아닌 상태 체크를 설정하며, 이는 모든 인스턴스에 사용될 것이다.

RegisterInstancesWithLoadBalancer는 EC2 인스턴스의 목록을 로드 밸런서에 첨부하고, DeregisterInstancesFromLoadBalancer는 그 반대로 한다.

DescribeLoadBalancers는 현존하는 각 로드 밸런서에 관한 상세 정보를 반환하고, DescribeInstanceHealth는 모든 EC2 인스턴스나 선택된 EC2 인스턴스의 정상 여부를 반환한다.

로드 밸런서는 EnableAvailabilityZonesForLoadBalancer를 이용해 가용 영역 이외의 인스턴스에 접근하며, DisableAvailabilityZonesForLoadBalancer에서는 그 반대의 일을 처리한다.

몇 개의 간단한 명령어로 일래스틱 로드 밸런서를 생성, 모니터링, 소멸하는 방법을 알았으므로 확장성이 뛰어난 애플리케이션을 생성하는 일에 한 단계 더 다가갔다.

오토 스케일링

이번 절에서는 Amazon EC2의 오토 스케일링(Auto Scaling) 기능에 관해 배울 것이다. 주요 용어와 개념을 살펴보고, 가격 정책을 설명한 다음 명령어 라인 툴을 사용해 서비스를 올릴 것이다. 그리고 프로그래밍 모델을 살펴보고, 실제 코드도 살펴볼 것이다.

오토 스케일링 개념

EC2의 오토 스케일링 기능을 이용해 EC2 지역에 오토 스케일링 그룹을 생성할 수 있다. 각 오토 스케일링 그룹은 참조 이름을 가지며, 하나 이상의 가용 영역을 포괄할 수 있다. 오토 스케일링 그룹은 기동 설정에 따라 EC2 인스턴스의 기동에 필요한 정보를 제공한다. 그룹에 붙어 있는 트리거는 스케일링 활동 시작에 필요한 정보를 제공한다. **스케일링 활동**(scaling activity)은 오토 스케일링 그룹이 EC2 인스턴스를 기동하거나 종료할 때마다 생성된다. 인스턴스는 **스케일 아웃 이벤트**(scale-out event)의 일부로 추가되고, **스케일 인 이벤트**(scale-in event)의 일부로 종료된다. 또한, 각 그룹은 최소 크기와 최대 크기를 가진다.

오토 스케일링 기동 설정에는 AMI ID, EC2 키 쌍의 이름, EC2 보안 그룹의 목록, EC2 인스턴스 유형, EC2 인스턴스 기동에 필요한 기타 정보가 포함된다.

오토 스케일링 트리거는 EC2 CPUUtilization이나 일래스틱 로드 밸런싱 HealthyHost Count 같은 CloudWatch 메트릭을 참조한다. 또한, 트리거는 상위 및 하위 한계 값과 스케일링 증분을 포함한다. 스케일링 증분은 절대적이거나 상대적일 수 있다. 절대적인 경우 한 개의 인스턴스를 더 추가하라는 식이고, 상대적인 경우 50%의 인스턴스를 더 추가하라는 식이 된다.

오토 스케일링 프로세싱 모델

오토 스케일링이 일래스틱 로드 밸런싱에 의존하지 않지만, 이 두 기능은 오토 스케일링된 EC2 인스턴스 클러스터에서 많은 요청을 쉽게 로드 밸런싱할 수 있게 긴밀하게 협조하면서 작업한다. 일단 모든 것이 설정되면 모든 트래픽을 로드 밸런서로 라우팅하면 되고, 그다음에 AWS가 나머지 작업을 처리한다.

오토 스케일링 프로세싱 모델은 깔끔하고 이해하기도 쉽다. 먼저 다음에 제시된 것을 설정한다.

1. 하나 이상의 가용 영역을 위한 일래스틱 로드 밸런서

2. 기동 설정; 기동될 AMI의 ID, 인스턴스 유형, 기타 필요한 매개변수를 명시

3. 원하는 가용 영역 셋을 위한 오토 스케일링 그룹; 로드 밸런서와 기동 설정의 이름, 각 그룹의 최소 및 최대 크기, 그룹의 참조 이름을 명시

4. 그룹 트리거

여유 있게 기다리면 오토 스케일링 프로세스가 진행되면서 그룹 크기와 트리거에 표현된 대로 애플리케이션의 요구에 맞게 충분한 EC2 인스턴스가 준비될 것이다.

일단 오토 스케일링 그룹이 올라가고 실행되면 다음 오퍼레이션을 수행한다.

1. 그룹의 트리거에 명시된 CloudWatch 메트릭 검색에는 매개변수(Namespace, Dimension, Measure, Statistic, Unit)가 사용되며, 시간 범위는 트리거의 BreachDuration 값에 의해 정해진다.

2. 메트릭은 트리거의 한계 값에 따라 점검된다. 메트릭이 UpperThreshold보다 더 크고 그룹의 EC2 인스턴스의 수가 MaxSize보다 더 작다면 스케일 아웃 이벤트가 시작된다. 하나 이상의 EC2 인스턴스는 그룹의 기동 설정 매개변수에 의해 기동된다. 기동되는 인스턴스의 수는 트리거의 UpperBreachScaleIncrement에 따라 정해진다. 이 매개변수의 값은 퍼센트 기호(%)로 끝나고, 그룹의 총 개수를 올리기 위해서 충분한 인스턴스가 기동된다. 그 외에도, 값은 기동될 실제 인스턴스의 수로써 사용된다. 새로운 인스턴스는 그룹과 연계된 로드 밸런서에 자동으로 추가된다.

메트릭이 LowerThreshold보다 작고 그룹의 인스턴스의 수가 MinSize보다 더 많다면 스케일 인 이벤트가 시작된다. 하나 이상의 EC2 인스턴스가 종료되며, 이때도 그룹의 기동 설정에 있는 매개변수가 사용된다. 종료되는 인스턴스의 수는 트리거의 LowerBreach ScaleIncrement에 따라 정해지며, 그 값은 백분율이거나 수일 수 있다. 두 경우 모두 숫자 값은 음수가 될 수 있다. 종료되기 전에 과다한 인스턴스는 로드 밸런스에서 제거된다.

스케일 인 이벤트가 스케일 아웃 이벤트 후에 그룹의 냉각 기간이 넘어가기 전까지는 더 이상의 스케일링 활동이 트리거되지 않을 것이다. 모든 스케일 인 이벤트와 스케일 아웃 이벤트는 로그로 남으며, 후에 분석을 위해 검색될 수 있다.

대부분 스케일링 여부를 결정할 때 최솟값이나 최댓값이 사용되게 트리거를 설정할 수 있을 것이다. 관련 예를 보자.

네임스페이스	메트릭	스태티스틱
AWS/EC2	CPUUtilization	Average

그룹의 모든 인스턴스의 사용량을 합쳐서 평균 CPU 사용량이 UpperThreshold를 초과할 때 스케일 업하거나 스케일 다운한다. LowerThreshold보다 작으면 스케일 다운한다.

네임스페이스	메트릭	스태티스틱
AWS/EC2	NetworkIn	Maximum

네트워크로 들어오는 트래픽이 UpperThreshold를 초과하면 스케일 업한다. LowerThreshold보다 작으면 스케일 다운한다.

네임스페이스	메트릭	스태티스틱
AWS/ELB	HealthyHostCount	Minimum

정상인 호스트의 수가 UpperThreshold를 초과하면 스케일 다운한다. 정상인 호스트의 수가 LowerThreshold보다 작으면 스케일 업한다.[17]

또한 트리거 없이 오토 스케일링 그룹을 생성할 수 있다. 이 경우 그룹은 그룹에 대해 명시된 최솟값에 이를 정도로 충분한 EC2 인스턴스를 생성해야 할 것이다. 인스턴스 카운트를 프로그래밍 방식으로 언제든지 높일 수 있으며, 이를 위해서 SetDesiredCapacity 함수나 as-set-desired-capacity 명령어를 사용한다.

여러분의 애플리케이션에 일래스틱 로드 밸런싱을 사용해야 할 때 고려해야 할 사항이 몇 가지 있다. 이에 대해 살펴보자.

---

17 이 작업을 처리하기 위해서 UpperBreachScaleIncrement와 LowerBreachScaleIncrement의 값은 음수여야 한다.

- EC2 인스턴스는 필요할 때 실행되며 서비스를 즉시 제공한다. 따라서 지정된 AMI는 모든 스타트업 작업을 책임지며, 여기에는 전통적인 환경에서 직접 하던 것들도 포함된다. 새로 기동된 인스턴스에 로그인하지 않아도 되며, 기동 시간과 서비스를 제공하는 시간 사이에서 인스턴스를 수정하지 않아도 된다.

- EC2 인스턴스는 더 이상 필요 없고 저장된 모든 정보(로그 파일 포함)가 없어질 때 셧다운된다. 로그 파일을 보존해야 하면 일래스틱 블록 스토리지 볼륨을 사용한다.

오토 스케일링 가격 정책

이 기능을 사용할 때 비용이 청구되지 않는다. EC2 사용에 대한 비용은 기본 요율로 청구된다. 오토 스케일링 그룹은 여러분이 세운 규칙에 따라 기동되므로 전체 비용이 여러분의 예상안에 있을 수 있게 처음 몇 시간과 며칠 동안의 "지출 경비"에 주의를 기울인다.

오토 스케일링 오퍼레이션

이번 절에서는 LoadBal이라는 로드 밸런서와 오토 스케일링 그룹을 설정할 것이다. 첫 번째 단계는 로드 밸런서를 생성하는 것이다.

```
$ elb-create-lb LoadBal --listener "lb-port=80,instance-port=80,
➥ protocol=HTTP" --availability-zones us-east-1b
DNS-NAME   LoadBal-1395306781.us-east-1.elb.amazonaws.com
```

이번 장의 앞에서 본 것처럼 이 명령어는 로드 밸런서의 호스트 이름을 반환한다. 이번에 이름은 LoadBal-1395306781.us-east-1.elb.amazonaws.com이다.

다음 단계는 오토 스케일링 그룹의 기동 설정을 생성하는 것이다.

```
$ as-create-launch-config Config --image-id ami-60da3d09
➥ --instance-type m1.small
OK-Created launch config
```

config라는 이름의 이 설정은 작은 EC2 인스턴스에서 LAMP Web Starter AMI가 사용되게 지정한다. 이 AMI는 테스트에 이상적이다. 왜냐하면, 아파치를 기동하고 기본 페이지를 반환하도록 미리 설정됐기 때문이다.

이제 오토 스케일링 그룹을 생성할 준비가 됐다.

```
$ as-create-auto-scaling-group AutoScale --launch-configuration
➥ Config --availability-zones us-east-1b --min-size 1 --max-size 5
➥ --load-balancers LoadBal
OK-Created AutoScalingGroup
```

AutoScale 그룹은 로드 밸런서(LoadBal)와 기동 설정(config)을 참조한다. 이것은 us-east-1b 가용 영역에 있는 인스턴스를 최대 5개까지 실행할 것이다.

오토 스케일링 기동 설정을 생성하고 오토 스케일링 그룹을 생성한 다음에 오토 스케일링 정책을 정의해서 EC2 인스턴스를 기동하고 ELB에 첨부해야 한다. 그룹의 서버 수를 변경하려면 as-put-scaling-policy 명령어를 사용한다. 특정 정책을 트리거하기 위해 CloudWatch 의 EC2 모니터링을 사용한다. 물론 그 전에 트리거될 실제 정책을 정의해야 한다.

as-put-scaling-policy 명령어를 사용해서 스케일링 이벤트를 직접 트리거할 수 있으며, 이렇게 해서 스케일링을 올리거나 내릴 때 어떤 효과가 일어나는지 알 수 있다. 스케일 정책 변경에 대해 AWS는 자동으로 생성한 오토 스케일링 정책 이름을 반환하며, 그 이름은 고유하다. CloudWatch 이벤트에 연결할 때 이 고유한 이름을 사용한다.

무슨 일이 일어나는지 보려면 다음과 같이 한다.

```
$ as-describe-scaling-activities AutoScale
ACTIVITY a479869e-14d8-4b02-98f5-33e9a8b7afda 2009-07-25T04:53:33Z
➥ Successful "At 2009-07-25 04:50:57Z a user request created an
➥ AutoScalingGroup changing the desired capacity from 0 to 1.
➥ At 2009-07-25 04:52:05Z an instance was started in response to a
➥ difference between desired and actual capacity, increasing the
➥ capacity from 0 to 1."
```

as-describe-scaling-activities 명령어는 최신 스케일링 활동을 역순으로 표시한다.

필요한 일을 다 했으면 그룹을 셧다운할 수 있으며, 다음과 같이 하면 된다. 먼저, 트리거를 삭제한다. 삭제 시 확인 작업이 있을 것이다.

```
$ as-delete-trigger Trigger1 --auto-scaling-group AutoScale
```

그다음에 모든 인스턴스가 종료되게 그룹의 최소 크기와 최대 크기를 0으로 설정한다.

```
$ as-update-auto-scaling-group AutoScale --min-size 0 --max-size 0
```

이제, 인스턴스를 실제로 종료하는 스케일링 활동을 관찰한다. 다음 명령어를 실행한다.

```
$ as-describe-scaling-activities AutoScale
```

1~2분 동안 위의 명령어를 여러 번 실행해서, 다음과 같은 엔트리가 보이게 한다.

```
ACTIVITY  fb0aa624-6480-4da8-99d0-40c9135c20be 2009-07-25T05:47:14Z
➥ Successful "At 2009-07-25 05:45:32Z a user request update of
➥ AutoScalingGroup constraints to min: 0, max: 0 changing the
➥ desired capacity from 1 to 0.  At 2009-07-25 05:45:33Z an
➥ instance was terminated in response to a difference between
➥ desired and actual capacity, shrinking the capacity from 1 to 0.
➥ At 2009-07-25 05:45:33Z instance i-9f9f9ff6 was selected for
➥ termination."
```

이제, 그룹을 삭제할 수 있다. 이때도 삭제할 것인지 확인하는 질문이 나올 것이다.

```
$ as-delete-auto-scaling-group AutoScale
```

마지막으로 로드 밸런서를 삭제한다.

```
$ elb-delete-lb LoadBal
```

이렇게 하면 끝이 난다.

오토 스케일링 프로그래밍

AWS에서 항상 그렇듯이 오토 스케일링 기능을 사용하려면 API를 통해야 한다. 그러나 불행하게도 ELB와 같이 CloudFusion은 현재 오토 스케일링을 지원하지 않는다.

CloudFusion에 오토 스케일링 기능을 추가하려면 몇 가지 기본 정보가 필요하다. DEFAULT_URL은 autoscaling.amazonaws.com이고 API 버전은 2009-05-15다.

오토 스케일링 API는 다섯 그룹의 함수로 이뤄져 있다.

- CreateAutoScalingGroup, DeleteAutoScalingGroup, DescribeAutoScaling Groups, SetDesiredCapacity, UpdateAutoScalingGroup 함수는 오토 스케일링 그룹을 관리하며, 함수 이름을 보면 해당 함수가 어떤 기능을 수행하는지 알 수 있다. 업데이트 함수는 운영 중에 그룹의 매개변수를 변경한다.

- CreateLaunchConfiguration, DeleteLaunchConfiguration, DescribeLaunch Configuration 함수는 기동 설정을 조작한다.

- CreateOrUpdateScalingTrigger 함수는 새로운 스케일링 트리거를 생성하거나 기존의 스케일링 트리거를 업데이트한다. DescribeTriggers 함수는 오토 스케일링 그룹용 트리거 목록을 반환하고, DeleteTrigger는 트리거를 삭제한다.

- DescribeScalingActivities 함수는 오토 스케일 그룹용 스케일링 활동 목록을 반환한다.

- TerminateInstanceInAutoScaleGroup 함수는 인스턴스를 종료한다.

서술 범위

이상으로, Amazon EC2의 오토 스케일링에 대한 설명을 마친다. 여러분의 애플리케이션에서 오토 스케일링 기능을 이용하기 시작하는 데 필요한 정보는 모두 다룬 것 같다.

마무리

이번 장에서 기반이 되는 내용을 많이 다뤘다. Amazon CloudWatch에 관해 살펴봤고, CloudFusion을 이용해서 CloudWatch와 상호작용하는 방법도 설명했다. 그다음 Jmeter를 사용해 시스템에서 인공적인 로드를 일으키는 방법을 배웠다. 이때 일래스틱 로드 밸런싱과 오토 스케일링 기능을 돌아봤다.

이들 기능에 대해 모두 이해했을 것이므로 스케일링과 내고장성을 모두 지원하는 애플리케이션을 만들 수 있을 것이다.

Amazon Web Service

08

Amazon SimpleDB: 클라우드 DB

이번 장에서는 애플리케이션의 데이터를 저장하기 위해서 Amazon SimpleDB를 사용하는 방법을 다룰 것이다. Amazon SimpleDB는 전통적인 관계형 DB에 비하면 매우 간단하다. 이번 장에서는 Amazon SimpleDB의 기반이 되는 개념을 살펴볼 것이다. 그다음에 많은 예제를 통해서 SimpleDB의 사용 방법을 배운다. 마지막으로, SimpleDB의 브라우저 기반 툴에 관해 잠깐 살펴본다.

소개

많은 웹 애플리케이션은 사용자 데이터, 즉 계정 이름, 비밀번호, 파일 목록, 프레프런스, 링크 등을 저장하기 위해 오라클이나 MySQL 같은 범용 관계형 데이터베이스를 사용한다. 이들 데이터베이스는 범용이므로 시간이 지날수록 매우 복잡해지며, 수천 개의 문서, 라이브러리 계층, 툴들로 구성돼 있으며, 훈련이나 지원에도 많은 노력이 들어간다.

Amazon SimpleDB는 클라우드 기반 데이터베이스다. 하드웨어를 구매, 설치, 유지하거나 소프트웨어를 설정할 필요도 없다. 데이터베이스 스키마 설계에 들어가는 시간이 매우 짧아서 일반 데이터베이스의 반 정도면 된다. 왜냐하면, 변경하기 쉽고, 변경을 위해서 데이터베이스를 오프라인으로 만드는 데 아무런 요구사항이 없기 때문이다.

확장성이 높은 시스템을 구축한 다음에 해당 시스템을 실제로 확장하기가 훨씬 더 쉽다. SimpleDB 자체는 충분한 디스크 공간과 CPU 성능을 사용할 수 있게 한다. 이를 위해서 필요한 경우에 여러 개의 디스크와 서버로 로드를 분산시켜서 병렬성을 자동으로 이용한다. 이처럼 본질적으로 제공되는 확장성과 이중화로 모니터링이나 관리자의 개입 없이도 내고장성과 고가용성을 확보할 수 있다.

데이터 스토리지 모델은 프로그래밍 모델처럼 배우기 명료하고, 간단하고, 쉽다. SimpleDB는 항목(행)이 똑같지는 않지만 비슷한 반구조적인 데이터를 저장하는 것에 탁월하다.

Amazon SimpleDB에 저장한 모든 데이터는 자동으로 인덱싱된다. 따라서 인덱싱 의사결정을 별도로 하지 않아도 된다. 기존에 알고 있는 SQL(Structured Query Language) 지식이면 적절할 것이며, SQL select 쿼리를 사용해서 데이터를 검색할 수 있다. 여기에는 소프트웨어 업그레이드 이슈가 없다. 이는 항상 최신 버전의 코드를 실행하고 있기 때문이다.

Amazon SimpleDB 모델에서는 도메인 조인(관계형 테이블과 비슷한 개념) 기능이 부족하다. 그 대신, 더 효율적인 접근을 위해 정규화되지 않은 형식으로 데이터를 저장할 수 있다.

곧 보게 되겠지만, Amazon SimpleDB의 모델은 많은 유형의 애플리케이션의 데이터 스토리지 요구를 지원한다. 여러분은 데이터베이스의 로우 레벨 이슈를 염려하는 대신에 애플리케이션에 집중하고 사용자의 요구를 충족시키는 일에 더 많은 시간을 보낼 수 있다.

Amazon SimpleDB

Amazon SimpleDB 모델에는 몇 가지 개념이 있으며, 간단한 프로그래밍 인터페이스를 갖추고 있다. 한두 시간이면 SimpleDB의 기본적인 내용을 배우고, 코드도 올려서 실행할 수 있다. 이번 절에서는 SimpleDB를 구성하는 개념을 살펴보고, 프로그래밍 모델을 잠깐 설명하고, SimpleDB 가격 책정 모델도 설명한다.

Amazon SimpleDB 개념

Amazon SimpleDB의 **도메인**(domain)은 관계형 데이터베이스의 테이블과 비슷하다. 각 도메인은 특정 AWS 계정의 범위 안에 있으며, employees나 feeds와 같이 사람이 읽을 수 있는 이름을 가진다. 각 도메인은 최대 10GB의 데이터를 저장할 수 있다. 애플리케이션이 10GB 이상의 데이터를 저장해야 하면 데이터를 여러 개의 도메인에 쉽게 분산할 수 있다. 각 AWS 계정에는 100개의 도메인이 배당된다.[1]

SimpleDB 도메인의 각 아이템에는 이름(도메인마다 고유)이 있으며, 최대 256개의 **어트리뷰트**(attribute)가 있다. 어트리뷰트는 이름-값 쌍이다. 아이템 이름, 어트리뷰트 이름, 어트리뷰트 값의 길이는 각각 1,024바이트까지 된다. 각 도메인은 최대 10억 개의 어트리뷰트를 저장할 수 있다.

아이템 어트리뷰트에는 여러 개의 값이 붙을 수 있다. 사실 각 어트리뷰트는 최대 256개의 값을 가질 수 있다. 예를 들어, Size 어트리뷰트에는 세 개의 별도의 값, 즉 "8", "10", "12"가 들어갈 수 있다. 한 어트리뷰트의 각 값은 아이템당 256개의 어트리뷰트 한도에 따라 카운트된다. 모든 어트리뷰트 값은 문자열로 취급된다. 따라서 숫자 값을 저장하고 질의할 때 이 특징을 고려해야 한다. 모든 값은 자동으로 인덱싱된다.

SimpleDB 아이템에 대한 삽입, 삭제, 업데이트는 API에 의해 이뤄진다. 쿼리는 API를 통한 SQL select 쿼리에 의해 이뤄진다.

복잡한 데이터 셋을 단일 도메인에 저장하기 위해 SimpleDB의 데이터 모델이 사용할 수 있는 몇 가지 방법을 살펴본다.

어떤 사람에 관한 데이터를 저장해야 한다고 가정하자. 필자는 이것을 아래의 SQL 예제들에서 People 도메인으로 한다. 다음과 같은 간단한 모델로 시작한다.

아이템 이름	FirstName	LastName	Age	Sex
Rec1	Tom	Basic	12	M
Rec2	Nancy	Hacker	15	F

---

1 애플리케이션에 100개 이상의 도메인이 필요하면 도메인을 추가로 요청할 수 있다.

그다음에 중간 이름이 있을 경우 그것을 저장하기로 한다. 새로 추가한 레코드에 이 어트리뷰트를 저장한다.

아이템 이름	FirstName	LastName	Age	Sex	Middle
Rec1	Tom	Basic	12	M	
Rec2	Nancy	Hacker	15	F	
Rec3	Joan	Hughes	44	F	Kraft

레코드를 새로 추가한다고 해서 Rec1과 Rec2 레코드를 업데이트할 필요는 없다. (물론 Rec1과 Rec2를 업데이트 해도 상관은 없다.) Middle 어트리뷰트는 Rec3 레코드만을 위해 존재하는 것은 아니다. 그다음 각 사람이 살고 있는 주(state)를 저장하고자 한다. 이번에도 새로운 어트리뷰트를 저장한다.

아이템 이름	FirstName	LastName	Age	Sex	Middle	State
Rec1	Tom	Basic	12	M		
Rec2	Nancy	Hacker	15	F		MD
Rec3	Joan	Hughes	44	F	KKraft	NY, NJ, DC, IL, MD, PA

여기서 볼 수 있는 것처럼 아이, 부모, 직업 등과 같이 다른 일대다 관계를 쉽게 확장해서 저장할 수 있다.

Amazon SimpleDB 프로그래밍 모델

실제 코드로 들어가 보자. Amazon SimpleDB 프로그래밍 모델은 9개의 호출로 구성된다.

- 도메인 레벨에서 CreateDomain은 새로운 도메인을 생성한다. ListDomains는 기존 도메인 목록을 반환하고, DeleteDomain은 도메인을 삭제한다. DomainMetadata는 도메인 사용 정보를 반환한다.

- 아이템 레벨에서 PutAttributes는 새로운 아이템을 생성하고, 추가 어트리뷰트를 추가하거나 기존 아이템으로 교체한다. BatchPutAttributes는 여러 아이템을 한 번에 처리한다. DeleteAttributes는 아이템에서 어트리뷰트를 제거하고, GetAttributes는 특정 어트리뷰트를 검색한다. Select는 SQL 쿼리를 실행한다.

Amazon SimpleDB의 SQL 언어는 표준 select 문장의 형식을 가지고 있으며, 확장되어서 여러 개의 값이 있는 어트리뷰트를 처리할 수 있다. 몇 가지 예제를 보자.

```
select * from People where FirstName="Tom"
```

위 쿼리는 앞에 나온 테이블에서 Rec1을 검색한다.

```
select FirstName,Middle,LastName from People where LastName >= "H"
```

위 쿼리는 Rec2와 Rec3을 검색한다.

```
select * from People where every(State)="MD"
```

위 쿼리는 Rec2를 검색한다.

```
select * from People where State="PA"
```

위 쿼리는 Rec3을 검색한다.

Amazon SimpleDB 가격 책정

Amazon SimpleDB의 사용 요금은 세 가지 기준, 데이터 전송, 데이터 스토리지, 머신 사용량에 따라 결정된다.

데이터 전송 요금은 SimpleDB로 들어오고 SimpleDB에서 나가는 데이터양을 기반으로 결정된다. SimpleDB로 전송된 데이터에 대해서는 GB당 0.10달러의 비용이 청구되며, 이 금액은 데이터양에 따라 비례 배분된다. SimpleDB 외부로 전송된 데이터는 GB당 0.17달러에서 시작해서 양에 따라 줄어드는데, 월간 150TB가 넘으면 GB당 0.10달러까지 내려간다. 지역 안에서 전송되는 데이터에는 비용이 청구되지 않으며, 같은 지역에 있는 EC2 인스턴스와 SimpleDB 도메인 사이에서 전송되는 데이터에도 비용이 청구되지 않는다.

SimpleDB에 데이터를 저장하는 비용은 한 달에 GB당 0.25달러이며, 저장된 시간과 실제 양에 따라 비례 배분된다. 아이템당 45바이트, 어트리뷰트 이름당 45바이트, 이름-값 쌍당 45바이트의 오버헤드가 있다.

마지막으로, 각 SimpleDB 요청을 처리하는 데 사용된 머신 시간은 시간당 0.14달러의 비용이 청구된다. 복잡한 요청(예: 더 많은 아이템, 더 많은 어트리뷰트, 정교한 select 쿼리)은 간단한 요청보다 더 많은 시간을 소요한다. SimpleDB는 각 요청에 사용된 시간을 BoxUsage 필드에 반환한다.

이 글을 쓸 당시에 SimpleDB의 무료 사용량이 있었다. 머신 시간의 처음 25시간, 데이터 스토리지의 첫 기가바이트, 데이터 전송의 첫 기가바이트가 모두 무료였다.

Amazon SimpleDB 프로그래밍

이번 절에서는 SimpleDB의 모든 기능에 접근하기 위해 CloudFusion을 사용하는 방법을 살펴본다. CloudFusion은 이미 Amazon SimpleDB를 지원하므로 코드 설명으로 바로 들어갈 수 있다.

도메인을 생성하고, 목록을 표시하고, 아이템을 넣을 것이다. 그런 다음에 숫자 데이터의 처리 방법을 살펴보고 몇 가지 쿼리를 실행할 것이다. 기존 아이템을 추가 데이터로 업데이트한 다음 일부 아이템과 아이템 어트리뷰트를 삭제할 것이다. 도메인 통계의 모니터링 방법을 살펴보고 실제 예제로 SimpleDB에서 패치, 파싱, RSS 피드 저장 방법을 살펴본 뒤 마무리할 것이다.

이번 장에서는 세 개의 SimpleDB 도메인을 사용할 것이다. book.ini.php에 추가할 정의 항목은 다음과 같다.

```
                                              chapter_08/include/book.inc.php(발췌)
define('BOOK_FILE_DOMAIN', 'files');
define('BOOK_FEED_DOMAIN', 'feeds');
define('BOOK_FEED_ITEM_DOMAIN', 'feed_items');
```

BOOK_FILE_DOMAIN에는 파일 관련 정보가 저장된다.

BOOK_FEED_DOMAIN에는 RSS 피드 관련 정보가 저장된다.

BOOK_FEED_ITEM_DOMAIN에는 RSS 피드에서 발견된 아이템 관련 정보가 저장된다.

이것을 사용하려면 SimpleDB[2]에 로그인해야 한다. 해당 사이트에 방문해서 Sign Up for

---

2 http://aws.amazon.com/simpledb/

Amazon SimpleDB 버튼을 클릭한다.

도메인 생성

이번 장에 나오는 예제에 필요한 모든 SimpleDB 도메인을 생성하는 스크립트는 다음과 같다.

```php
                                              chapter_08/create_domain.php(발췌)
#!/usr/bin/php
<?php

error_reporting(E_ALL);

require_once('cloudfusion.class.php');
require_once('include/book.inc.php');

$sdb = new AmazonSDB();

foreach (array(BOOK_FILE_DOMAIN,
    BOOK_FEED_DOMAIN,
    BOOK_FEED_ITEM_DOMAIN) as $domain)
{
    $res = $sdb->create_domain($domain);
    if (!$res->isOK())
    {
        exit("Create domain operation failed for domain ${domain}\n");
    }

    print("Domain ${domain} created.\n");
}
exit(0);
?>
```

이 프로그램은 새로운 Amazon SDB 객체를 생성하고 도메인 이름을 반복하고 create_domain 메서드를 호출한다. 도메인이 이미 있다면 create_domain은 아무것도 하지 않는다.

원한다면 명령어 라인에서 새로운 도메인 이름을 받기 위해 위의 스크립트를 수정하면 된다.

도메인 목록 표시

다음 단계는 도메인 목록을 표시하는 것이며, 그 방법은 다음과 같다.

```php
#!/usr/bin/php
<?php

error_reporting(E_ALL);

require_once('cloudfusion.class.php');

$sdb = new AmazonSDB();
$res = $sdb->list_domains();

if (!$res->isOK())
{
    exit("List domain operation failed\n");
}

foreach ($res->body->ListDomainsResult->DomainName as $domainName)
{
    print($domainName . "\n");
}
exit(0);
?>
```

list_domain 메서드는 도메인 이름 배열을 반환한다. 코드는 목록에서 반복 수행되어서 각 목록을 인쇄한다.

실행 결과는 다음과 같다.

```
$ php list_domains.php
feed_items
feeds
files
```

데이터 저장

다음 단계는 도메인에 데이터를 제공하는 것이다. 이를 위해서 put_attributes 메서드를 사용한다. 이 메서드는 새로운 아이템을 생성하거나 기존 아이템에 어트리뷰트를 추가하기 위해 사용될 수 있다.

다음 프로그램은 각 파일에 대한 아이템을 현재 디렉터리에 생성한다. 파일 이름은 정규식 /^[a-zA-Z0-9_-]+₩.php$/과 일치하며, 이 정규식은 명명 규칙에 맞는 모든 PHP 파일을 뜻한다. 이 프로그램은 파일 이름을 아이템 이름으로써 사용하며, 세 개의 어트리뷰트를 생성한다.

- Name(파일의 이름)

- Hash(파일 내용의 MD5 해시)

- Size(파일의 크기, 단위는 바이트)

코드는 다음과 같다.

```
                                                    chapter_08/insert_items.php(발췌)
#!/usr/bin/php
<?php

error_reporting(E_ALL);

require_once('cloudfusion.class.php');
require_once('include/book.inc.php');

$sdb = new AmazonSDB();

$dir = opendir(".");
while (($file = readdir($dir)) !== false) ❶
{
    if (preg_match("/^[a-zA-Z0-9_-]+\.php$/", $file)) ❷
    {
        $data = file_get_contents($file); ❸
        $hash = md5($data);
        $size = filesize($file);

        $attrs = array('Name' => $file,
            'Hash' => $hash,
            'Size' => $size);

        $res = $sdb->put_attributes(BOOK_FILE_DOMAIN, $file,
        $attrs, true); ❹

        if ($res->isOK())
```

```
        {
            print("Inserted item $file\n");
        }
        else
        {
            $error = $res->body->Errors->Error->Message;
            print("Could not insert item: ${error}\n");
        }
    }
}
closedir($dir); ❺
exit(0);
?>
```

❶ PHP의 opendir과 readdir은 현재 디렉터리(".")에 있는 파일 목록에 접근하기 위해 사용
된다.

❷ 각 파일의 이름은 정규식에 따라 읽히고 점검된다.

❸ 파일의 이름이 정규식과 일치하면 file_get_contents에 의해 파일의 내용이 읽히고, 내용
의 MD5 해시는 md5 함수에 의해 계산된다. 이 정보가 있으면 $attrs 배열은 어트리뷰트
의 이름–값 쌍으로 설정된다.

❹ put_attributes 메서드는 BOOK_FILE_DOMAIN에 의해 표시된 SimpleDB 도메인
에 정보를 저장하기 위해 호출된다. put_attributes 호출의 마지막 매개변수인 true는 어
트리뷰트에 대한 기존 값이 제거된 다음에 새로운 값으로 대체될 것임을 나타낸다. 이 매
개변수가 false로 지정되면 새로운 값이 기존 값에 증가해 들어가며, 결과적으로 어트리뷰
트에 여러 개의 값이 들어간다.

❺ 마지막으로, 디렉터리를 닫고 스크립트를 종료한다.

여러 개의 아이템을 효율적으로 저장하기

또 다른 SimpleDB 함수인 BatchPutAttributes는 하나의 요청으로 다수의 PutAttributes 호
출을 수행하는 데 사용될 수 있다. 이렇게 하면 여러 개의 개별 요청을 만드는 것보다 더 빠르
고 더 효율적이다. 앞의 예제를 수정해서 배치 요청(batch request)을 넣으면 다음과 같이 된다.

```php
#!/usr/bin/php
<?php

error_reporting(E_ALL);

require_once('cloudfusion.class.php');
require_once('include/book.inc.php');

$sdb = new AmazonSDB();

$items = array();

$dir = opendir(".");
while (($file = readdir($dir)) !== false)
{
    if (preg_match("/^[a-zA-Z0-9_-]*\.php$/", $file))
    {
        $data = file_get_contents($file); ❶
        $hash = md5($data);
        $size = filesize($file);

        $items[$file] = array('Name' => $file,
                              'Hash' => $hash,
                              'Size' => $size);
    }

    if (count($items) == 25) ❷
    {
        WriteBatch($sdb, $items);
        $items = array();
    }
}
closedir($dir);

if (count($items) > 0) ❸
{
    WriteBatch($sdb, $items);
}
```

❶ 이번 스크립트와 앞에 나온 삽입 스크립트의 주된 차이점은 이름-값 쌍의 어트리뷰트 배열이 SimpleDB에 즉시 삽입되기보다 $items 배열에 추가된다는 것이다.

❷ $items 배열의 요소가 25개가 되면 WriteBatch라는 커스텀 함수를 호출한다.

❸ 마지막으로, 아이템이 남아 있으면 WriteBatch 함수를 호출한다.

WriteBatch 함수는 다음과 같다.

```
                                          chapter_08/batch_insert_items.php(발췌)
function WriteBatch($sdb, &$items)
{
    $res = $sdb->batch_put_attributes(BOOK_FILE_DOMAIN, $items, true);

    if ($res->isOK())
    {
        print("Inserted " . count($items) . " items\n");
        return true;
    }
    else
    {
        $error = $res->body->Errors->Error->Message;
        print("Could not insert items: ${error}\n");
        return false;
    }
}
?>
```

WriteBatch 함수는 한 번의 오퍼레이션에서 모든 아이템을 $items에 삽입하기 위해 batch_put_attributes 메서드를 사용한다.

성능 테스트 작업을 수행할 때 첫 번째 삽입 스크립트가 99개의 파일을 8.6초 안에 삽입한다는 것을 알았다. 그리고 배치 스크립트는 같은 파일을 0.88초 만에 삽입했으며, 이는 10배 더 빠른 속도다. 프로그램이 SimpleDB를 이용하도록 구조화하면 그만큼의 충분한 가치가 있다.

노트

숫자 데이터 처리

SimpleDB는 모든 데이터를 문자열로 저장한다. 데이터에 select 쿼리가 적용될 때 사전상의 비교가 사용된다. 숫자 값이 저장될 때 이것은 다른 놀라운 결과로 이어질 수 있다. 예를 들어, 문자열 "10"은 문자열 "2"보다 작은 것이 된다. 마이너스 기호가 앞에 있어도 문제가 된다.

고정된 길이의 문자열로 만들기 위해서 숫자 값의 왼쪽을 0으로 채워 넣는다. 이 작업을 수행하기 위해서 PHP의 sprintf 함수와 적절한 포맷의 문자열을 사용하면 된다. 앞의 스크립트에서는 왼쪽을 채워 넣기 위해서 size 어트리뷰트의 아이템값을 업데이트했다.

```
array('Name' => $file,
      'Hash' => $hash,
      'Size' => sprintf("%08s", $size));
```

숫자 값이 음수면 그 값을 저장할 때 큰 양수로 음수를 오프셋 처리한 다음에 그 값을 검색할 때 오프셋을 보상한다. 예상되는 최소의 음수 값이 양수 값으로 되도록 오프셋값을 선택한다. 예를 들어, 값의 범위가 −32,768~32,767이면 50,000을 더해서 17,232~82,767의 범위로 조정해서 "17132"~"82767"로 저장한다.

쿼리 실행

데이터가 저장된 다음에 쿼리를 실행하는 작업은 간단하다.

chapter_08/query_domain.php(발췌)
```php
#!/usr/bin/php
<?php

error_reporting(E_ALL);

require_once('cloudfusion.class.php');
require_once('include/book.inc.php');

$query = "select * from " . BOOK_FILE_DOMAIN . " where Name like '%items%'";

$sdb = new AmazonSDB();
$res = $sdb->select($query);
```

```
if (!$res->isOK())
{
    exit("Select operation failed\n");
}

foreach ($res->body->SelectResult->Item as $item)
{
    foreach ($item->Attribute as $attribute)
    {
        print($attribute->Name . ": " . $attribute->Value . ", ");
    }
    print("\n");
}
exit(0);
?>
```

위 스크립트에서는 select 메서드를 이용해 쿼리를 실행한다. 이 쿼리는 문자열 "items"가 들어 있는 Name 어트리뷰트를 가진 모든 아이템을 반환할 것이다. 그다음에 스크립트는 반환된 모든 항목에 대해 반복문을 돌고 어트리뷰트와 값을 출력한다. 아래에 제시한 출력 예제에서는 chapter_08 폴더에 있는 파일 정보를 보여준다.

```
$ php query_domain.php
Hash: a446a0c1d252042cf065e7bc4d743336, Name: augment_items.php, Size: 00001191,
Hash: 280434b0478b68aecacef61e329d337e, Name: batch_insert_items.php, Size: 00001337,
Hash: 49cb20ea103caeb654ce4aad307ecdcd, Name: delete_items.php, Size: 00001003,
Hash: e77f57f95676ac156318123c4e428c40, Name: insert_items.php, Size: 00000937,
```

기본적으로 select 호출은 한 번에 100개의 아이템, 또는 1MB보다 적은 양을 반환한다. limit 절을 사용하면 최대 2,500개의 아이템을 반환하도록 요청할 수 있다. 이 경우에도 1MB의 제한은 똑같이 적용된다.

이런 제한으로 select 호출에서 모든 아이템을 반환하지 못하면 NextToken 값이 응답에 포함될 것이다. 이 값이 있을 경우 추가 결과를 수신하기 위해 select 호출이 연이어 반복된다. 반환 결과가 더 이상 없을 때까지 select 호출을 반복하기 위해 NextToken 값을 이용하는 반복문을 다음에 제시해 두었다.

```
$next = null;
do
{
    $attrs = ($next == null) ? null : array('NextToken' => $next);
    $res = $sdb->select($query, $attrs);
    $next = (string) $res->body->SelectResult->NextToken;

    ⋮ Process results here…
}
while ($next != null);
```

이러한 종류의 반복을 뒤에서 또 볼 것이다.

고급 쿼리

쿼리가 명령어 라인에서 오도록 앞의 스크립트를 수정해 보자. 다음 코드를 추가하면 된다.

chapter_08/query_domain_cmd.php(발췌)

```php
#!/usr/bin/php
<?php

error_reporting(E_ALL);

require_once('cloudfusion.class.php');
require_once('include/book.inc.php');

$query = "select * from " . BOOK_FILE_DOMAIN;

if ($argc > 1)
{
    $query .= " where ";

    for ($i = 1; $i < $argc; $i++)
    {
        $query .= ' ' . $argv[$i] . ' ';
    }
}

print("Final query: ${query}\n");
```

```
$sdb = new AmazonSDB();
$res = $sdb->select($query);

: process the results…

?>
```

임의의 쿼리를 다음과 같이 실행할 수 있다.

```
$ php query_domain_cmd.php
```

위 명령어는 모든 레코드를 검색할 것이며, 이 스크립트의 기본 액션이다.

쿼리를 다음과 같이 명시한다.

```
$ php query_domain_cmd.php "Size < '00000900'"
```

이 명령어는 900바이트보다 작은 모든 파일을 찾을 것이다.

select 쿼리에서 아이템의 이름을 참조하기 위해 itemName() 필드를 사용한다.

```
$ php query_domain_cmd.php "itemName() like '%items%'"
```

위 명령어는 이름에 "items"가 들어 있는 아이템을 검색한다.

마지막으로 다음 명령어는 지정된 이름이 있는 아이템을 검색한다.

```
$ php query_domain_cmd.php "itemName() in
➥ ('disable_mon.php', 'list_metrics.php')"
```

SimpleDB 쿼리의 일반적인 형식은 다음과 같다.

```
select output_list
from domain_name
[where expression]
[order by clause]
[limit clause]
```

위 쿼리를 살펴보자. output_list에 *이 들어가면 모든 어트리뷰트가 되고, itemName()은 아이템 이름이 되고, count(*)이 들어가면 아이템 대신 아이템의 개수를 검색한다. domain_name에는 SimpleDB 도메인이 들어간다.

옵션인 where 절에는 어트리뷰트 이름, 상숫값, itemName(), 연산자 조합이 들어간다. where 절에서 사용할 수 있는 연산자는 다음 표와 같다.

표 8.1 where 절에서 사용할 수 있는 연산자

연산자	설명
=	같음
!=	같지 않음
>	보다 큼
>=	보다 크거나 같음
<	보다 작음
<=	보다 작거나 같음
and	두 조건이 참
or	둘 중 하나의 조건이 참
intersection	한 쌍의 독립 쿼리에 있는 결과를 반환
like	지정된 상수를 포함; 와일드카드는 "%"
not like	지정된 상수를 포함하지 않음
between/and	범위 지정
in	목록에서 아이템 일치
is null	어트리뷰트가 존재하지 않음
in not null	어트리뷰트가 존재
every()	다중 값 어트리뷰트의 모든 값이 식을 만족

옵션인 order by 절은 단일 어트리뷰트나 항목 이름에 의해 결과의 순서를 정하기 위해 사용한다. 모든 정렬은 사전 순으로 수행되며, 정렬 속성은 연관된 식의 이름에 의해 언급되어야 한다. 널 값에 대해서는 정렬할 수 없다.

옵션인 limit 절은 결과의 개수를 제한하기 위해 사용한다.

추가 데이터로 아이템 증가

아이템을 일단 만든 후에 기존 어트리뷰트에 대한 추가 값이나 추가 어트리뷰트를 생성하기 위해 put_attributes 메서드를 추가로 호출할 수 있다. BOOK_FILE_DOMAIN에 있는 각 아이템에 파일의 수정 시간을 추가하려면 다음 스크립트를 사용한다.

```php
#!/usr/bin/php
<?php

error_reporting(E_ALL);

require_once('cloudfusion.class.php');
require_once('include/book.inc.php');

$sdb = new AmazonSDB();
$res1 = $sdb->select("select Name from " . BOOK_FILE_DOMAIN);

if ($res1->isOK())
{
    foreach ($res1->body->SelectResult->Item as $item)
    {
        $itemName = $item->Name;
        $file     = $item->Attribute[0]->Value;

        $modTime = filemtime($file);
        if ($modTime !== false)
        {
            $attrs = array('ModTime' => sprintf("%010s", $modTime));

            $res2 = $sdb->put_attributes(BOOK_FILE_DOMAIN, $itemName, $attrs, false);

            if ($res2->isOK())
            {
                print("Updated item $itemName\n");
            }
            else
            {
                $error = $res2->body->Errors->Error->Message;
                print("Could not update item: ${error}\n");
            }
        }
    }
}
else
{
    $error = $res1->body->Errors->Error->Message;
    exit("Could not run query: ${error}\n");
```

```
}
exit(0);
?>
```

이 스크립트는 각 아이템에 대해 put_attributes 메서드를 호출해 새로운 어트리뷰트와 값 데이터를 제공하는 것만큼 간단하다.

이 프로그램은 또 다른 유용한 프로그래밍 모델을 설명한다. SimpleDB 쿼리는 처리될 아이템의 목록을 획득하기 위해 사용된다. 각 아이템은 차례대로 처리되며, 파일 이름이 쿼리 결과에서 추출되고, 파일의 수정 시간이 패치되고, 아이템이 업데이트된다.

방금 본 코드에서 다음 줄을 살펴보자.

```
$file = $item->Attribute[0]->Value;
```

이 줄은 위치 인덱스를 사용해서 첫 번째로 반환된 어트리뷰트에 접근한다. 이와 같은 코드는 유지하기가 어렵다. 이보다 더 좋은 방법이 있으며, 그 방법은 곧 설명하겠다.

하나의 어트리뷰트에 대해 여러 개의 값 저장

한 어트리뷰트에 여러 개의 값을 저장하기는 매우 쉬우며, 이를 처리하는 방법은 두 가지다.

한 번에 하나씩 값을 저장하고 시간이 지나면서 이들 값을 축적하고 싶으면 replace 매개변수에 false 값을 넘긴다. 다음과 같이 호출을 반복해서 여러 개의 수정 시간을 지정할 수 있다.

```
$attrs = array('ModTime' => sprintf("%010s", $modTime));
$res2 = $sdb->put_attributes(BOOK_FILE_DOMAIN, $itemName, $attrs, false);
```

다음과 같이 하면 여러 개의 값을 동시에 저장할 수 있다.

```
$attrs2 = array('Flavors' => array('Vanilla', 'Chocolate'));
$res2 = $sdb->put_attributes(BOOK_FILE_DOMAIN, $itemName, $attrs2, false);
```

어트리뷰트 값에 접근하기

위에 있는 어트리뷰트 접근 코드를 개선해보자. 여기에는 반환된 응답에 있는 SimpleXML 노드의 배열을 PHP 결합 배열로 반환하는 함수가 있다.

```
                                                     chapter_08/include/book.inc.php(발췌)
function getItemAttributes($item)
{
    $attrs = array();

    foreach ($item->Attribute as $attribute)
    {
        $name  = (string) $attribute->Name;
        $value = (string) $attribute->Value;

        if (IsSet($attrs[$name]))
        {
            if (is_array($attrs[$name]))
            {
                $attrs[$name][] = $value;
            }
            else
            {
                $attrs[$name] = array($attrs[$name], $value);
            }
        }
        else
        {
            $attrs[$name] = $value;
        }
    }
    return $attrs;
}
```

반환된 데이터는 다음과 같을 것이다.

```
Array
(
    [Hash] => c7158ad4d0961016fb3f531ccc90da5e
    [Size] => 00001535
    [Name] => query_domain_cmd.php
    [ModTime] => 1249514406
    [Flavors] => Array
    (
        [0] => Chocolate
        [1] => Vanilla
```

```
    )
)
```

어트리뷰트 삭제

어트리뷰트가 더는 필요 없다면 delete_attributes 메서드를 사용해 어트리뷰트를 삭제할 수 있다.

```php
                                            chapter_08/delete_attrs.php(발췌)
#!/usr/bin/php
<?php

error_reporting(E_ALL);

require_once('cloudfusion.class.php');
require_once('include/book.inc.php');

$sdb = new AmazonSDB();

$attrs = array('ModTime', 'Flavor');

$res1 = $sdb->select("select Name from " . BOOK_FILE_DOMAIN);
if ($res1->isOK())
{
    foreach ($res1->body->SelectResult->Item as $item)
    {
        $itemName = (string)$item->Name;

        $res2 = $sdb->delete_attributes(BOOK_FILE_DOMAIN, $itemName, $attrs);

        if ($res2->isOK())
        {
            print("Updated item $itemName\n");
        }
        else
        {
            $error = $res2->body->Errors->Error->Message;
            print("Could not update item: ${error}\n");
        }
    }
```

```
}
else
{
    $error = $res1->body->Errors->Error->Message;
    exit("Could not run query: ${error}\n");
}
exit(0);
?>
```

위 코드에서는 아이템별로 delete_attributes 메서드를 호출해 ModTime과 Flavor 어트리뷰트를 삭제한다.

아이템 삭제

모든 어트리뷰트를 삭제함으로써 한 아이템 전체를 삭제하려면 delete_attributes 메서드를 사용한다. 사용 예는 다음과 같다.

chapter_08/delete_items.php(발췌)

```
#!/usr/bin/php
<?

error_reporting(E_ALL);

require_once('cloudfusion.class.php');
require_once('include/book.inc.php');

$sdb = new AmazonSDB();

$res1 = $sdb->select("select * from " . BOOK_FILE_DOMAIN);
if ($res1->isOK())
{
    foreach ($res1->body->SelectResult->Item as $item)
    {
        $itemName = (string)$item->Name;

        $attrs = array_keys(getItemAttributes($item));
        $res2 = $sdb->delete_attributes(BOOK_FILE_DOMAIN, $itemName, $attrs);

        if ($res2->isOK())
        {
```

```
                    print("Deleted item $itemName\n");
                }
                else
                {
                    $error = $res2->body->Errors->Error->Message;
                    print("Could not delete item: ${error}\n");
                }
            }
        }
        else
        {
            $error = $res1->body->Errors->Error->Message;
            exit("Could not run query: ${error}\n");
        }
        exit(0);
        ?>
```

코드는 getItemAttributes 함수를 사용해 각 아이템의 어트리뷰트 배열을 구성하며, 다음
과 같이 하면 된다.

```
$attrs = array_keys(getItemAttributes($item));
```

그런 다음에 어트리뷰트는 삭제되며, 이 때문에 아이템 자체가 삭제된다.

도메인 통계 모니터링

domain_metadata 메서드는 도메인에 관한 정보를 반환한다. 메서드를 호출하고, 메서드가
반환한 것을 표시하는 스크립트는 다음과 같다.

chapter_08/metadata.php(발췌)

```
#!/usr/bin/php
<?php

error_reporting(E_ALL);

require_once('cloudfusion.class.php');
require_once('include/book.inc.php');

$sdb = new AmazonSDB();
```

```
foreach (array(BOOK_FILE_DOMAIN,
          BOOK_FEED_DOMAIN,
          BOOK_FEED_ITEM_DOMAIN) as $domain)
{
    $res = $sdb->domain_metadata($domain);
    if ($res->isOK())
    {
        $metadata = $res->body->DomainMetadataResult;

        $itemCount           = (int) $metadata->ItemCount;
        $attributeNameCount  = (int) $metadata->AttributeNameCount;
        $attributeValueCount = (int) $metadata->AttributeValueCount;
        $itemNamesSize       = (int) $metadata->ItemNamesSizeBytes;
        $attributeNamesSize  = (int) $metadata->AttributeNamesSizeBytes;
        $attributeValuesSize = (int) $metadata->AttributeValuesSizeBytes;

        printf($domain .    ":\n" .
            "\tItem Count:      " .
            number_format($itemCount)           . "\n" .
            "\tAttrs:           " .
            number_format($attributeNameCount) . "\n" .
            "\tValues:          " .
            number_format($attributeValueCount) . "\n" .
            "\tName Size:       " .
            number_format($itemNamesSize)       . "\n" .
            "\tAttr Name Size:  " .
            number_format($attributeNamesSize)  . "\n" .
            "\tAttr Value Size: " .
            number_format($attributeValuesSize) . "\n" .
            "\n");
    }
}
exit(0);
?>
```

위의 스크립트는 패치를 한 다음에 이번 장의 예제에서 사용한 각 도메인에 관한 정보를 인쇄한다. 각 열의 의미는 다음과 같다.

- Domain은 도메인 이름이다.
- ItemCount는 도메인에 있는 아이템의 개수다.

- Attrs는 도메인에 있는 고유 어트리뷰트 이름의 개수다.

- Values는 도메인에 있는 어트리뷰트 이름-값 쌍의 개수다.

- Name Size는 도메인에 있는 모든 아이템 이름의 총 크기로 단위는 바이트다.

- Attr Name Size는 도메인에 있는 모든 고유한 어트리뷰트 이름의 총 크기로 단위는 바이트다.

- Attr Value Size는 도메인에 있는 모든 어트리뷰트 값의 총 크기로 단위는 바이트다.

마지막 세 값의 합은 도메인이 사용하는 스토리지의 양이다. 실행 결과 예는 다음과 같다.

```
$ php metadata.php
files:
  Item Count:      12
  Attrs:           3
  Values:          36
  Name Size:       201
  Attr Name Size:  12
  Attr Value Size: 681
```

Amazon SimpleDB - RSS 피드 처리 및 저장

실제 예제를 살펴보고 이번 장을 마무리하자. 아이템이 서로 비슷하지만, 세부 레벨에서 약간의 변형이 있는 반구조적인 데이터를 저장할 때 SimpleDB가 최적이다.

이번 절에서 프로그램은 RSS 피드 목록을 처리할 것이다. 이 RSS 피드는 블로그나 다른 종류의 뉴스나 정보 출처를 나타낸다. 각 피드는 http://www.jeff-barr.com/?feed=rss2와 같은 URL로 표현된다. 피드는 제목, 링크, 게시일, 설명 같은 헤더 데이터 필드로 시작한다. 이들 필드 중 대부분은 옵션이다. 피드의 나머지 부분은 개별 뉴스나 블로그 항목으로 채워진다. 각 제목, 링크, 설명, **GUID**(globally unique identifier)를 가질 수 있다.

프로그램은 Magpie RSS 파서[3] 오픈 소스 라이브러리를 사용한다.

---

3   http://magpierss.sourceforge.net/

　프로그램을 더 유연하게 만들기 위해서 두 출처 중 하나에서 피드 목록을 얻을 수 있어야 한다. 첫 번째 출처는 feeds.txt라는 이름의 파일이다. 이 파일의 각 줄에는 하나의 피드 URL이 있다. 두 번째 출처는 FEED_QUEUE에 의해 식별되는 SQS 큐일 것이다. 코드는 패치된 각 필드에 관한 상태 정보를 저장한다. 따라서 상태 값을 상수로 설정할 것이다. 이 모든 상수를 book.inc.php 파일에 추가한다.

chapter_08/include/book.inc.php(발췌)

```php
define('FEEDS', 'feeds.txt');
define('FEED_QUEUE', 'c_feed');

define('FEED_NO_FETCH', 'NoFetch');
define('FEED_YES_FETCH', 'Fetched');
```

프로그램은 다음과 같이 시작한다.

chapter_08/rss_process.php(발췌)

```php
#!/usr/bin/php
<?php

error_reporting(E_ALL);

require_once('cloudfusion.class.php');
require_once('include/book.inc.php');
require_once('include/rss_fetch.inc');

define('MAGPIE_CACHE_ON', 0);
```

define 문은 최근에 패치된 피드의 Magpie의 캐시를 끈다.

　첫 번째 작업은 프로그램이 피드 파일(-f 명령어 라인 인수로 표시)이나 큐(-q 인수로 표시)를 처리할 것인지 결정하는 것이다. 이 작업은 다음 코드에서 처리된다.

chapter_08/rss_process.php(발췌)

```php
$doFile = false;
$doQueue = false;

if (($argc != 2) ||
    (($argv[1] != '-f') && ($argv[1] != '-q')))
```

```
{
    exit("Usage:\n".
        $argv[0] . " -f\n" .
        $argv[0] . " -q\n");
}

switch ($argv[1])
{
    case '-f':
        $doFile = true;
        break;

    case '-q':
        $doQueue = true;
        break;
}
```

프로그램은 SimpleDB와 SQS에 접근할 것이다. 따라서 두 서비스에 대한 접근 객체를 생성 해야 할 것이다.

chapter_08/rss_process.php(발췌)

```
$sdb = new AmazonSDB();
$sqs = new AmazonSQS();
```

각 피드를 파싱한 후에 가장 흥미로운 필드를 저장할 것이다. 아이템과 피드 레벨에서 필드 들은 다음과 같다.

chapter_08/rss_process.php(발췌)

```
$feedFields = array('link',
    'title',
    'pubdate',
    'tagline',
    'language',
    'generator',
    'description');

$itemFields = array('guid',
    'link',
    'title',
    'description');
```

아이템 필드가 꼭 존재한다고 보장할 수 없으므로 아이템의 고유한 키를 형성하기 위해 어떤 필드가 사용될 수 있는지 알아보는 노력을 조금 기울여야 할 것이다. 이것을 간단한 배열로 설정할 수 있다.

```
                                              chapter_08/rss_process.php(발췌)
$itemKeyFields = array('guid',
    'link',
    'title');
```

이 코드는 두 개의 분기로 갈라진다. 첫 번째 분기는 파일 기반 피드 목록을 다룬다.

```
                                              chapter_08/rss_process.php(발췌)
if ($doFile)
{
    $urls = file(FEEDS);
    print("Begin processing " . count($urls) . " feeds\n");

    foreach ($urls as $url)
    {
        $url = trim($url);

        if (updateFeed($sdb, $url))
        {
            print($url . " - updated.\n");
        }
        else
        {
            print($url . " - not updated.\n");
        }
    }
}
```

코드는 파일로부터 피드 목록을 추출하고, 커스텀 함수로서 주요 작업 중 대다수의 작업이 일어나는 곳을 작성할 updateFeed 함수를 호출한다.

큐 기반 피드 목록을 처리하는 코드는 다음과 같다.

```
                                              chapter_08/rss_process.php(발췌)
if ($doQueue)
{
```

```
while (true)
{
    $message = pullMessage($sqs, FEED_QUEUE);

    if ($message != null)
    {
        $messageDetail = $message['MessageDetail'];
        $receiptHandle = (string)$message['ReceiptHandle'];

        $url = $messageDetail['FeedURL'];

        if (updateFeed($sdb, $url))
        {
            print($url . " - updated.\n");
        }
        else
        {
            print($url . " - not updated.\n");
        }

        $sqs->delete_message(FEED_QUEUE, $receiptHandle);
    }
}
}
```

이 코드는 pullMessage 함수를 사용한다. 이 함수는 6장에 있는 이미지 크롤러 애플리케이션을 위해 만들어졌다. 대부분 주요 작업은 updateFeed에서 일어난다. 이제 이 함수를 자세히 살펴보자. 이 함수는 조금 길기 때문에 일부분씩 끊어서 살펴본다.

이 함수는 먼저 Magpie RSS 파서를 사용해 피드 URL을 패치한다.

```
                                              chapter_08/rss_process.php(발췌)
function updateFeed($sdb, $url)
{
    global $stats;
    global $feedFields;
    global $itemFields;
    global $itemKeyFields;

    $rss = fetch_rss($url);
```

패치에 성공하면 그다음에 BOOK_FEED_DOMAIN과 BOOK_FEED_ITEM_ DOMAIN이 업데이트될 것이다. 업데이트하기 전에 패치의 성공 여부를 확인하는 것이 중요 하다.

```
                                            chapter_08/rss_process.php(발췌)
if ($rss !== false)
{
```

패치에 성공한다면 updateFeed는 스토리지에 대한 어트리뷰트 배열을 도메인에 넣는다. 관 련 코드는 다음과 같다.

```
                                            chapter_08/rss_process.php(발췌)
$key = $url;
$attrs = array('feed_url' => $url,
    'fetch_date' => date('c'),
    'status' => FEED_YES_FETCH);

foreach ($feedFields as $field)
{
    if (IsSet($rss->channel[$field]) && ($rss->channel[$field] != ''))
    {
        $attrs[$field] = $rss->channel[$field];
    }
}
```

어트리뷰트 배열은 항상 필드의 URL, 패치 날짜, 상태 값을 포함한다. 또한, 피드의 필드를 포함하며, 그 목록은 $feedFields 배열에 있고, 실제로 파싱된 피드로 존재한다. 일단 이 배열 이 생성되면 아이템을 SimpleDB에 저장하는 일은 간단하다.

```
                                            chapter_08/rss_process.php(발췌)
$res = $sdb->put_attributes(BOOK_FEED_DOMAIN, $key, $attrs, true);

if (!$res->isOK())
{
    return false;
}
```

다음 작업은 그다음 단계로 가서 피드에 있는 각 아이템을 처리하는 것이다.

chapter_08/rss_process.php(발췌)

```
foreach ($rss->items as $item)
{
```

다음 코드는 필드를 추출하고 어트리뷰트를 구성한다.

chapter_08/rss_process.php(발췌)

```
$attrs = array();
foreach ($itemFields as $field)
{
    if (IsSet($item[$field]) && ($item[$field] != ''))
    {
        $attrs[$field] = $item[$field];
    }
}
```

그다음 단계는 고유한 키를 파악하는 것이다. $itemKeyFields 배열의 필드 중 하나에 키가 있을 것이며, 우리는 그 키를 사용할 수 있다.

chapter_08/rss_process.php(발췌)

```
$itemKey = null;
foreach ($itemKeyFields as $field)
{
    if (IsSet($item[$field]) && ($item[$field] != ''))
    {
        $itemKey = $item[$field];
        break;
    }
}
```

작업에 오류가 발생하면 모든 아이템 필드의 MD5 해시는 다음의 작업을 해야 한다.

chapter_08/rss_process.php(발췌)

```
if ($itemKey == null)
{
    $all = '';
    foreach ($attrs as $key => $value)
    {
        $all .= $key . '_' . $value . '__';
```

```
        }
    $key = md5($all);
}
```

마지막으로 아이템은 SimpleDB에 저장된다.

chapter_08/rss_process.php(발췌)

```
    $res = $sdb->put_attributes(BOOK_FEED_ITEM_DOMAIN, $itemKey, $attrs, true);

    if (!$res->isOK())
    {
        return false;
    }
}
return true;
```

피드의 패치와 파싱에 실패하면 다음 코드가 상태를 업데이트한다.

chapter_08/rss_process.php(발췌)

```
    }
    else
    {
        $key   = $url;
        $attrs = array('feed_url' => $url,
            'fetch_date' => date('c'),
            'status'     => FEED_NO_FETCH);

        $res = $sdb->put_attributes(BOOK_FEED_DOMAIN, $key, $attrs, true);

        if (!$res->isOK())
        {
            return false; // We failed at failing!
        }

        return false;
    }
}
```

RSS 피드 데이터를 Amazon SimpleDB에 저장하기 위해 해야 할 작업을 모두 마쳤다.

이 프로그램을 더 유용하게 하기 위해서 큐에 필드를 채워 넣을 스크립트가 필요하다.

chapter_08/load_feed_urls.php(발췌)

```php
#!/usr/bin/php
<?php

error_reporting(E_ALL);

require_once('cloudfusion.class.php');
require_once('include/book.inc.php');

if ($argc < 2)
{
    exit('Usage: ' . $argv[0] . " [URL] [-f FILE] ...\n");
}

$sqs = new AmazonSQS();

for ($i = 1; $i < $argc; $i++)
{
    if ($argv[$i] == '-f')
    {
        $urls = file($argv[++$i]);

        foreach ($urls as $url)
        {
            LoadURL($sqs, FEED_QUEUE, trim($url));
        }
    }
    else
    {
        LoadURL($sqs, $queue, $argv[i]);
    }
}

function LoadURL($sqs, $queue, $url)
{
    $message = json_encode(array('FeedURL' => $url));
    $res = $sqs->send_message($queue, $message);

    if ($res->isOK())
    {
```

```
        print("Posted '${message}' to queue '${queue}'\n");
    }
    else
    {
        $error = $res->body->Error->Message;
        print("Could not post message to queue: ${error}\n");
    }
}

?>
```

이 프로그램은 FEED_QUEUE에 URL을 채워넣을 것이며, 이 URL은 명령어 라인에서 명시되거나 −f와 파일명에 의해 지정된 파일에서 명시된다. 파일 처리하는 방법은 다음과 같다.

```
$ php load_feed_urls.php -f feeds.txt
```

피드 URL을 직접 지정하는 방법은 다음과 같다.

```
$ php load_feed_urls.php http://arden.blogs.com/swn/index.rdf
```

이 프로그램이 돌아가는 것을 보는 가장 좋은 방법은 EC2 인스턴스에 프로그램을 호스팅하는 것이다. 여러 개의 단말 창을 동시에 기동하고 먼저, 큐에 몇 개의 피드를 올려본다.

```
<dev>: php load_feed_urls.php -f feeds.txt
Posted '{"FeedURL":"http:\/\/angrybethshortbread.blogspot.com\/
↪ atom.xml"}' to queue 'https://queue.amazonaws.com/c_feed'
Posted '{"FeedURL":"http:\/\/secondlife.blogs.com\/change\/index.rdf
↪ "}' to QueueURL 'https://queue.amazonaws.com/c_feed'
  ⋮
```

다른 창에서 피드 프로세서를 시작한다.

```
<dev>: php rss_process.php  -q
http://blogs.electricsheepcompany.com/chris/?feed=rss2 - updated.
http://www.catherineomega.com/feed/ - updated.
  ⋮
```

이제 조금 더 흥미로운 것을 만들어보자. 피드 프로세서는 피드를 SQS에서 끄집어내고, 데이터를 SimpleDB에 작성한다. 작업을 더 빨리 수행하기 위해서 원하는 만큼 많은 복사본을 추가로 시작할 수 있다. 필자는 rss_process.php 복사본 40개를 병렬로 실행했으며, EC2 인스턴스인 m1.small 인스턴스에서 초당 50개 이상의 피드를 처리했다.

40개의 RSS 프로세서 복사본을 시작하기 위해 필자가 사용했던 스크립트는 다음과 같다.

chapter_08/start_rss_procs.bash(발췌)

```bash
# start_rss_procs.bash
Count=40
Pids=''
for ((i = 1; i <= Count; i++));
do
    Log=parse_out_$i.txt
    echo $Log
    ./rss_process.php -q > $Log 2>&1 &
    Pids="$Pids $!"
done
echo $Pids
```

이 스크립트는 프로세스를 시작한 다음에 프로세스의 **PID**(Process ID)를 표시한다. 이는 PID가 더는 필요없을 때 쉽게 죽이기 위해서다.

RSS 피드와 SimpleDB 같은 클라우드 기반 웹 서비스를 처리할 때 고성능을 이루기 위해서 병렬성은 핵심이다. 필자는 작업 속도를 높이거나 높아진 로드를 처리하기 위해서 더 많은 프로세스와 더 많은 EC2 인스턴스를 쉽게 추가할 수 있다. 필자는 원하는 경우에 시간과 처리 능력 중 필요한 것에 더 중점을 둔다.

마무리

이제 8장을 마무리할 시간이다.

관계형 데이터베이스의 생성, 유지, 확장을 어렵게 만드는 몇 가지 이슈들을 살펴본 다음에 SimpleDB를 설명했다. SimpleDB의 중요한 개념을 배우고 PHP와 CloudFusion을 이용해서 도메인을 생성, 목록 표시, 질의하는 방법을 배웠다. 마지막으로, 병렬 작업을 처리하는 예제를 살펴봤고, RSS 피드의 처리에 대해 조금 설명했다.

Amazon Web Service

09

Amazon RDS

애플리케이션에 관계형 데이터베이스의 높은 성능이 필요 없는 이유를 8장에서 이야기했다. 그런데 기존에 MySQL로 되어 있는 애플리케이션을 클라우드로 옮기려면 어떻게 해야 할까? 아니면, 두 개 이상의 테이블에 저장된 데이터에 대해 복잡한 쿼리나 조인을 해야 한다면 어떻게 해야 할까?

이번 장에서는 Amazon RDS(Relational Database Service)를 살펴볼 것이다. 복잡하고 시간이 많이 소모되는 많은 운영 이슈에 개의치 않으면서도 MySQL의 성능을 이용하기 위해 RDS를 활용하는 방법을 살펴본다.

소개

RDS를 이용하면 클라우드에서 관계형 데이터베이스의 설정, 운영, 확장 작업을 쉽게 처리할 수 있다. 서버를 준비하고, 운영체제를 설치하고, MySQL을 설치하고, 운영체제나 데이터베이스 패치를 살펴보고, 설치하고 필요가 바뀔 때 서버와 스토리지를 업그레이드하고, 페일오버를 설정하고, 백업 일정을 수립하고, 백업 파일을 관리하기 위해 시간을 허비하지 않고도 MySQL

을 사용할 수 있다. Amazon RDS는 이러한 핵심 운영 중 많은 부분을 자동으로 처리하고, 간단한 웹 서비스 호출로서 패키징한다. 예를 들어, 단일 웹 서비스 호출로 RDS DB 인스턴스를 생성할 수 있다. 인스턴스는 수 분 안에 가동되고 실행되어서 사용 준비 상태로 된다.

이번 장을 모두 읽고 나면 Amazon RDS가 관계형 데이터베이스에 관한 여러분의 생각을 바꿀 수 있다는 것에 동의할 것이다. 여러분은 필요에 따라 여러분의 DB 인스턴스를 생성, 사용, 종료, 복구할 수 있다.

애플리케이션을 클라우드로 옮기고 애플리케이션을 설치할 때 프라이빗 MySQL 데이터베이스가 필요하다. 전체 설치와 프로비저닝 과정을 자동화할 수 있다. 새로운 고객이 여러분의 서비스에 로그인할 때마다 여러분의 코드는 새로운 DB 인스턴스를 생성하기 위해 RDS CreateDBInstance API 오퍼레이션을 호출할 수 있다.

여러분은 아마도 다계층 애플리케이션을 가지고 있으며 완전히 자동화된 테스트 환경을 설정하기를 원할 것이다. Amazon RDS API나 명령어 라인 툴을 사용해 테스팅 과정 일부로서 DB 인스턴스를 생성, 사용, 종료할 수 있다.

다음의 상황을 고려해보자. 여러분의 애플리케이션은 한 달 동안 데이터를 느리지만 지속해서 누락시키고, 단순하면서 오버헤드가 낮은 쿼리를 통해서 데이터에 접근한다. 그러나 매달 마지막에 여러분의 애플리케이션은 종일 요금 청구 작업을 시작하고, 그동안에 쿼리는 복잡해지고 시간이 많이 소모된다. Amazon RDS를 사용하면 한 달의 95% 동안은 적당한 성능의 시스템에서 데이터베이스를 호스트하고, 요금 청구 작업을 지원하기 위해 한 달에 한 번씩 규모를 확장하고, 그다음에 규모를 줄이면 된다. 이 작업을 필요에 따라 하루, 1주, 계절별로 할 수 있다. 니즈가 많아지면 데이터베이스에 스토리지 공간을 추가할 수도 있다.

흥미가 당기는가? 계속 살펴보자!

중요

MySQL 코드

이번 장은 여러분이 MySQL에 익숙하다고 가정한다. 명령어 라인에서 mysql 명령어를 사용하는 방법을 안다면 걱정할 필요가 없다. 물론 여러분의 시스템에 MySQL과 PHP가 설치돼 있어야 한다. 그렇지 않다면 sitepoint.com[1]에 가서 케빈 양크가 쓴 Build Your Own Database Driven Web Site Using PHP and MySQL의 1장을 참고한다. 이것은 무료이며, 모든 플랫폼에서의 설치 방법이 자세히 수록돼 있다.

---

1   http://articles.sitepoint.com/article/php-amp-mysql-1-installation

Amazon RDS

이 책에서 계속 본 것처럼 AWS가 기본적인 세부사항을 많이 처리하므로 여러분은 여러분의 애플리케이션에 집중할 수 있다. Amazon RDS는 관계형 데이터베이스의 생성 및 유지보수와 관련해 운영상 복잡한 것을 많이 처리한다. 그럼에도 여러분이 MySQL에 관해 이미 알고 있는 모든 것은 여전히 적용된다. 기존의 툴, 코드, 데이터, 쿼리를 사용할 수 있다. 이번 절에서는 Amazon RDS와 MySQL의 주요 컨셉 중 몇 가지를 살펴보고 Amazon RDS 프로그래밍 모델을 설명하며, Amazon RDS의 가격 책정 모델을 마지막으로 설명한다.

Amazon RDS 개념

Amazon RDS와 관련된 대다수 오퍼레이션의 중심에는 **DB 인스턴스**(DB Instance)가 있다. 여러분은 DB 인스턴스를 **Single-AZ**나 **Multi-AZ Deployment**로서 생성할 수 있다. 2장의 "가용 영역" 절에서 본 것처럼 AZ은 Availability Zone의 줄임말이다. 그리고 AWS는 한 AZ에 영향을 미치는 오류가 다른 AZ에는 영향을 미치지 않게 설계된다. Multi-AZ Deployment는 향상된 가용성과 내구성을 제공한다. 이를 위해서 다수의 가용 영역들 사이에서 데이터베이스 업데이트를 동기적으로 복제한다. 그리고 오류가 발생하면 자동으로 페일오버를 진행한다.[1]

---

1   AWS를 활용하면 매우 복잡한 시스템 구축 작업(핫 스페어, 자동 페일오버, 자동 복구 포함)을 매우 간단하고 직관적인 메뉴 옵션으로 전환할 수 있다.

DB 인스턴스를 생성할 때 DB 인스턴스 클래스를 명시해야 한다. 표 9.1[2]에서 보면 알겠지만, 현재 5개의 DB 인스턴스 클래스가 있다. 32비트와 64비트 인스턴스 클래스를 선택할 수 있는 EC2와 달리 모든 RDS DB 인스턴스 클래스는 64비트다.

표 9.1 Amazon RDS DB 인스턴스 클래스[a]

이름	CPU 가상 코어	CPU 코어 속도(EC2 컴퓨팅 유닛)	RAM	비용/시간
스몰	1	1	1.7GB	0.11달러
라지	2	2	7.5GB	0.44달러
엑스트라 라지	4	2	15GB	0.88달러
더블 엑스트라 라지	4	3.25	34GB	1.55달러
쿼드러플 엑스트라 라지	8	3.25	68GB	3.10달러

a 이 책에 언급된 모든 가격과 같이 이 역시 시간이 지나면서 변경될 수 있다.

DB 인스턴스 클래스를 몇 분 안에 변경할 수 있으므로 시간을 아낄 수 있다. 표 9.1의 비용은 Single-AZ Deployment의 비용을 반영한다. Multi-AZ Deployment의 DB 인스턴스의 비용은 Single-AZ Deployment와 비교하면 두 배가 된다.

DB 인스턴스에 대한 스토리지 양은 고정돼 있지 않다. 그 대신 DB 인스턴스를 생성할 때 5GB~1,024GB의 스토리지를 처음에 할당한다. 필요에 따라 더 많은 공간을 추가할 수 있다(한도는 1,024GB). 명시하는 공간의 양을 DB 인스턴스에 대한 **할당 스토리지**(allocated storage)라고 한다. 추가 스토리지 할당은 시스템 정지 없이 DB 인스턴스에 추가할 수 있다.

DB 인스턴스를 생성할 때 **DB 인스턴스 식별자**를 명시해야 한다. 식별자는 소문자로 시작하는 문자열이고, 최대 63개의 소문자, 숫자, 하이픈이 들어갈 수 있다. 식별자는 하이픈으로 끝날 수 없으며, 하이픈이 연이어 들어갈 수도 없다. 식별자는 계정에서 고유해야 한다.

각 DB 인스턴스는 **데이터베이스 엔진**(database engine)의 단일 복사본을 호스트한다. 이 책이 나올 때 지원되는 유일한 엔진은 MySQL 버전 5.1이었다. 대응하는 데이터베이스 엔진 식별자는 MySQL 5.1이다.

2　Amazon EC2에서와 같이 사용할 수 있는 DB 인스턴스 클래스는 시간이 지나면서 늘어나고 변경될 것으로 예상된다. http://aws.amazon.com/rds에 가면 DB 인스턴스 유형의 최신 목록을 볼 수 있다.

노트

스토리지 엔진

MySQL은 InnoDB나 MyISAM 같은 스토리지 엔진을 "엔진(engine)"으로 표현한다. MySQL 인스턴스에 있는 각 테이블은 개별 스토리지 엔진을 사용한다. Amazon RDS의 자동화된 백업 기능은 현재 InnoDB에만 지원된다. 왜냐하면, InnoDB가 신뢰할만한 충돌 복구 기능을 지원하기 때문이다. RDS와 함께 MyISAM 테이블을 사용해야 한다면 각 테이블의 모든 활동을 중단하고, 잠근 다음에, 백업하기 전에 비운다.[1]

---

[1] RDS 가이드(http://docs.amazonwebservices.com/AmazonRDS/latest/DeveloperGuide/)에 가면 이 주제에 관한 정보가 더 있다.

DB 인스턴스는 항상 특정 상태에 있게 된다. 주요 상태로는 생성(creating), 백업(backing-up), 가용(available), 수정(modifying), 삭제(deleting)가 있다. DB 인스턴스는 대부분 시간 동안 가용 상태로 있다. 다른 상태는 일시적이다.

애플리케이션 프로그램과 데이터베이스 툴은 DB 인스턴스와 네트워크 연결을 수립할 수 있어야 한다. 이를 가능하게 하려면 DB 인스턴스와 DB 보안 그룹을 연계해야 한다. 그리고 네트워크 주소 범위나 EC2 보안 범위로부터 DB 인스턴스로 들어오는 접근을 인가해야 한다. 인가가 이루어지고 나면 연결을 이루기 위해서 프로그램과 툴이 DB 인스턴스의 엔드포인트를 사용하게 설정할 수 있다.

Amazon RDS를 사용하면 데이터베이스 엔진의 성능과 행위에 영향을 미치는 매개변수를 제어할 수 있으며, 이 작업에 DB Parameter Group이 사용된다. 각 그룹에는 데이터베이스 엔진에 고유한 설정 변수의 목록이 포함된다. MySQL 데이터베이스에 대해 DB Parameter Group은 innodb_additional_mem_pool_size와 innodb_buffer_pool_size 같은 값을 포함할 것이다. 일부 값은 절대적이며, 어떤 값은 공식에 의해 명시된다. 예를 들어, innodb_buffer_pool_size는 {DBInstanceClassMemory*3/4} 공식에 의해 명시된다. 이렇게 하면 Parameter Group을 모든 DB 인스턴스 클래스에 적용할 수 있으며, 값은 인스턴스 클래스의 기능을 기반으로 조정될 것이다. 특정 Parameter Group에 어떤 매개변수에 대한 값이 없으면 RDS나 데이터베이스 엔진에 특정된 기본값이 사용된다. AWS 계정은 기본 DB Parameter Group을 포함하며, 매개변수를 변경해야 할 때까지 기본 DB Parameter Group을 사용할 수 있다. Parameter Group을 수정할 때 즉시 업데이트되게 하거나, 그룹과 연계된 인스턴스나 DB 인스턴스가 그다음에 재부팅될 때 업데이트되게 할 수 있다. 일부 매개변수는 동적으로서 곧바로 적용할 수 있으며, 어떤 매개변수는 정적이라서 DB 인스턴스의 재부팅이 필요할 수 있다.

새로운 DB 인스턴스를 생성할 때 마스터 사용자 이름과 마스터 사용자 비밀번호를 넣어야 한다. Amazon RDS는 제공된 값을 사용해 데이터베이스 엔진에 계정을 생성할 것이며, 이는 데이터베이스에 연결하기 위해 사용돼야 한다. 사용자에게 주어지는 MySQL 퍼미션으로는 SELECT, INSERT, UPDATE, DELETE, CREATE, DROP, RELOAD, PROCESS, REFERENCES, INDEX, ALTER, SHOW DATABASES, CREATE TEMPORARY TABLES, LOCK TABLES, EXECUTE, CREATE VIEW, SHOW VIEW, CREATE ROUTINE, ALTER ROUTINE, CREATE USER, EVENT, TRIGGER가 있다.

마스터 사용자는 GRANT 옵션이 있고, 따라서 DB 인스턴스가 올라가고 실행된 후에 생성되는 사용자 계정에 퍼미션을 부여할 수 있다.

새로운 DB 인스턴스를 생성할 때 데이터베이스 이름을 옵션으로 제공할 수 있다. 여러분이 이름을 제공하면 Amazon RDS는 그 이름이 붙은 빈 데이터베이스를 DB 인스턴스에 생성할 것이다.

각 DB 인스턴스는 연계된 유지보수 창을 가진다. DB 인스턴스 수정(예: 다른 DB 인스턴스 클래스로 확장)과 소프트웨어 패칭이 일어날 때 유지보수 창에서 이를 유연하게 통제할 수 있다. 지정된 주에 유지보수 이벤트 일정이 예정돼 있다면 여러분이 지정한 4시간 유지보수 창의 어떤 지점에서 이벤트가 시작되어서 완료될 것이다. Amazon RDS는 매주 정해진 4시간 동안 패치와 매개변수 업데이트를 적용할 것이다. 기본적으로 창은 각 AWS 지역에 특정된 "quiet" 시간으로 지정된다. 여러분의 애플리케이션에 가장 좋은 시간(영향을 받는 사용자 수가 가장 적을 때)을 안다면 해당 주의 원하는 때로 창을 지정할 수 있다. DB 인스턴스를 오프라인으로 해야 하는 유지보수 이벤트는 스케일 계산 오퍼레이션(시작부터 끝까지 수 분 걸림)과 필수 소프트웨어 패칭이다. 보안과 내구성에 영향을 미치는 패치에 대해서만 필수 패칭 일정이 자동으로 수립된다. 이러한 패칭은 잘 일어나지 않아서 몇 달에 한 번씩 일어난다. 그리고 유지보수 창에서 아주 짧은 시간 안에 지나가서 완료된다.

Amazon RDS API는 DB 인스턴스 백업 과정을 쉽고 간단하게 처리한다. RDS는 DB 인스턴스의 백업 창에서 매일 자동 백업을 시작하고, 백업 파일은 인스턴스의 백업 보유 기간에 지정된 기간 동안 유지된다. DB 스냅샷을 아무 때나 생성할 수 있으며, 생성한 스냅샷은 여러분이 삭제할 때까지 보유된다. 각 DB 스냅샷에 고유한 이름을 할당해야 한다. 또한, Amazon RDS는 각 데이터베이스에 대한 변경 로그를 저장한다. 이 로그를 이용하면 백업 보유 기간 안의 어떤 시점에 있었던 때로, 아니면 DB 인스턴스의 최종 복구 가능 시간 이전의 어떤 때로 데이터베이스를 복구할 수 있다. 그 시간은 일반적으로 현재 시각에서 5분 이내다.

위에서 설명한 상황에서 데이터베이스를 복구하는 것은 연계된 백업 파일에서 새로운 DB 인스턴스를 생성하는 것을 의미한다. 창의적으로 생각한다면 이 기능을 사용해 흥미로운 작업을 할 수도 있다. 여러분의 애플리케이션이 시작됐는데 이상하게 돌아가서 무슨 일이 있는지 파악하려고 데이터베이스를 분석하기 원한다면 어떻게 해야 하는가? 스냅샷을 새로운 DB 인스턴스로 복구해서 시스템에 영향을 미치지 않게 스냅샷을 깊이 분석한다. 새로운 버전의 코드를 배치하는가? 데이터베이스의 스냅샷을 먼저 확보하고, 롤백 작업을 진행한다.

Amazon RDS는 DB Instance, DB Snapshot, DB Security Group, DB Parameter Group과 관련된 이벤트를 추적한다. 각 이벤트에는 날짜와 시간, 소스 타입, 소스 이름, 메시지가 포함된다. 소스 타입, 소스 이름, 데이터 범위로 이벤트를 검색할 수 있다.

각 DB 인스턴스는 CloudWatch에 다음 메트릭을 보고한다.

- CPU 사용량
- 여유 스토리지
- DB 연결 수
- 초당 읽기 오퍼레이션 수
- 초당 쓰기 오퍼레이션 수
- 읽기 지연
- 쓰기 지연
- 읽기 처리량
- 쓰기 처리량

각 DB 인스턴스의 전반적인 상태와 성능을 추적하기 위해 이들 메트릭을 사용할 수 있다. CPU 사용량을 모니터링해 더 큰 DB 인스턴스 유형으로 확장할지 더 작은 DB 인스턴스 유형으로 줄일지 결정할 수 있다. 그리고 여유 스토리지(Free Storage)를 보고 DB 인스턴스 중 어떤 것에 더 많은 스토리지를 할당할지 그 시점을 알 수 있다.

Amazon RDS 프로그래밍 모델

AWS에서와같이 Amazon RDS(Relational Database Service)의 각 부분은 웹 서비스 API를 통해 사용할 수 있다. RDS 리소스에 접근하고 조작하려면 명령어 라인 툴과 AWS 관리 콘솔을 이용한다. CloudFusion의 현재 버전인 2.5는 RDS를 지원하지 않는다. 따라서 이번 장의 예제에서는 명령어 라인 툴과 콘솔을 사용할 것이다. RDS는 API 수준에서 살펴보는 것에 의미가 있으므로, 지금부터 잠깐 살펴보자.

CreateDBInstance 함수는 새로운 DB 인스턴스를 생성하는 데 사용된다. DB 인스턴스에서 운용되는 다른 함수로는 DescribeDBInstances, ModifyDBInstance, RebootDBInstance, DeleteDBInstance가 있다.

DB 스냅샷의 생성과 조작에 사용되는 함수도 있다. CreateDBSnapshot, DescribeDB Snapshots, DeleteDBSnapshot, RestoreDBInstanceFromDBSnapshot, RestoreDB InstanceToPointInTime이 이에 해당한다.

DB Parameter Group을 조작하는 함수로는 CreateDBParameterGroup, DeleteDB ParameterGroup, DescribeEngineDefaultParameters, ModifyDBParameterGroup이 있다.

DB 보안 그룹을 조작하는 함수로는 CreateDBSecurityGroup, DescribeDBSecurity Groups, DeleteDBSecurityGroup, AuthorzeDBSecurityGroupIngress, RevokeDB SecurityGroupIngress가 있다.

각 RDS 리소스에 의해 만들어진 이벤트에 접근하려면 DescribeDBEvents 함수를 사용한다.

Amazon RDS 가격 책정

Amazon RDS의 사용 비용은 다섯 가지 척도, 즉 DB 인스턴스 시간, 제공되는 스토리지, 스토리지 I/O, 백업 스토리지, 데이터 전송을 기반으로 청구된다.

DB 인스턴스 시간

Single-AZ RDS DB 인스턴스의 시간당 사용 비용은 0.11달러~3.10달러다(표 9.1 참고). Multi-AZ DB 인스턴스의 비용은 표 9.1에 있는 것의 두 배다. 그러나 이 가격에는 프라이머리 DB 인스턴스와 연계된 스탠바이가 포함된다.

DB 인스턴스가 생성되면 비용이 발생하기 시작하며, DB 인스턴스가 종료될 때까지 시간별로 비용이 계속 청구된다. 이것은 SimpleDB에 의해 사용된 것과 다른 모델이므로 둘 사이를 혼동하지 않기 바라다. 앞에서 언급한 것과 같이 조금 있으면 DB 인스턴스의 클래스를 변경할 수 있으므로 여러분의 니즈에 따라 스케일을 높이고 낮추는 것을 두려워하지 마라.

제공되는 스토리지

DB 인스턴스와 연계되어 제공되는 스토리지에서, Single-AZ 인스턴스는 매월 GB당 0.10달러의 비용이 청구되며, Multi-AZ 인스턴스는 Single-AZ 인스턴스의 2배가 청구된다. 스토리지를 사용하지 않더라도 준비한 양에 대해 지불해야 한다. 추가 스토리지를 제공하기가 쉽고 빠르므로 너무 많은 스토리지를 미리 준비할 필요는 없다. 각 DB 인스턴스의 여분 스토리지 메트릭을 보면 추가 스토리지를 추가할 시점을 알 수 있다.

스토리지 I/O

DB 인스턴스용으로 준비된 스토리지에 대해 백만 건의 I/O 요청에 0.10달러의 비용이 청구된다. 다른 모든 AWS에 청구되는 비용처럼 스토리지 I/O에 대한 비용도 실제 사용량만큼 비례 배분된다. Multi-AZ 인스턴스는 Single-AZ보다 두 배로 쓰기 요청을 증가시킬 것이다. 왜냐하면, 데이터가 쓰일 때 동시에 복제되기 때문이다.

백업 스토리지

백업 스토리지는 자동화된 일일 백업과 스냅샷 백업을 위해 사용된다.

실제 DB 인스턴스를 위해 준비한 스토리지 양의 100%까지는 백업 스토리지 비용이 부과되지 않는다. 이 수준을 넘어가거나 인스턴스를 종료하면 추가 백업 스토리지에 대해 월간 GB당 0.15달러의 비용이 청구된다.

데이터 전송

이것은 조금 더 복잡하다. 규칙은 다음과 같다.

- Amazon RDS로 들어오고 RDS에서 나가는 데이터의 첫 기가바이트는 무료다.
- 같은 지역의 다른 가용 영역의 EC2 인스턴스와 DB 인스턴스 사이에서 데이터를 전송하면 EC2 측에서의 데이터 전송에 대해서만 GB당 0.01달러의 비용을 지불한다.

- Multi-AZ 배치의 일부로서 일어나는 구역 대 구역 데이터 전송에 대해서는 비용이 청구되지 않는다.

- 같은 가용 영역에 있는 EC2 인스턴스와 DB 인스턴스 사이의 데이터 전송에는 비용이 청구되지 않는다.

- EC2 인스턴스에서 오지 않고 Amazon RDS로 전송된 데이터에는 GB당 0.10달러의 비용이 청구된다.

- EC2 인스턴스로 가지 않고 Amazon RDS 외부로 전송된 데이터에는 GB당 0.15달러부터 시작해서 차등제로 비용이 청구된다.

Amazon RDS 사용

이제 Amazon RDS를 실행해보자. 이번 절에서는 Amazon RDS를 사용하기 위해 로그인하고, AWS 관리 콘솔의 RDS 지원을 살펴보고, Single-AZ DB 인스턴스를 기동할 것이다. DB 인스턴스의 DB 보안 그룹을 설정하고, 원격 클라이언트에서 DB 인스턴스로 연결하고, 일부 데이터를 가져온다. DB 인스턴스가 올라가고 실행되면 성능을 모니터링하고, 백업을 시작하고, 프로세싱과 스토리지의 확장 방법을 배운다. 스냅샷에서 DB 인스턴스를 생성한 다음 DB 인스턴스를 종료할 것이다. 여러분의 애플리케이션에서 RDS를 사용하는 데 필요한 모든 것을 설정할 것이다.

이번 절의 내용을 전개하기 위해 테스트 데이터를 사용할 것이다. 그리고 필자의 DB 인스턴스의 규모를 적절하게 조정할 것이다. Amazon RDS의 사용법을 이미 알고 있다면 매개변수를 환경에 맞게 조정하는 일이 쉬울 것이다.

로그인

Amazon RDS 페이지[3]로 가서 Sign Up For Amazon RDS 버튼을 클릭한다.

---

3   http://aws.amazon.com/rds

콘솔 살펴보기

Amazon RDS에 로그인한 후, http://aws.amazon.com/에서 AWS 관리 콘솔을 연다. 필요하다면 AWS 계정에 로그인한다. 콘솔에 자주 로그인하지 않으려면 Settings 항목을 누른 다음 Sign out on inactivity 옵션의 체크를 해제한다(그림 9.1 참고).

그림 9.1 자동 사인 아웃 비활성화

 Amazon RDS 탭을 클릭한다. 드롭다운 메뉴에서 가장 가까운 AWS 지역을 선택한다. 그러면 그림 9.2와 같은 화면이 보일 것이다.

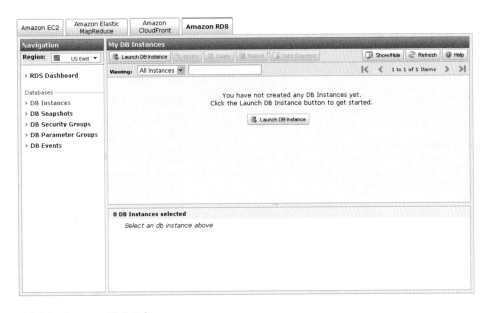

그림 9.2 Amazon RDS 콘솔

DB 인스턴스 기동

Launch DB Instance Wizard를 사용해서 Single-AZ DB 인스턴스를 생성해보자. Navigation 영역에서 DB Instances를 클릭하고 Launch DB Instance 버튼을 클릭한다. 마법사의 첫 번째 페이지를 채운다(그림 9.3 참고).

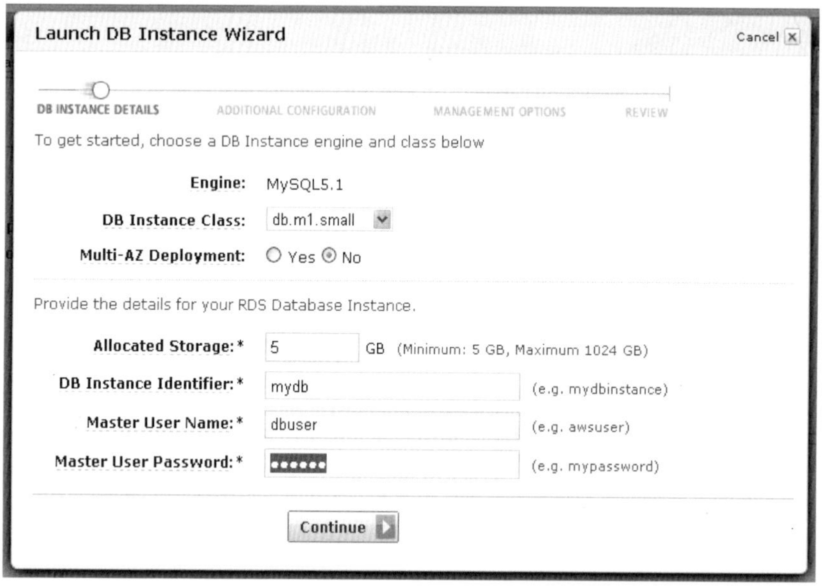

그림 9.3 마법사 첫 번째 페이지(Launch DB Instance Wizard)

DB Instance Class와 Multi-AZ Deployment 값은 있는 그대로 둔다. Allocated Storage
에는 5GB를, DB Instance Identifier는 mydb로 지정하고, Master User Name을 dbuser로,
Master User Password를 dbpass로 지정한다. Continue 버튼을 누르고, 마법사의 두 번째
페이지를 채운다. 그림 9.4를 참고한다.

그림 9.4 마법사 두 번째 페이지

Database Name을 mydata로 지정하고, 다른 필드들의 값은 그대로 둔다. Continue 버튼을 눌러서 마법사의 세 번째 페이지로 간다(그림 9.5 참고).

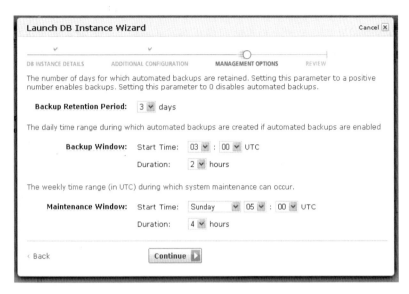

그림 9.5 마법사 세 번째 페이지

Backup Retention Period를 3일로 지정한다. 다른 필드들은 그대로 둔다. Continue 버튼을 눌러서 원하는 값이 들어갔는 지 확인한다(그림 9.6 참고).

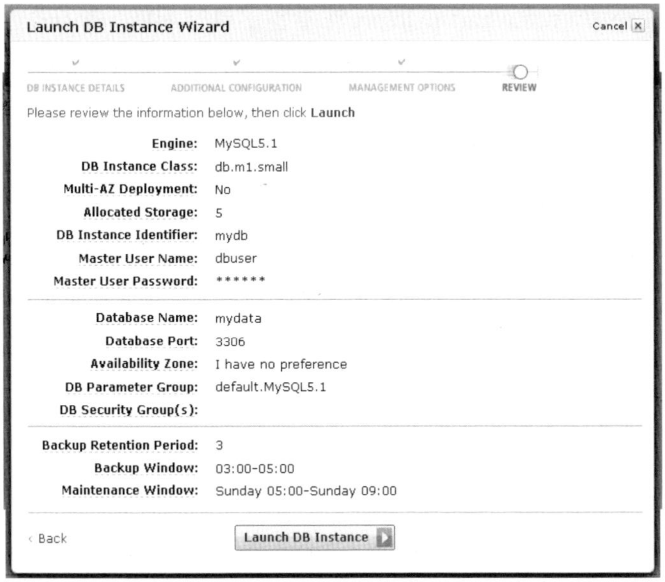

그림 9.6 설정 값 확인

모든 값이 제대로 설정됐다고 판단되면 Launch DB Instance 버튼을 눌러서 여러분의 DB 인스턴스를 생성한다. 상태 페이지를 닫고 콘솔의 DB Instances 페이지로 돌아간다. DB 인스턴스의 상태는 creating일 것이다. 몇 분 동안은 이 상태로 머물러 있을 것이다. 로우의 시작 부분에 있는 스피너가 없어지고 새로운 인스턴스의 상태가 여전히 creating일 경우에 상태가 available로 바뀔 때까지 1분 단위로 새로 고침 버튼을 클릭한다.

DB 보안 그룹 설정

다음 단계는 클라이언트 시스템으로부터의 연결을 수락하기 위해 DB 보안 그룹을 설정하는 것이다. 두 가지 경우를 고려해야 한다.

- 같은 AWS 계정에서 실행되는 EC2 인스턴스로부터의 연결 : EC2 인스턴스가 이미 올라와서 실행되고 있다면 EC2 인스턴스를 클라이언트 머신으로 사용할 수 있다. EC2 인스턴스와 연계된 보안 그룹 중 하나의 이름을 알아야 한다. 또한, 12자리의 AWS 계정 ID를 가지고 있어야 한다.[4]

- 데스크톱 PC나 서버로부터의 연결 : MySQL 클라이언트 애플리케이션이 데스크톱이나 기존 서버에서 실행된다면 애플리케이션을 클라이언트로 머신으로서 사용할 수 있다. 이를 위해서는 머신의 IP 주소를 알아야 한다. 데스크톱 머신이 NAT(network address translation)를 사용하는 네트워크 일부라면 여러분의 IP 주소가 외부에서 어떻게 보이는지 알기 위해 http://www.whatsmyip.org와 같은 온라인 서비스를 사용한다. 리눅스 서버의 IP 주소를 알려면 ifconfig 명령어를 사용하고, 윈도우 서버의 IP 주소를 알려면 ipconfig 명령어를 사용한다.

필요한 정보를 모두 모았으면 AWS 관리 콘솔로 가서 DB 보안 그룹을 클릭한다. Default라는 이름의 DB 보안 그룹을 클릭하고 페이지의 아랫부분을 주의해서 본다. 여러분의 EC2 인스턴스로부터 여러분의 DB 인스턴스를 연결할 계획이라면 EC2 보안 그룹을 선택하고 폼을 적절하게 채운다. 그다음에 Add 버튼을 누른다(그림 9.7 참고).

---

4 http://aws.amazon.com의 관리 콘솔에 로그인한다. Account Number에 여러분의 AWS 계정 ID를 넣으면 된다. 콘솔의 Account 섹션에 링크된 모든 페이지에서 AWS Account ID를 볼 수 있다(Security Credentials, Account Activities, Usage Reports).

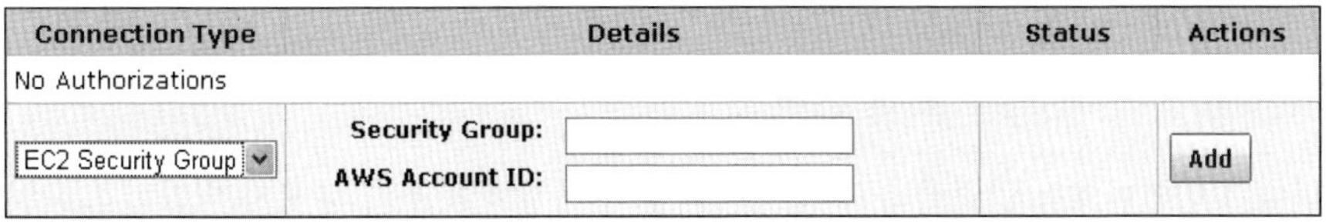

Connection Type	Details	Status	Actions
No Authorizations			
EC2 Security Group ▼	Security Group: [_____] AWS Account ID: [_____]		Add

그림 9.7 EC2 보안 그룹 인가 추가

CIDR/IP를 선택하고 IP 주소나 IP 주소 범위를 입력한다. 이때 CIDR 표기법을 이용한다. 단일 주소로부터 연결한다면 해당 주소와 /32를 입력한다. 이렇게 하면 여러분의 머신만 접근할 수 있게 된다. 주소 범위로부터 접근할 계획이라면 네트워크 관리자에게 CIDR 주소를 요청해야 한다. 주소를 입력했으면 Add 버튼을 누른다(그림 9.8 참고).

Connection Type	Details	Status	Actions
No Authorizations			
CIDR/IP ▼	CIDR: [_____] To authorize only the address of your current machine use 72.21.198.68/32		Add

그림 9.8 CIDR/IP 인가 추가

DB 인스턴스 접근

좋다. 이제 거의 다 왔다. DB 인스턴스를 기동했고 올려서 실행하고 있다. 여러분은 DB 보안 그룹에 규칙을 추가했고, 애플리케이션에서 데이터베이스로 접근할 수 있다. 다음 단계는 데이터베이스 연결에 필요한 정보를 검색하는 것이다. 콘솔로 가서 DB 인스턴스를 클릭한다. Endpoint 필드의 위치를 정한다. 이름을 선택하고 클립보드로 복사한다. 필자의 Endpoint는 그림 9.9와 같다.

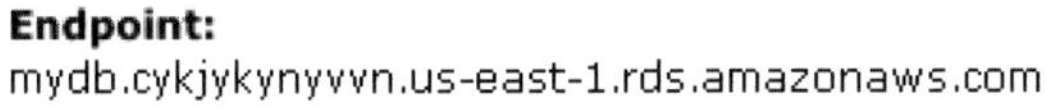

Endpoint:
mydb.cykjykynyvvn.us-east-1.rds.amazonaws.com

그림 9.9 필자의 DB 인스턴스 Endpoint

mydb는 DB 인스턴스 식별자로서 필자가 DB 인스턴스를 생성할 때 지정한 것이다. us-east-1.rds.amazonaws.com은 필자가 us-east-1(버지니아 북부) 지역에 있는 DB 인스턴스에 접근하고 있다는 것을 나타낸다. cykjykynyvvn은 고유한 식별자다.

이제 클라이언트로 가보자. Mysql 명령어를 다음과 같이 시작하자.

```
$ mysql -u dbuser -p -h mydb.cykjykynyvvn.us-east-1.rds.amazonaws.com
```

dbuser에는 DB 인스턴스를 생성할 때 명시한 마스터 사용자 이름을 넣는다. -h 다음의 문자열은 방금 콘솔에서 복사한 값으로 대체한다.

mysql 명령어가 비밀번호를 입력하라고 하면 여러분이 지정한 마스터 사용자 비밀번호를 입력해서 로그인한다.

```
Enter password:
Welcome to the MySQL monitor.  Commands end with ; or \g.
Your MySQL connection id is 27
Server version: 5.1.45-log MySQL Community Server (GPL)

Type 'help;' or '\h' for help. Type '\c' to clear the buffer.

mysql>
```

축하한다. 완성했다. DB 인스턴스를 기동하고 연결했다. 이제, RDS가 빈 데이터베이스를 만들었다는 것을 검증할 수 있다.

```
mysql>show databases;
+--------------------+
| Database           |
+--------------------+
| information_schema |
| innodb             |
| mydata             |
| mysql              |
+--------------------+
4 rows in set (0.00 sec)

mysql>use mydata;
Database changed
mysql>show tables;
Empty set (0.00 sec)
```

일부 데이터 가져오기

다음 단계는 데이터베이스에 데이터를 넣는 것이다. 필자는 약 200,000개의 RSS 피드의 URL이 있는 파일이 있어서 그 파일을 사용했다. 먼저, 이 데이터를 위한 테이블을 만들었다.

```
mysql>create table feeds (feedid int(11), url varchar(255));
Query OK, 0 rows affected (0.08 sec)
```

그다음에 데이터를 DB 인스턴스로 로드했다.

```
mysql>load data local infile "feeds.txt" into table feeds fields terminated by ","
↪ enclosed by '"';
Query OK, 215825 rows affected (4.53 sec)
Records: 215825 Deleted: 0 Skipped: 0 Warnings: 0
```

그리고 데이터가 잘 들어갔는지 확인했다.

```
mysql>select * from feeds order by rand() limit 10;
+--------+----------------------------------------------------------+
| feedid | url                                                      |
+--------+----------------------------------------------------------+
| 333143 | http://www.livejournal.com/users/so_delicate/data/atom/  |
| 166339 | http://www.vivat.be/rss_nl.asp?section=7                 |
| 422894 | http://sociable.blogspot.com/atom.xml                    |
| 276630 | http://www.livejournal.com/users/faizmagic/data/atom/    |
| 530872 | http://blogs.guardian.co.uk/games/index.xml              |
| 423608 | http://rss-lebanon.com/blogs/xmlsrv/rss2.php?blog=2       |
| 547146 | http://faboffer.com/articles/dwi-law/rss.xml             |
| 213177 | http://randomnumbers.us/wp-rss2.php                      |
| 500848 | http://feeds.healthywomen.org/nwhrc_newshcp              |
| 347547 | http://www.livejournal.com/users/_clearblur_/data/atom/  |
+--------+----------------------------------------------------------+
10 rows in set (1.08 sec)
```

여러분에게도 관심 있는 데이터가 있을 것이다. 여기서 그것을 자유롭게 사용하기 바란다.

RDS 관리

DB 인스턴스와 상호작용하는 방법을 이제 알았으므로 인스턴스의 다양한 관리 방법을 살펴보자.

인스턴스 성능 모니터링

콘솔로 가서 해당 인스턴스를 클릭한다. 그다음 페이지의 하단 부분에 있는 Monitoring 탭을 클릭한다(그림 9.10 참고).

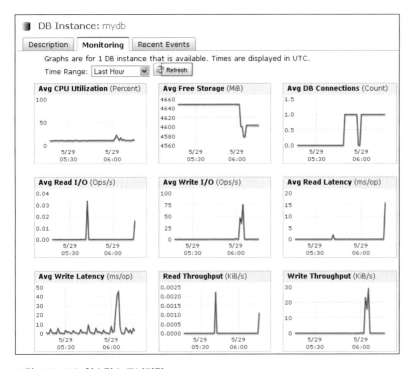

그림 9.10   DB 인스턴스 모니터링

Avg Free Storage 그래프에 변화가 있을 정도로 매우 많은 데이터를 로드했다는 것을 볼 수 있다. 그리고 다른 그래프를 보면 필자가 로드한 다음에 쿼리로 보낸 데이터와 관련해서 시스템 로드나 네트워크 트래픽이 증가했다는 것을 보여주는 일시적인 변화가 있음을 알 수 있다.

스냅샷 백업 시작

스냅샷 백업에 관해 살펴보자. DB 인스턴스를 마우스 오른쪽 버튼으로 클릭하고 Take Snapshot을 선택한다(그림 9.11 참고).

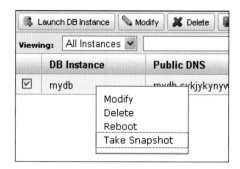

그림 9.11 스냅샷 백업

DB 스냅샷의 이름을 입력하고 Yes, Take Snapshot 버튼을 누른다.

콘솔은 DB Snapshots 페이지로 자동 전환되고 새로운 스냅샷이 보일 것이며, 상태는 creating이 된다. 이 상태는 몇 분 후 available로 바뀔 것이다.

스냅샷은 시작된 시간의 데이터베이스 상태를 항상 반영한다. 데이터를 디스크로 보내거나 애플리케이션을 중지할 필요가 없다. 생성된 이벤트를 보려면 콘솔 하단에 있는 Recent Events 탭을 클릭한다(그림 9.12 참고).

DB Snapshot: mydb-2010-05-28-1		
Description **Recent Events**		

Most Recent Events   [Refresh]

Time	Source	System Notes
2010-05-28 23:40 PDT	mydb-2010-05-28-1	User snapshot created
2010-05-28 23:38 PDT	mydb-2010-05-28-1	Beginning user snapshot creation

See more events

그림 9.12 최근 이벤트

스케일업 프로세싱

DB 인스턴스를 테스트했고, 실제로 사용하기로 했다고 가정하자. 첫날 많은 사용자가 와서 처리 능력을 늘리기로 했다. DB 인스턴스를 마우스 오른쪽 버튼으로 클릭하고 Modify 옵션을 선택한다. 그림 9.13과 같은 화면이 나올 것이다.

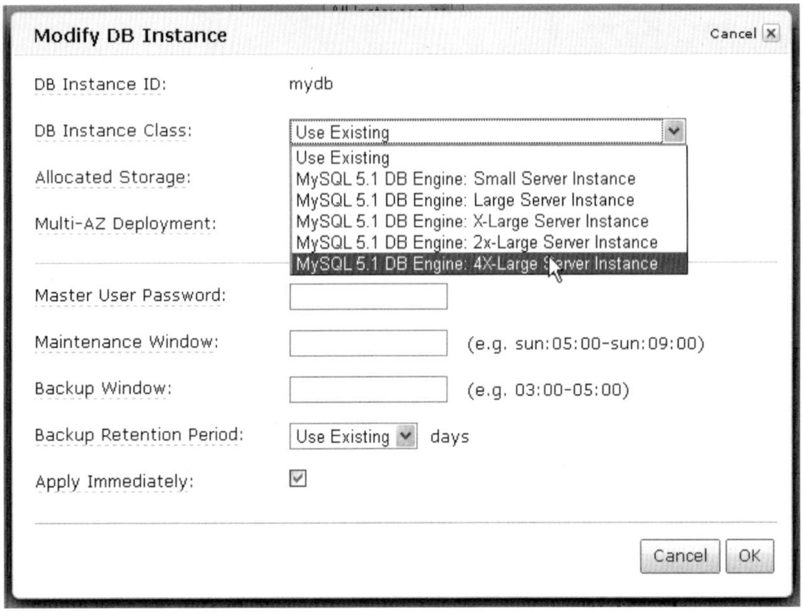

그림 9.13 DB 인스턴스 스케일업

　새로운 DB 인스턴스 클래스를 선택하고 Apply Immediately를 체크한 다음에 OK 버튼
을 누른다. DB 인스턴스의 상태가 modifying으로 바뀔 것이고 인스턴스 클래스가 수정되고
있다는 것을 나타내기 위해서 새로운 엔트리가 Recent Events에 보일 것이다. 수정이 완료되
면 상태는 available로 될 것이고 대응하는 이벤트가 나타날 것이다. 필자의 이벤트 로그(그림
9.14)에서 볼 수 있듯이 스케일링 오퍼레이션에 들어간 시간은 합해서 6분이다.

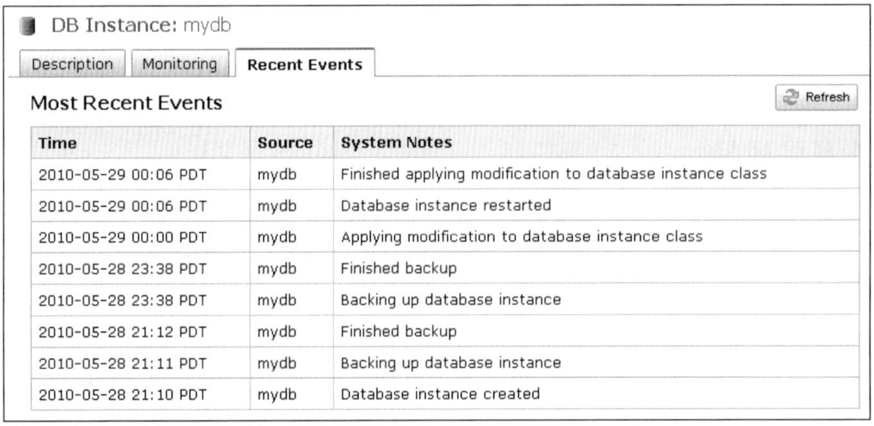

그림 9.14 DB 인스턴스 수정 시 이벤트 로그

예상보다 적은 트래픽을 수신하면 앞에서 설명한 것과 같은 방법으로 더 작고 더 싼 DB 인스턴스로 스케일 다운할 수 있다.

Modify 오퍼레이션을 통해 인스턴스에 할당된 스토리지 양을 높일 수 있다. 그러나 낮출 수는 없다.

스토리지 스케일업

RDS를 모니터링하다가 여유 스토리지가 1GB 미만으로 떨어져 있음을 발견했다. 스토리지를 추가할 시간이다. DB 인스턴스를 마우스 오른쪽 버튼으로 클릭하고 Modify를 선택한다. Allocated Storage를 더 큰 값으로 변경한다(그림 9.15 참고). Apply Immediately를 체크한다.

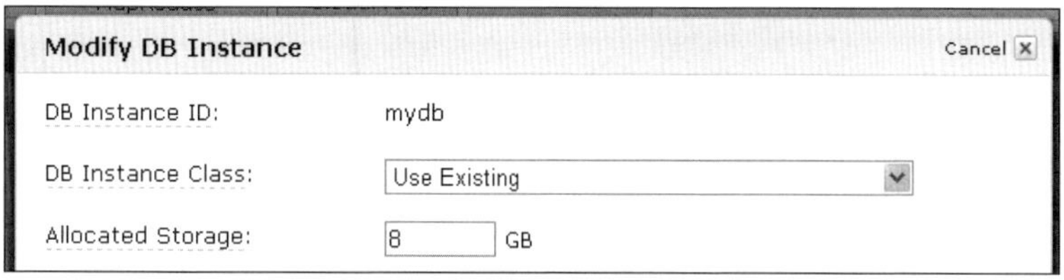

Modify DB Instance
Cancel
DB Instance ID:
mydb
DB Instance Class:
Use Existing
Allocated Storage:
8
GB

그림 9.15 DB 인스턴스에 할당된 스토리지 스케일업

Amazon RDS가 더 많은 스토리지를 추가하는 동안 인스턴스는 계속 운영되고 접근될 수 있으므로 스토리지 추가 작업을 아무 때나 할 수 있다. 수정 과정을 점검하기 위해 Recent Events를 사용한다. 필자의 이벤트 로그는 5분도 안 돼서 5GB에서 8GB로 증가했다는 것을 보여준다. Monitoring 탭을 보면 그 내용을 알 수 있다(그림 9.16 참고).

Avg Free Storage (MiB)
8000
7000
6000
5000
4000
6/25 17:30
6/25 18:00

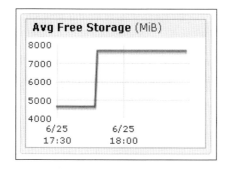

그림 9.16 Monitoring 탭: 스토리지 증가

DB 인스턴스 생성: DB 스냅샷과 특정 지점

AWS 관리 콘솔을 이용하면 DB 스냅샷으로부터 DB 인스턴스를 생성할 수 있다. 아니면 백업 보존 기간 안의 어떤 지점의 특정 상태로 DB 인스턴스를 생성할 수 있다. 이를 위해 DB Snapshots 페이지와 DB Instances 페이지를 이용한다.

Multi-AZ로 변환

Single-AZ DB 인스턴스를 Multi-AZ DB 인스턴스로 변환할 수 있다. 그 반대로 할 수도 있다. 콘솔에서 이 과정을 시작할 수 있다. 이를 위해 Modify 오퍼레이션을 시작하고 Multi-AZ Deployment 설정 값을 변경한다(그림 9.17 참고).

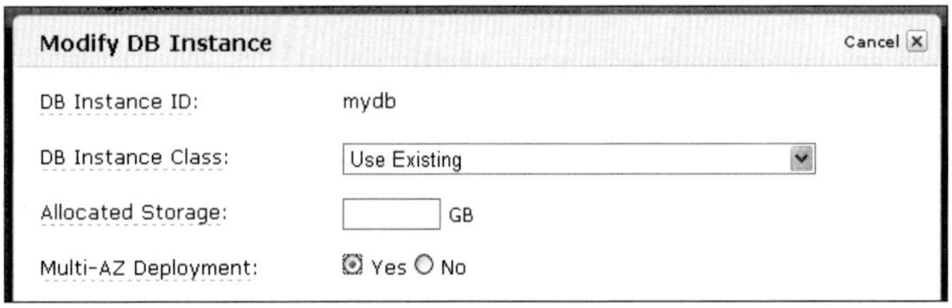

```
Modify DB Instance                                    Cancel ✕

DB Instance ID:        mydb

DB Instance Class:     [ Use Existing              ▼ ]

Allocated Storage:     [          ] GB

Multi-AZ Deployment:   ◉ Yes ○ No
```

그림 9.17   인스턴스를 Multi-AZ Deployment로 변경

　8GB의 스토리지가 할당된 필자의 예제 인스턴스는 Single-AZ에서 Multi-AZ으로 변환하는 데 7분이 걸렸다. 수정 프로세스 동안 DB 인스턴스의 상태는 available에서 modifying으로, 다시 modifying에서 available로 바뀌었다. 그 사이에 DB 인스턴스는 온라인 상태를 유지했다.

DB 인스턴스 삭제

DB 인스턴스의 생명 주기에서 마지막 단계는 삭제다. Amazon RDS를 이용하면 인스턴스의 마지막 스냅샷을 확보할 수 있다. 이렇게 함으로써 인스턴스를 종료하기 직전의 상태를 캡처할 수 있다(그림 9.18 참고).

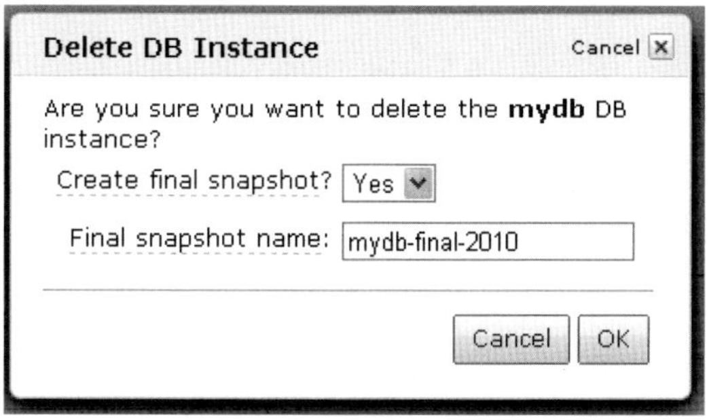

그림 9.18 인스턴스 삭제 전에 스냅샷 생성

인스턴스가 완전히 없어지기 전에 DB 인스턴스의 상태는 available에서 deleting으로 바뀔 것이다.

마무리

기존에 MySQL로 돌아가던 애플리케이션을 마이그레이션하기 위해 Amazon RDS를 어떻게 활용할 것인지 이제 충분히 알았을 것이다. 기존 데이터베이스에서 데이터를 내보내기 한 다음 에 그것을 새로운 DB 인스턴스로 가져올 수 있다. 이에 필요한 내용은 "DB 인스턴스 접근" 절 과 "일부 데이터 가져오기" 절에서 배웠다.

새로운 연결 스트링을 사용하기 위해 기존 코드를 수정해야 한다. 그리고 애플리케이션 계 층에서 네트워크에 접속할 수 있도록 DB 보안 그룹을 설정해야 한다.

기존의 백업 방법을 제거하고, 자동화된 백업을 설정할 수 있으며, 이 작업에 콘솔을 이용하 면 된다.

일단 모든 것이 여러분이 원하는 대로 돌아가면 DB 인스턴스 유형을 변경하는 것과 같이 Amazon RDS의 추가 기능을 이용하면 된다. 그리고 배치나 테스트 과정에 Amazon RDS를 통합하는 새롭고 고유한 방법에 관해 생각해 보는 것도 좋다.

Amazon Web Service

10

고급 AWS

이번 장에서는 우리가 이미 배웠던 것을 만든다. 그리고 몇 가지의 고급 주제를 살펴본다. 살펴볼 주제로는 AWS 사용 어카운팅 및 트래킹, 일래스틱 블록 스토리지 볼륨의 사용, EC2의 인스턴스 메타데이터 접근, AWS로 돌아가는 시스템의 동적 프로그래밍이 해당한다.

어카운팅과 트래킹

AWS는 기본적으로 동적이라서 Amazon S3에 더 많은 데이터를 저장하고, 도메인을 생성하고 SimpleDB에 두고, EC2 인스턴스를 기동하는 일이 쉽다. AWS의 이런 동적인 특징 때문에 사용량이나 사용에 따른 비용을 항상 주시해야 한다.

어카운트 행위

http://aws.amazon.com의 내 계정 메뉴에서 계정 활동을 선택해 어카운트 행위를 추적할 수 있다. 로그인한 후에 여러분이 사용하는 각 서비스의 사용량과 비용의 세부 정보를 볼 수 있다. 서비스 이름 옆의 + 아이콘을 클릭해 각 섹션을 확장할 수 있다. 그림 10.1은 2009년 8월 필자의 어카운트 행위이다.

Account Activity

View Previous Statement

Summary of This Month's Activity as of August 19, 2009

Billing Cycle for this Report: August 1 - August 31, 2009
AWS service usage charges on this page currently show activity through approximately 08/19/2009 12:59 GMT.

Expand All | Collapse All

Rate	Usage	Totals
⊞ Amazon CloudFront		
View/Edit Service		
United States		
$0.170 per GB - first 10 TB / month data transfer out	0.213 GB	0.04
$0.010 per 10,000 GET Requests	5,340 Requests	0.01
	View Usage Report	**0.05**
⊟ Amazon Elastic Compute Cloud		
View/Edit Service		
Amazon EC2 running Linux/UNIX Reserved Instances		
$0.03 per Small Instance (m1.small) instance-hour (or partial hour)	431 Hrs	12.93
Amazon EC2 running Linux/UNIX		
$0.10 per Small Instance (m1.small) instance-hour (or partial hour)	8 Hrs	0.80
Amazon EC2 Bandwidth		
$0.100 per GB Internet Data Transfer - all data transfer into Amazon EC2	2.940 GB	0.29
$0.170 per GB Internet Data Transfer - first 10 TB / month data transfer out of Amazon EC2	5.374 GB	0.91
$0.010 per GB Regional Data Transfer - in/out /between AZs or when using public or Elastic IPs or Elastic Load Balancing	0.105 GB	0.01
Amazon CloudWatch		
$0.015 per monitored instance-hour (or partial hour)	439 Hrs	6.59
	View Usage Report	**21.53**
Amazon Elastic MapReduce		
View/Edit Service		
	View Usage Report	**0.00**
⊟ Amazon Simple Queue Service		
View/Edit Service		
$0.01 per 10,000 requests ($0.000001 per request)	34,011 Requests	0.03
	View Usage Report	**0.03**
⊟ Amazon Simple Storage Service		
View/Edit Service		
$0.150 per GB - first 50 TB / month of storage used	121.963 GB-Mo	18.29
$0.100 per GB - all data transfer in	0.088 GB	0.01
$0.170 per GB - first 10 TB / month data transfer out	3.126 GB	0.53
$0.01 per 1,000 PUT, COPY, POST, or LIST requests	6,609 Requests	0.07
$0.01 per 10,000 GET and all other requests	26,670 Requests	0.03
	View Usage Report	**18.93**
⊟ Amazon SimpleDB		
View/Edit Service		
$0.00 per Machine-Hour consumed	46.867 Hrs	0.00
$0.00 per GB-Month of storage used	0.103 GB-Mo	0.00
$0.000 per GB - all data transfer in	0.002 GB	0.00
$0.000 per GB - first 10 TB / month data transfer out	0.000786 GB	0.00
	View Usage Report	**0.00**
Taxes		
Estimated Taxes (Due September 1, 2009)		
Charges due on September 1, 2009†		**40.54**

† All charges for this billing cycle will be charged to your credit card on your next billing date, September 1, 2009. These charges include 1) next billing cycle's subscription charges due on the next billing date and 2) usage charges from the current billing cycle. Not included in the charges displayed here are any additional usage charges you will accrue this billing cycle. Visit the Amazon Web Services FAQs to learn more about web services pricing models and billing.

All web services are sold by Amazon Web Services LLC

그림 10.1 필자의 어카운트 행위(2009.8)

여러분의 AWS 사용량이 매일 바뀐다면 어카운트 행위의 점검 시점을 만들어야 한다. 많은 양의 콘텐트를 서비스하고 있거나 증가한 시스템 로드나 트래픽에 대처하기 위해 EC2 인스턴스를 추가로 기동하는 오토 스케일 기능을 사용하고 있다면 어카운트 행위의 점검 시점을 꼭 만들어야 한다.

사용 데이터에 접근하기

어카운트 행위 생성에 사용된 원래의 데이터를 AWS 포털에서 내려받을 수 있다. 이를 위해 메뉴에서 사용 보고서 옵션을 선택하면 된다. 모든 서비스의 보고서를 내려받을 수 있으며, 시작 기간(Time Period), 사용 유형(Usage Types), 데이터 포맷(XML이나 CSV)을 원하는 대로 지정할 수 있다(그림 10.2 참고).

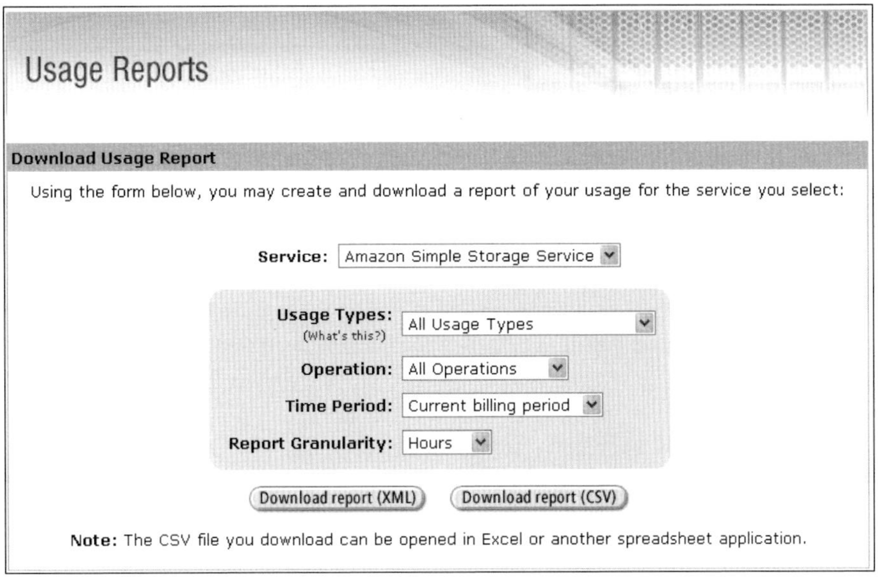

그림 10.2 AWS 사용량 보고서 내려받기

XML 처리 방법을 이미 배웠으므로 이번에는 CSV(Comma-Separated Value)로 작업을 한다. 이렇게 하면 새로운 기술을 배울 수 있다. 데이터에 접근해서, 데이터를 SimpleDB에 저장한 다음에 검색하고 표시한다.

여러분이 사용한 모든 서비스의 데이터를 내려받는다. 보고서 세분화 정도를 Days로 지정한다. 그리고 최근 AWS 사용을 표현하기 위해 시작 기간을 선택하고(필자는 2009.1.1부터 시작했고 약 8개월의 데이터를 내려받았음), Download report(CSV)를 클릭한다.

브라우저의 설정 방법에 따라 화면 전체가 데이터로 표시되거나 보고서를 내려받은 내역에 새로운 파일이 들어간다. 둘 중 어떤 경우든, 실행 중인 EC2 인스턴스로 데이터를 전송하기 위해 해야 할 작업을 처리한다. 필자는 노트패드의 로컬 복사본에서 파일을 열고, 텍스트를 선택해서 복사한 다음, 필자의 EC2 인스턴스에서 실행 중인 emacs 버퍼에 텍스트를 붙여 넣었다. EC2 사용 파일 이름은 ec2_usage.csv로 지었다. 그러나 여러분은 여러분이 원하는 이름으로 지을 수 있다.

사용 데이터 가져오기

ec2_usage.csv 파일의 첫 부분은 다음과 같다.

```
Service, Operation, UsageType, StartTime, EndTime, UsageValue
AmazonEC2,PublicIP-In,DataTransfer-Regional-Bytes,01/01/09 00:00:00,1/02/09 00:00:00,
➥ 097625
AmazonEC2,RunInstances,BoxUsage,01/01/09 00:00:00,01/02/09 00:00:00,24
AmazonEC2,ElasticIP-Out,DataTransfer-Regional-Bytes,01/01/09 00:00:00,01/02/09 00:00:00,
➥ 558960
AmazonEC2,ElasticIP-In,DataTransfer-Regional-Bytes,01/01/09 00:00:00,01/02/09 00:00:00,
➥ 24449
  ⋮
```

파일의 첫 줄은 필드 이름을 제공한다. 다른 줄에는 데이터가 포함된다. 줄당 한 개의 레코드가 있으며, 값은 콤마로 구분한다. PHP의 fgetcsv 함수를 이용하면 CSV 파일을 쉽게 처리할 수 있다. 이 함수는 파일에서 줄을 읽고, 필드들을 분리하고, 값의 배열을 반환한다. 필자의 파일 첫 줄이 반환한 결과는 다음과 같다.

```
Array
(
    [0] => Service
    [1] => Operation
    [2] => UsageType
    [3] => StartTime
    [4] => EndTime
    [5] => UsageValue
)
```

각 AWS 서비스에 대한 사용 데이터 파일에는 공통 필드가 포함되며, 일부는 특정 서비스에 지정된다. 가령, S3를 위한 사용 데이터 파일에는 Resource 필드가 포함된다. 이 필드는 사용 데이터를 S3 버킷과 연계한다.

이와 비슷하게 Amazon CloudFront의 사용 데이터 파일은 개별 CloudFront 디스트리뷰션과 연계된 계정 데이터를 식별하기 위해 Resource 필드를 사용한다.

데이터 포맷은 공통 요소와 서비스에 특정된 변형 요소를 포함하므로 Amazon SimpleDB는 이상적인 스토리지 시스템을 만든다. 우리는 도메인이 필요하다.

chapter_10/include/book.inc.php(발췌)

```php
define('BOOK_AWS_USAGE_DOMAIN', 'aws_usage');
```

이 도메인을 생성하기 위해 8장의 도메인 생성 프로그램을 수정해서 사용할 수 있다.

chapter_10/create_domain.php(발췌)

```php
    ⋮
$res = $sdb->create_domain(BOOK_AWS_USAGE_DOMAIN);
    ⋮
```

명령어 라인에 지정된 하나 이상의 CSV 파일로부터 데이터를 가져오는 프로그램을 만들어 보자. 먼저, 다음과 같이 시작한다.

chapter_10/import_usage.php(발췌)

```php
#!/usr/bin/php
<?php

error_reporting(E_ALL);

require_once('cloudfusion.class.php');
require_once('include/book.inc.php');

if ($argc == 1)
{
    exit("Usage: " . $argv[0] . " CSV_FILE ...\n");
}
```

스크립트는 명령어 라인에서 하나 이상의 CSV 파일을 찾으려고 하며, 위 코드는 그에 필요한 점검을 수행한다. 명령어 라인 인수가 너무 적으면 스크립트는 안내 메시지를 출력한다.

데이터를 SimpleDB에 저장할 것이므로 접근 객체가 필요하다.

chapter_10/import_usage.php(발췌)

```php
$sdb = new AmazonSDB();
```

그다음 곧 작성할 ImportCSV 함수로 각 파일을 처리할 수 있다.

chapter_10/import_usage.php(발췌)

```php
for ($i = 1; $i < $argc; $i++)
{
    $file = $argv[$i];

    if (($ret = ImportCSV($sdb, $file)) !== false)
    {
        print("Imported ${file}: ${ret} records\n");
    }
    else
    {
        print("Did not import ${file}\n");
    }
}
```

ImportCSV 함수를 살펴보자. 첫 번째 단계는 파일을 여는 것이다. 열 수 없으면 false가 반환된다.

chapter_10/import_usage.php(발췌)

```php
function ImportCSV($sdb, $file)
{
    $fp = fopen($file, 'r');
    if ($fp === false)
    {
        return false;
    }
```

CSV 파일의 첫 줄에는 필드 이름이 포함되므로 필드 이름을 $fields 배열로 읽어 들인다. 데이터의 각 줄을 처리하고 저장할 때 이름이 필요할 것이다. 또한, 읽히고 처리되는 데이터의 줄 번호를 추적할 것이다.

```
                                                    chapter_10/import_usage.php(발췌)
$fields = fgetcsv($fp);
$recordCount = 0;
```

이제 각 데이터 줄을 처리할 수 있다.

```
                                                    chapter_10/import_usage.php(발췌)
while (($data = fgetcsv($fp)) !== false)
{
    $recordCount++;
```

8장에서 언급했듯이 SimpleDB 키를 선택하는 방법이 있다. 이 툴을 만들 때 필자는 같은 데이터 파일, 즉 날짜가 겹친 다수의 데이터 파일을 가져오면서 데이터의 무결성을 유지하기를 원했다. 몇 번의 실험 후에 서비스의 이름과 비데이터 필드(UsageValue 제외)의 MD5 해시를 연결함으로써 키를 구성했다. 필자의 알고리즘은 다음과 같은 키를 만들었다.

```
AmazonS3_c8e3df29d22bca8b7e73fd3b35152133
AmazonS3_2efdc1f3ab71d5b11cb3aa5cb738909d
AmazonEC2_2a88d9d6945f7d081714f31abe610400
AmazonEC2_11ebe64d3b6b0cab959a6d91edaad8cb
```

계속 진행해 보자. 먼저, key 변수와 keyData 변수를 처리한다.

```
                                                    chapter_10/import_usage.php(발췌)
$key = '';
$keyData = '';
```

그다음 각 줄의 각 필드를 처리한다. $fields 변수에는 파일의 필드 이름이 들어간다. 또한, 필자는 나중에 범위 기반 쿼리를 더 잘 처리하기 위해 날짜 필드(StartTime과 EndTime)의 형식을 수정했다. 필드 처리 코드는 다음과 같다.

```
                                              chapter_10/import_usage.php(발췌)
$attrs = array();
for ($i = 0; $i < count($fields); $i++)
{
    if (($fields[$i] == 'StartTime') || ($fields[$i] == 'EndTime'))
    {
        $data[$i] = date_create($data[$i])->format('c');
    }

    $attrs[$fields[$i]] = $data[$i];

    if ($fields[$i] == 'Service')
    {
        $key = $data[$i];
    }

    if ($fields[$i] != 'UsageValue')
    {
        $keyData .= $data[$i];
    }
}
```

이 반복문의 마지막에 있는 $attrs 배열에는 SimpleDB에 작성될 데이터가 들어가며, $key
에는 키의 프리픽스가 들어가고, $keyData에는 키의 나머지 부분을 형성하기 위해 해시될 데
이터가 포함된다. 필자의 데이터에 대한 $attrs 배열은 다음과 같다.

```
Array
(
    [Service] => AmazonEC2
    [Operation] => ElasticIP-Out
    [UsageType] => DataTransfer-Regional-Bytes
    [StartTime] => 2009-08-01T00:00:00-04:00
    [EndTime] => 2009-08-02T00:00:00-04:00
    [UsageValue] => 4982241
)
```

필자는 UsageValue 필드를 고정 길이로 처리했다. 필자는 이 필드에 대해서 쿼리를 하지 않을 계획이라서 이렇게 구성했다.[1] SimpleDB에 데이터가 저장되는 방법을 입력 파일에 있는 필드 이름으로 직접 통제하는 방법에 주목하기 바란다.

SimpleDB 키를 구성하는 방법은 다음과 같다.

chapter_10/import_usage.php(발췌)

```
$key = $key . '_' . md5($keyData);
```

마지막으로, 데이터를 SimpleDB에 저장한다. 이때 같은 이름을 가진 기존 어트리뷰트가 교체될 수 있다는 것을 명시한다.

chapter_10/import_usage.php(발췌)

```
$res = $sdb->put_attributes(BOOK_AWS_USAGE_DOMAIN,
$key, $attrs, true);
```

간단히 오류 체크를 한다. 이제 거의 끝나간다.

chapter_10/import_usage.php(발췌)

```
    if (!$res->isOK())
    {
        $error = $res->body->Errors->Error->Message;
        print("Could not insert ${key}: ${error}\n");
    }
}
```

모든 줄을 처리한 후에 마지막 단계는 파일을 닫고 레코드 카운트를 반환하는 것이다.

chapter_10/import_usage.php(발췌)

```
    fclose($fp);
    return $recordCount;
}
?>
```

---

1 필자 입장에서는 이렇게 했지만, 여러분은 다르게 처리할 수도 있다.

사용 파일을 여러분의 EC2 인스턴스로 모두 내려받고 다음과 같이 가져오기 프로그램을 실행한다.

```
<dev>: php import_usage.php *.csv
```

이 소스는 각 파일을 차례대로 처리하며, 각각에 대한 레코드 카운트를 보고한다.

```
Imported cf_usage_year.csv: 242 records
Imported ec2_usage.csv: 138 records
```

큰 파일을 가져오려면 시간이 좀 걸릴 수 있다. 이 프로그램의 여러 인스턴스를 데이터 파일 당 하나씩 병렬로 실행할 수 있다.

어카운트 데이터 쿼리

데이터가 저장된 다음에 해야 할 일은 어카운트 데이터의 쿼리 방법을 살펴보는 것이다. 필자는 8장에서 간단한 쿼리 명령어인 query_usage_cmd.php를 설명하고, 이 명령어가 첫 번째 일괄 작업을 진행한 후에 멈추는 것이 아니라 모든 결과를 검색할 수 있게 기능을 향상시켰다. 필자는 이를 처리하기 위해 각 select 호출에서 반환된 NextToken 값을 추적하고 사용했다. 반복문의 메인 구조는 다음과 같다.

```
                                              chapter_10/query_usage_cmd.php(발췌)
    ⋮
$next = null;
do
{
    $attrs = ($next == null) ? null : array('NextToken' => $next);
    $res = $sdb->select($query, $attrs);
    $next = (string) $res->body->SelectResult->NextToken;

    if (!$res->isOK())
    {
        exit("Select operation failed\n");
    }
```

```
    foreach ($res->body->SelectResult->Item as $item)
    {
        $recordCount++;
        foreach ($item->Attribute as $attribute)
        {
            print($attribute->Name . ": " . $attribute->Value . ", ");

            if ($attribute->Name == 'UsageValue')
            {
                $totalUsage += (int) $attribute->Value;
            }
        }
        print("\n");
    }
}
while ($next != null);
    :
```

명령어를 다음과 같이 실행하면 된다.[2] 첫 번째 명령어는 모든 사용 데이터를 검색한다.

```
<dev>: php query_usage_cmd.php
Final query: select * from aws_usage
EndTime: 2009-08-02T00:00:00-04:00, UsageType: DataTransfer-Regional
↪-Bytes, UsageValue: 4982241, Operation: ElasticIP-Out, StartTime:
↪ 2009-08-01T00:00:00-04:00, Service: AmazonEC2,
EndTime: 2009-08-02T00:00:00-04:00, UsageType: BoxMonitoringUsage,
↪ UsageValue: 24, Operation: RunInstances, StartTime: 2009-08-01T00
↪:00:00-04:00, Service: AmazonEC2,
EndTime: 2009-08-02T00:00:00-04:00, UsageType: DataTransfer-Regional
↪-Bytes, UsageValue: 308692, Operation: ElasticIP-In, StartTime:
↪ 2009-08-01T00:00:00-04:00, Service: AmazonEC2,
```

쿼리에 명령어 인수가 추가되고, 하나의 where 프리픽스가 붙는다. 단일 서비스에 대한 사용 데이터를 검색하는 방법은 다음과 같다. (명령어 라인에는 겹따옴표와 홑따옴표가 포함된다는 점에 유의한다.)

---

2   와이드 모니터에서는 줄이 넘어가지 않고 잘 보인다.

```
<dev>: php query_usage_cmd.php "Service='AmazonS3'"
Final query: select * from aws_usage where Service='AmazonS3'
EndTime: 2009-06-05T00:00:00-04:00, UsageType: StorageObjectCount,
↪ UsageValue: 2, Operation: StandardStorage, StartTime:
↪ 2009-06-04T00:00:00-04:00, Service: AmazonS3, Resource:
↪ aws-dev-relations,
  ⋮
```

서비스에 대한 사용 데이터를 검색하는 방법은 다음과 같다.

```
<dev>: php query_usage_cmd.php "Service='AmazonS3' and
↪ StartTime like '2009-08-01%'"
Final query: select * from aws_usage where Service='AmazonS3'
↪ and StartTime like '2009-08-01%'
EndTime: 2009-08-02T00:00:00-04:00, UsageType: Requests-Tier1,
↪ UsageValue: 291, Operation: PutObject, StartTime: 2009-08-01T00:
↪00:00-04:00, Service: AmazonS3, Resource: wsdot-bridges,
  ⋮
```

마지막으로, 하나의 서비스에서 하나의 오퍼레이션에 대한 데이터는 다음과 같이 처리된다.[3]

```
<dev>: php query_usage_cmd.php "Service='AmazonS3' and
↪ StartTime like '2009-08%' and UsageType='DataTransfer-Out-Bytes'
↪ order by StartTime
Final query: select * from aws_usage where Service='AmazonS3'
↪ and StartTime like '2009-08%'
↪and UsageType='DataTransfer-Out-Bytes' order by StartTime
EndTime: 2009-08-02T00:00:00-04:00, UsageType:
↪ DataTransfer-Out-Bytes, UsageValue: 57360567, Operation:
↪ GetObject, StartTime: 2009-08-01T00:00:00-04:00, Service:
↪ AmazonS3, Resource: jeffbarr-public,
  ⋮
```

이제, 사용 데이터를 원하는 대로 처리할 수 있다. 이번 절이 사용 데이터를 처리하는 것에 초점을 두고 있지만 SimpleDB를 사용해서 데이터를 가져오고 처리하기가 얼마나 쉬운지 언급하는 것도 가치 있는 일이다. 새로운 서비스와 관련된 사용 보고서를 사용할 수 있으므로

---

3   이 작은 유틸리티로 SimpleDB의 SQL을 실험할 수 있다.

코드를 변경할 필요가 없다.

사용 데이터 검색과 표시

실습의 마지막 단계는 데이터를 표시하는 것이다. 데이터를 SimpleDB에서 가져와서 HTML
테이블에 표시하는 프로그램을 만들어보자. 먼저 검색 및 표시할 사용 값을 지정한다.

```php
chapter_10/bucket_usage_page.php(발췌)
<?php

error_reporting(E_ALL);

require_once('cloudfusion.class.php');
require_once('include/book.inc.php');

$usage = "DataTransfer-Out-Bytes";
```

외부로 전송되는 데이터를 표시할 것이다. 이것은 S3에서 외부로 전송되는 S3 객체 데이터
의 바이트 수를 나타낸다. 인용 부호 안에 있는 값을 다른 사용 유형으로 바꿀 수도 있다. 다
른 사용 유형으로는 DataTransfer-In-Bytes(외부에서 S3로 전송된 데이터의 바이트 수),
StorageObjectCount(버킷에 저장된 객체의 수), TimedStorage-ByteHrs(버킷에 저장된 데
이터가 소모하는 바이트-시간의 수)가 있다.

바이트-시간은 저장된 시간과 저장된 바이트를 곱한 값이다. 필자의 버킷 중 하나의 바이
트-시간 사용 값은 14,597,270,160이었다. 이것은 버킷이 2009년 8월 18일부터 24시간 동
안 약 608MB를 저장했다는 의미다.

스크립트는 각 S3 버킷에 대한 사용 정보를 보고할 것이므로 일반적인 접근 객체를 생성하
고 버킷 목록을 패치한다.

```php
chapter_10/bucket_usage_page.php(발췌)
$s3 = new AmazonS3();
$sdb = new AmazonSDB();

$buckets = $s3->get_bucket_list();
```

이제 약간의 날짜 연산이 필요하다. 전날부터 시작해서 6일 전의 범위, 즉 1주일 치 데이터를 보고할 것이다. 다음 코드에서 $firstDay와 $lastDay는 데이터 범위 처리를 위한 변수다. $days 배열도 만들며, 범위 안에 있는 각 날짜는 year-month-day로 표현된다. 코드는 다음과 같다.

```
                                          chapter_10/bucket_usage_page.php(발췌)
$today = date_create("now");
$lastDay = $today->format("Y-m-d");


$days = array();
for ($i = 0; $i < 7; $i++)
{
    date_modify($today, "-1 day");
    $days[] = $today->format("Y-m-d");
}


$firstDay = $days[6];
```

HTML 테이블 칼럼 헤더를 생성하기 위해 $days 배열을 사용하겠다.

이제 각 버킷에 사용 데이터를 패치하고 $rows 배열에 저장할 차례다. 반복문은 각 버킷에서 반복되고 GetUsage 함수를 호출해서 SimpleDB로부터 S3 사용 데이터를 검색한다. 소스는 다음과 같다.

```
                                          chapter_10/bucket_usage_page.php(발췌)
$rows = array();

foreach ($buckets as $bucket)
{
    $dailyUsage = GetUsage($sdb,$usage,$bucket,$firstDay,$lastDay);
```

지정한 날짜 간격 안에 버킷에 대한 사용 데이터가 없으면 GetUsage는 빈 배열을 반환한다. 출력을 간략하게 하려고 다음 코드는 일부 버킷을 넘긴다. 사용 데이터 배열은 $rows 배열에 저장되며, 버킷 이름이 키로 사용된다. 특정 날짜에 대한 데이터가 없으면 배열에 빈 문자열이 저장된다. 마지막으로, 일일 합계는 버킷 데이터 배열을 위한 마지막 배열 요소로 저장된다.

```php
    if (count($dailyUsage) > 0)
    {
        $rows[$bucket] = array();

        foreach ($days as $day)
        {
            if (IsSet($dailyUsage[$day]))
            {
                $rows[$bucket][] = $dailyUsage[$day];
            }
            else
            {
                $rows[$b[ucket][] = '';
            }
        }
        $rows[$bucket][] = array_sum($dailyUsage);
    }
}
```

GetUsage 함수의 코드는 다음과 같다.

```php
function GetUsage($sdb, $usage, $bucket, $firstDay, $lastDay)
{
    $query =
        "select StartTime, UsageValue " .
        " from " . BOOK_AWS_USAGE_DOMAIN .
        " where" .
        " Service='AmazonS3' and " .
        " StartTime >= '${firstDay}' and " .
        " StartTime <= '${lastDay}' and " .
        " Resource='${bucket}' and " .
        " UsageType='${usage}'";

    $res = $sdb->select($query);
    if (!$res->isOK())
    {
        return null;
    }
```

```
    $dailyUsage = array();
    foreach ($res->body->SelectResult->Item as $item)
    {
        $attrs = getItemAttributes($item);
        $startTime = substr($attrs['StartTime'], 0, 10);
        $usage = $attrs['UsageValue'];
        $dailyUsage[$startTime] = $usage;
    }

    return $dailyUsage;
}
```

이 책은 길다. 그러나 실제로는 간단하다. 쿼리를 만들고, 쿼리를 실행하고, 결과를 점검하고, 일자로 인덱싱된 사용 배열을 만든다. 배열은 함수의 값으로서 반환된다.

HTML 템플릿은 보고서 페이지의 마지막 구성요소다. 일반적인 방법으로 시작된다.

chapter_10/bucket_usage_page.php(발췌)

```
<!DOCTYPE html PUBLIC "-//W3C//DTD XHTML 1.0 Strict//EN"
    "http://www.w3.org/TR/xhtml1/DTD/xhtml1-strict.dtd">
<html xmlns="http://www.w3.org/1999/xhtml" xml:lang="en" lang="en">
    <head>
        <title><?php echo $output_title ?></title>
    </head>
    <body>
        <h1><?php echo $output_title ?></h1>
        <p><?php echo $output_message ?></p>
```

이 템플릿에는 두 개의 부분이 있다. 따라서 하나씩 살펴보자. 먼저, $days 배열을 반복함으로써 테이블 헤더 로우를 생성해야 한다.

chapter_10/bucket_usage_page.php(발췌)

```
<table>
    <thead>
        <tr>
            <th>Bucket</th>
            <?php foreach($days as $day): ?>
            <th><?php echo $day ?></th>
            <?php endforeach ?>
            <th>Total For Bucket</th>
```

```
        </tr>
    </thead>
```

그다음에 테이블 바디를 생성하고, 페이지를 마무리한다.

chapter_10/bucket_usage_page.php(발췌)

```php
        <tbody>
            <?php foreach($rows as $bucket => $cells): ?>
            <tr>
                <td><?php echo $bucket ?></td>
                <?php foreach($cells as $cell): ?>
                <td>
                <?php echo ($cell == '') ? ' '
                    : number_format($cell); ?>
                </td>
                <?php endforeach ?>
            </tr>
            <?php endforeach ?>
        </tbody>
    </table>
    </body>
</html>
```

중첩된 foreach 반복문에서 버킷의 배열과 각 버킷의 셀 데이터의 배열을 반복한다. number_format 함수는 숫자를 잘 구분하기 위해서 콤마를 추가한다. 테이블의 빈 셀에는 공백( )이 채워진다. 그림 10.3은 결과 테이블의 예다.

Bucket	2009-08-19	2009-08-18	2009-08-17	2009-08-16	2009-08-15	2009-08-14	2009-08-13	Total For Bucket
andybarr	1,645,631	165,231		6,670,625	7,293,265	8,004,750	7,252,952	31,032,454
carmenbarr				5,634				5,634
jbarr-work			108	108	324	108	108	756
jeffbarr	9,389,443	930,943	6,623,644	1,155	231	231	231	16,945,878
jeffbarr-public	178,547	17,547,404	37,132,329	34,348,975	54,950,788	94,055,525	202,764,048	440,977,616
jeffbarr_public		11,527		24,809	11,527	49,618	11,527	109,008
sitepoint-aws-cloud-book				17,629			231	17,860
wsdot-bridges	2,930,508	2,093,450	10,508,520	591	591	591	591	15,534,842

그림 10.3 각 버킷에서 외부로 전송된 일일 데이터

다른 유형의 S3 사용 정보를 보여주기 위해 이 프로그램을 매우 쉽게 수정할 수 있다. 데이터로 차트를 그릴 수도 있고, 약간의 작업만 하면 EC2, SimpleDB, CloudFront, SQS 사용 정보에 대한 보고서도 만들 수 있다.

EBS

5장에서는 Amazon EC2의 EBS(Elastic Block Storage) 기본 개념을 살펴봤고, EC2 인스턴스에 EBS 볼륨을 생성, 첨부, 포맷, 마운트하는 방법을 배웠다. 이번 절에서는 EBS에 관해 더 배울 것이다. 명령어 라인 사용법, 백업을 처리하는 방법, 공개 데이터 세트에 관해 배우고, 다수의 EBS 볼륨의 상단에 RAID 장비를 생성해서 성능이나 용량을 증가시키는 방법도 설명한다.

명령어 라인과 EBS

EBS의 모든 기능을 명령어 라인에서 수행할 수 있다. EBS 볼륨을 생성, 첨부, 스냅샷(백업), 분리, 삭제할 수 있다.

EBS 볼륨은 같은 가용 영역의 모든 EC2 인스턴스에 첨부될 수 있다. 실행 중인 인스턴스가 있다면 AWS 관리 콘솔이나 명령어 라인에서 인스턴스의 가용 영역을 확인할 수 있다. 또한, EC2 인스턴스 메타데이터에서 이 정보를 검색할 수 있다. 메타데이터에 관해서는 이 장의 뒤에서 배울 것이다.

가용 영역을 확인했으면 명령어 라인에서 새로운 EBS 볼륨을 생성해야 하며, 그 방법은 다음과 같다.

```
$ ec2-create-volume -z us-east-1b -s 50
VOLUME    vol-73d4211a  50          us-east-1b          creating
➥ 2009-08-20T19:12:09+0000
```

이 명령어를 실행하고 난 직후에 볼륨 상태는 "creating"이 된다. 또한, 이 명령어는 볼륨 ID(vol-73d4211a)를 표시한다. 이 ID가 나중에 필요할 것이다.

진행하기 전에 볼륨을 사용하려면 잠시(통상적으로 몇 초) 기다려야 한다. 확인하는 방법은 다음과 같다.

```
$ ec2-describe-volumes vol-73d4211a
VOLUME     vol-73d4211a   50              us-east-1b       available
↪ 2009-08-20T19:12:09+0000
```

볼륨을 인스턴스에 추가해야 한다. 인스턴스 ID, 볼륨 ID, 장비 이름이 필요하다. 리눅스 디스크 이름은 기본적으로 임의적이기는 하지만 규칙상 /dev 디렉터리에 있고, 이름이 sd로 시작하며, 그다음에 다른 글자가 온다. EC2 시스템 디스크는 /dev/sda이고, 다른 로컬 디스크는 sdb, sdc와 같은 식이다. /dev/sdf는 인스턴스에 첨부된 첫 번째 EBS 볼륨을 위한 장비 이름이다. (다른 장비와 충돌을 피할 수 있게 알파벳순 상으로 "f" 정도면 충분하다.) 첨부 방법은 다음과 같다.

```
$ ec2-attach-volume vol-73d4211a  -i i-da8f6db2 -d /dev/sdf
ATTACHMENT     vol-73d4211a   i-da8f6db2      /dev/sdf
↪attaching    2009-08-20T19:26:08+0000
```

명령어에는 볼륨 ID, -i와 인스턴스 ID, -d와 장비 이름이 붙는다. 볼륨 상태는 "attaching" 상태로 바뀌고, 몇 초 동안 이 상태로 있다가 "attached"로 바뀐다.

```
$ ec2-describe-volumes vol-73d4211a
ATTACHMENT     vol-73d4211a   i-da8f6db2      /dev/sdf
↪attached     2009-08-20T19:26:08+0000
```

이 시점에 클라우드 컴퓨팅은 디스크 드라이브를 확보하고, 디스크 드라이브를 서버에 끼우고, 데이터 케이블을 연결한 상태로 된다. 디스크는 물리적으로 연결돼서 실행되며, 운영체제는 디스크를 인식하지만, 디스크는 아직 포맷되기 전 상태로서, 파일 시스템의 일부로만 되어 있다.

다음 단계는 새로운 볼륨에 파일 시스템을 생성하는 것이며, 그러면 인스턴스의 루트 파일 시스템에 볼륨을 논리적으로 마운트할 수 있다. 5장의 "EBS 볼륨 생성" 절에서 설명한 것과 같은 절차를 따른다. (이들 명령어를 실행하려면 EC2 인스턴스에 로그인해야 한다.)

```
<dev>: mkfs -F /dev/sdf
<dev>: mkdir /data
<dev>: mount /dev/sdf /data
```

인스턴스의 파일 시스템에 있는 모든 곳에 EBS 볼륨을 마운트할 수 있다. 많은 볼륨을 생성하고 사용할 계획이면 그 전에 논리적인 이름 구조 계획을 세워야 한다.

이제, 볼륨을 사용할 준비가 됐다. 디렉터리를 생성하고, 파일을 저장할 수 있으며, /data 디렉터리 계층의 내부에 대해 여러분이 필요로 하는 작업을 할 수 있다. 다음 절의 예제를 위해서 /data 디렉터리에 조금의 데이터가 필요하다. 그래서 /usr/lib의 콘텐트를 복사할 것이며, 용량은 250MB 정도다.

```
<dev>: cp -r /usr/lib /data
```

EBS 스냅샷

EBS 볼륨의 백업을 지금 시점에 생성해야 한다고 가정하자. 첫 번째 단계는 메모리 내부 데이터가 디스크로 쓰였는지 확인하는 것이다.

```
<dev>: sync
```

데이터베이스 파일을 저장하기 위해 EBS 볼륨을 사용하고 있다면 백업을 생성하기 전에 데이터베이스 서버를 셧다운할 것이다. 이렇게 하면 백업이 완료되고, 논리적인 일관성이 확보된다.

백업을 생성하는 일은 쉽다. EBS 용어상으로 백업을 스냅샷(snapshot)이라 한다.

```
$ ec2-create-snapshot vol-73d4211a
SNAPSHOT          snap-c7e849ae      vol-73d4211a      pending
➡ 2009-08-20T19:52:35+0000
```

일단 스냅샷이 시작되면 데이터를 볼륨에 쓰는 것이 안전하다. 스냅샷 완료에 약간의 시간이 걸릴 수 있다. 그러나 스냅샷이 시작한 시간에 볼륨의 상태를 나타낼 것이다.

스냅샷의 상태를 다음과 같이 점검할 수 있다.

```
$ ec2-describe-snapshots
SNAPSHOT          snap-c7e849ae      vol-73d4211a      pending
➡ 2009-08-20T19:52:35+0000
```

EBS 볼륨의 첫 번째 스냅샷은 전통적인 완전 백업과 비슷하다. 첫 번째 스냅샷은 볼륨에 쓰여진 모든 정보를 포함한다. 두 번째와 그 이후의 스냅샷들은 전통적인 증분 백업과 비슷하다. 이들 스냅샷은 직전의 백업 이후 변경된 정보만 포함한다. EBS는 모든 세부 사항을 관리한다. 첫 번째 스냅샷을 삭제해도 다른 스냅샷으로부터 새로운 볼륨을 생성할 수 있는 충분한 데이터가 있다.

스냅샷은 Amazon S3에 저장되고 여러분이 예상하는 모든 어트리뷰트를 가진다. 특히, 스냅샷은 높은 신뢰성과 낮은 비용으로 저장된다.

스냅샷의 상태는 마지막에 "completed"로 바뀔 것이다. 볼륨은 다음과 같이 백업된다.

```
$ ec2-describe-snapshots
SNAPSHOT      snap-c7e849ae      vol-73d4211a      completed
➥ 2009-08-20T19:52:35+0000 100%
```

EBS 스냅샷은 같은 가용 영역이나 다른 가용 영역에 새로운 볼륨을 생성하기 위해 사용될 수 있다. 이를 위해서는 볼륨이 생성될 때 스냅샷 ID(예: snap-c7e849ae)를 포함해야 한다. 필자가 스냅샷을 생성할 때와 똑같은 내용으로 새로운 볼륨을 생성할 수 있으며, 다음과 같이 하면 된다.

```
$ ec2-create-volume -z us-east-1b -s 50 --snapshot  snap-c7e849ae
VOLUME     vol-00d72269          50        snap-c7e849ae      us-east-1b
  ➥          creating              2009-08-20T20:17:35+0000
```

새로운 볼륨의 상태가 available로 바뀌면 볼륨을 인스턴스에 첨부하고, 마운트 포인트를 생성한 다음 마운트해야 한다. (여기서 필자는 시작했던 것과 같은 볼륨을 사용하겠지만 같은 가용 영역의 모든 EC2 인스턴스에 첨부될 수 있다.)

```
$ ec2-attach-volume vol-00d72269 -i i-da8f6db2 -d /dev/sdg
ATTACHMENT       vol-00d72269       i-da8f6db2       /dev/sdg
  ➥          attaching        2009-08-20T20:21:18+0000
```

그다음에 마운트 포인트를 생성한다.

```
<dev>: mkdir /data2
<dev>: mount /dev/sdf /data2
```

이 시점에 /data와 /data2는 같다.

/data에 더 많은 데이터를 추가한 다음 또 다른 스냅샷을 생성할 수 있다.

```
<dev>: cp -r /usr/java /data
$ ec2-create-snapshot vol-73d4211a
SNAPSHOT       snap-b1ed4cd8       vol-73d4211a       pending
➥ 2009-08-20T20:27:04+0000
```

필자는 이제 내용이 다른 두 개의 스냅샷이 있으며, 새로운 볼륨을 생성할 수 있다.

```
$ ec2-describe-snapshots
SNAPSHOT       snap-c7e849ae       vol-73d4211a       completed
➥              2009-08-20T19:52:35+0000       100%
SNAPSHOT       snap-b1ed4cd8       vol-73d4211a       completed
➥              2009-08-20T20:27:04+0000       100%
```

실제 시스템에서 여러분은 아마도 많은 스냅샷을 가질 것이다. 각 스냅샷을 만든 이유를 잘 기록해 두기 바란다(예: 베타 릴리즈 1.5전 Mack 인스턴스의 개발 볼륨의 스냅샷). 스냅샷 정보를 노트에 적어서 키보드 아래에 두거나, 데이터를 SimpleDB에 캡처하는 AWS 프로그램을 작성할 수도 있다.

사실, 우리는 스냅샷과 로깅을 결합할 수 있다. 스냅샷과 로깅을 결합하려면 SimpleDB 도메인이 필요할 것이다.

chapter_10/include/book.inc.php(발췌)
```php
define('BOOK_SNAP_LOG_DOMAIN', 'snapshot_log');
```

다음 스크립트를 실행하기 전에 SimpleDB 도메인을 생성해야 한다. create_domain.php 스크립트를 다시 사용할 수 있다.

chapter_10/snap_and_log.php(발췌)
```php
#!/usr/bin/php
<?php

error_reporting(E_ALL);

require_once('cloudfusion.class.php');
```

```php
require_once('include/book.inc.php');

if ($argc < 3)
{
    exit("Usage: " . $argv[0] . " \"message\" VOLUMEID...\n");
}

$message = $argv[1];

$sdb = new AmazonSDB();
$ec2 = new AmazonEC2();

for ($i = 2; $i < $argc; $i++)
{
    $volId = $argv[$i];

    // Create snapshot
    $res1 = $ec2->create_snapshot($volId);

    if ($res1->isOK())
    {
        $snapId = $res1->body->snapshotId;
        $startTime = $res1->body->startTime;

        $key = $volId . '_' . $startTime;

        $attrs = array('VolId' => $volId,
            'Message' => $message,
            'StartTime' => $startTime);

        $res2 = $sdb->put_attributes(BOOK_SNAP_LOG_DOMAIN, $key, $attrs, true);
    }
}
exit(0);
?>
```

create_snapshot 메서드는 지정된 볼륨에서 스냅샷 활동을 시작한다. 스냅샷 ID와 시작 시각은 반환된 데이터에서 추출되며, 정보는 SimpleDB에 저장된다.

스크립트를 실행하는 일은 쉽다.

```
$ php snap_and_log.php "Important Backup"  vol-73d4211a
```

이 작은 프로그램은 크기가 최대 1테라바이트인 백업을 생성하고, 백업을 Amazon S3에 저장하고, 가장 중요한 정보를 SimpleDB에 로그한다. 클라우드 컴퓨팅이 가동되고 있는 것이다!

EBS 스냅샷은 S3에 저장되지만, S3 API를 사용해서 스냅샷에 도달하지 못한다. 스냅샷에 접근하려면 ec2-describe-snapshots 명령어를 사용하거나 CloudFusion의 describe_volumes 메서드를 호출하는 프로그램을 작성해야 한다.

EBS 공개 데이터 세트

EBS 볼륨을 EBS 공개 데이터 세트(Public Data Set)에서 생성할 수 있다. 데이터 세트는 AWS와 함께 사용할 공개 정보를 포함하며, 공개 데이터 세트의 목록은 http://aws.amazon.com/publicdatasets/에 있다. 여기에는 인구 조사 데이터, 게놈 데이터, 경제 데이터 등 많은 데이터가 있다. 각 데이터 세트는 EBS 스냅샷의 형식으로 제공된다. 이 데이터를 내려받아 분석하기 위해 수 시간이나 며칠을 허비하지 않아도 되며, 볼륨을 생성하고 데이터 프로세싱을 바로 시작할 수 있다(일부 데이터 세트에는 수백 기가바이트의 정보가 있다).

예를 들어, Wikipedia Page Traffic Statistics 데이터 세트에는 인기 있는 위키피디아 사이트[4]에 대한 시간당 페이지 통계가 포함되며, 그 분량은 320GB다. 이 데이터 세트의 사용 방법은 다음과 같다.

```
$ ec2-create-volume -z us-east-1b --snapshot snap-753dfc1c
VOLUME    vol-42d1242b    320      snap-753dfc1c      us-east-1b
➥         creating             2009-08-20T21:19:26+0000
$ ec2-attach-volume vol-42d1242b -i i-da8f6db2 -d /dev/sdh
ATTACHMENT    vol-42d1242b      i-da8f6db2      /dev/sdh
➥         attaching            2009-08-20T21:20:08+0000
```

필자는 /wikipedia 디렉터리에 있는 데이터를 20초 안에 사용할 수 있었다.

```
<dev>: mkdir /wikipedia
<dev>: mount /dev/sdh /wikipedia
```

---

4 http://www.wikipedia.org

이 정도 규모를 사용할 때 월간 비용은 약 30달러이며, 데이터가 더는 필요하지 않을 때는 umount하기 바란다.

```
<dev>: umount /dev/sdh
<dev>: mount /dev/sdh /wikipedia
$ ec2-detach-volume vol-42d1242b
$ ec2-delete-volume vol-42d1242b
```

여러분은 필요할 때 수백 기가바이트[5]의 디스크 공간을 확보할 수 있으며, 이는 놀라운 일이다. 어느 시점에 "하드웨어 묶음"과 "약간의 코드" 만으로 매우 탁월한 물건을 만들 수 있다.

EBS RAID

이번 절에서는 EBS 볼륨을 **RAID** 배열[6]이라고 하는 하나의 가상 볼륨으로 조립하는 방법을 배울 것이다. 그렇게 함으로써 다음에 제시된 어트리뷰트 일부나 전부를 갖춘 가상 볼륨을 생성할 수 있다.

높아진 스토리지 용량

단일의 EBS 볼륨은 1TB보다 클 수 없다. RAID 배열을 생성하여 여러 개의 EBS 볼륨을 확대할 수 있다.[7]

높아진 I/O 용량

RAID 배열은 다수의 볼륨으로 접근을 분배함으로써 하나의 EBS 볼륨에서 할 수 있는 것 이상으로 전체적인 I/O 처리량을 향상할 수 있다.

향상된 이중화

하드웨어 장비 오류 발생 시 복사본을 사용할 수 있게 같은 데이터의 복사본을 여러 개 저장하는 데 RAID 배열을 활용할 수 있다. EBS는 데이터를 이중으로 저장하므로 RAID 기능이 EBS에는 적용될 수 없다.

---

5   각 EC2 계정은 기본적으로 1TB 볼륨의 최대 20배까지 생성할 수 있으므로, 확보 공간의 단위가 TB가 될 수도 있다.

6   여기에 제시한 정보는 Eric Hammond의 글에서 가져왔다. URL은 http://alestic.com/2009/06/ec2-ebs-raid다.

7   이론상으로 보면 64비트 파일 시스템은 상상할 수 있는 어떤 크기의 RAID 배열도 처리할 수 있다. 그러나 fsck 명령어를 사용하여 디스크를 수리하는 것과 같은 작업을 할 때 실질적인 사항을 고려하기 시작해야 한다.

RAID 배열은 레벨(level)이라고 하는 여러 개의 다른 설정에 생성될 수 있다. 간단하면서 인기 있는 설정을 몇 가지 제시한다.

- RAID 레벨 0은 데이터를 여러 개의 볼륨에 걸쳐 스트라이핑함으로써 I/O 용량과 스토리지 용량을 높인다.

- RAID 레벨 1은 데이터를 여러 개의 볼륨에 걸쳐 미러링함으로써 스토리지 용량을 줄이고 이중화를 지원한다.

- RAID 레벨 2~레벨 6은 스토리지 및 I/O 용량을 높이고 이중화를 지원한다. 레벨이 높을수록 다수의 볼륨이나 물리적 장비에서의 오류에 더 잘 견딜 수 있다.

이번 절에서는 RAID 0 볼륨을 설정하겠다. RAID 0은 가장 간단한 RAID 레벨이지만 기본적인 단계는 레벨에 상관없이 같다. 해야 할 일은 다음과 같다.

1. 필수 EBS 볼륨 생성

2. EBS 볼륨을 EC2 인스턴스에 첨부

3. EBS 볼륨 상단에 RAID 볼륨 생성

4. RAID 볼륨 상단에 파일 시스템 생성

첫 번째 단계는 볼륨을 생성하는 것이다. 이미 봤듯이 가용 영역과 볼륨 크기를 알면 이 작업은 실제로 쉽다. 이번 예제에서는 10GB의 작은 볼륨을 사용한다. 그러나 EBS 한도인 1TB까지 여러분이 원하는 크기를 사용할 수 있다. 가용 영역 us-east-1b에 10GB의 EBS 볼륨 4개를 생성해보자.

```
$ ec2-create-volume -z us-east-1b -s 10
VOLUME    vol-891de8e0    10         us-east-1b        creating
➥          2009-08-23T17:19:39+0000
$ ec2-create-volume -z us-east-1b -s 10
VOLUME    vol-8b1de8e2    10         us-east-1b        creating
➥          2009-08-23T17:19:57+0000
$ ec2-create-volume -z us-east-1b -s 10
VOLUME    vol-8a1de8e3    10         us-east-1b        creating
➥          2009-08-23T17:20:07+0000
$ ec2-create-volume -z us-east-1b -s 10
```

```
VOLUME    vol-811de8e8    10        us-east-1b       creating
  ↳            2009-08-23T17:20:18+0000
```

EBS 볼륨을 인스턴스에 첨부한다.

```
$ ec2-attach-volume vol-891de8e0 -i i-d830dfb0 -d /dev/sdh1
ATTACHMENT    vol-891de8e0    i-d830dfb0    /dev/sdh1
  ↳            attaching       2009-08-23T17:22:54+0000
$ ec2-attach-volume vol-8b1de8e2 -i i-d830dfb0 -d /dev/sdh2
ATTACHMENT    vol-8b1de8e2    i-d830dfb0    /dev/sdh2
  ↳            attaching       2009-08-23T17:23:15+0000
$ ec2-attach-volume vol-8a1de8e3 -i i-d830dfb0 -d /dev/sdh3
ATTACHMENT    vol-8a1de8e3    i-d830dfb0    /dev/sdh3
  ↳            attaching       2009-08-23T17:23:35+0000
$ ec2-attach-volume vol-811de8e8 -i i-d830dfb0 -d /dev/sdh4
ATTACHMENT    vol-811de8e8    i-d830dfb0    /dev/sdh4
  ↳            attaching       2009-08-23T17:23:58+0000
```

이제 EBS 볼륨을 RAID에 붙일 수 있다. RAID 0을 사용해 더 큰 볼륨(이번에는 40GB)을 만들 수 있다.

```
<dev>: mdadm --create /dev/md0 --level 0 --metadata=1.1
  ↳ --raid-devices 4 /dev/sdh1 /dev/sdh2 /dev/sdh3 /dev/sdh4
mdadm: array /dev/md0 started.
```

/etc/mdadm.conf 파일에 다음 줄을 추가해야 한다. 이 파일이 필요하면 생성하기 바란다.

```
DEVICES /dev/sdh1 /dev/sdh2 /dev/sdh3 /dev/sdh4
```

그다음에 다음의 명령어를 실행해 파일에 설정 정보를 추가한다.

```
<dev>: mdadm --detail --scan >> /etc/mdadm.conf
```

이 시점에서 RAID 볼륨(/dev/md0)이 생성된다. 그리고 네 개의 EBS 볼륨(/dev/sdh1, /dev/sdh2, /dev/sdh3, /dev/sdh4)이 캡슐화된다.

다음 단계는 RAID 볼륨에 파일 시스템을 생성하는 것이다.

```
<dev>: mkfs /dev/md0
```

mkfs 명령어는 많은 출력 결과를 만든다. 가장 흥미로운 부분은 다음 내용이다.

```
Block size=4096 (log=2)
    ⋮
5242880 inodes, 10485696 blocks
```

블록 크기인 4096을 블록 카운트인 10,485,696으로 곱하면 값은 42,949,410,816이 된다. 40GB의 RAID 볼륨을 생성한 것이다. 이것은 모든 파일 시스템에 적용된다. 마운트 포인트를 생성하고, 볼륨을 마운트하려면 다음과 같이 한다.

```
<dev>: mkdir /data
<dev>: mount /dev/md0 /data
```

실제 시스템에서 RAID 볼륨을 사용할 때 몇 가지 사항을 염두에 두기 바란다.

1. 32비트 리눅스 시스템의 ext3 파일 시스템은 최대 크기 6TB로 제한된다(기본 4K 블록 크기 사용 시). 더 큰 파일 시스템을 생성해야 할 경우 xfs 파일 시스템을 사용할 수 있다.

2. 파일 시스템이 클수록 충돌이나 부적절한 재부팅 후 디스크를 점검하고 수리하기 위해 fsck 명령어를 더 많이 실행해야 할 것이다.

3. RAID 배열을 생성하기 위해 사용한 볼륨의 스냅샷을 생성할 때 극도로 주의하기 바란다. 모든 쓰기 활동을 연기하고, sync 명령어를 실행하고, 모든 스냅샷을 연속해서 시작한다. 볼륨을 나중에 되돌릴 필요가 있다면 스냅샷 ID를 주의해서 추적한다. 볼륨을 되돌려야 할 때 RAID 내부에서 볼륨의 순서는 전체 오퍼레이션을 따라 처리된다는 점에 유의하기 바란다.

4. mdadm 명령어에는 많은 옵션이 있다. RAID 볼륨으로 무엇을 할 수 있는지 더 잘 배우기 위해 이들 옵션을 익히기 바란다. 예를 들어 용량을 늘리기 위해 RAID 0 볼륨에 장비를 추가할 수 있다. 이렇게 하면 파일 시스템의 논리적인 크기도 재조정해야 한다.

EC2 인스턴스 메타데이터

각 EC2 인스턴스는 특정 주소인 169.254.169.254에 HTTP 요청을 함으로써 인스턴스 자체에 관한 런타임 데이터에 접근할 수 있다. EC2가 릴리즈되면서 사용 가능한 메타데이터 항목이 증가됐다. 특정 주소에 GET 요청을 하면 버전 목록과 특수 버전인 latest가 반환된다.

wget 명령어를 사용하면 명령어 라인에서 HTTP 요청을 할 수 있다. 사용할 수 있는 메타데이터 버전 목록을 검색하는 방법은 다음과 같다.

```
<dev>: wget -r -q http://169.254.169.254
<dev>: cat 169.254.169.254/index.html
1.0
2007-01-19
2007-03-01
⋮
2009-04-04
latest
```

이들 항목 중 하나를 검색하면 사용할 수 있는 메타데이터의 목록이 반환된다.

```
<dev>: wget -q http://169.254.169.254/latest/meta-data
<dev>: cat index.html
ami-id
ami-launch-index
ami-manifest-path
⋮
security-groups
```

표 10.1은 접근할 수 있는 메타데이터를 보여준다.

표 10.1 **사용할 수 있는 메타데이터**

메타데이터 항목	설명
ami-id	인스턴스 기동에 사용된 AMI의 ID
ami-launch-index	예약 안에 있는 인스턴스의 숫자 인덱스(단일 요청으로 기동된 인스턴스 그룹)
ami-manifest-path	인스턴스 기동에 사용된 AMI에 대한 S3 경로
ancestor-ami-ids	인스턴스 AMI의 번들에 사용된 AMI ID
block-device-mapping	실제 장비명에 논리적인 장비명 매핑
hostname	인스턴스의 할당된 호스트 이름
instance-id	인스턴스의 ID
instance-type	인스턴스의 유형(m1.small 등)
kernel-id	인스턴스 기동에 사용된 커널 ID
local-hostname	EC2 내부 네트워크에 있는 인스턴스의 호스트 이름(EC2 인스턴스는 이 호스트 이름을 사용하여 다른 인스턴스를 참조)
local-ipv4	EC2 내부 네트워크에 있는 인스턴스의 로컬 IP 주소(EC2 인스턴스는 이 주소를 사용하여 다른 인스턴스와 통신)
placement/ availabilityzone	인스턴스가 있는 가용 영역
public-hostname	인스턴스의 호스트 이름(공개적으로 보여짐)
public-ipv4	인스턴스의 공개 IP 주소
public-keys	인스턴스 시작에 사용된 공개 키
ramdisk-id	인스턴스 시작에 사용된 RAM 디스크
reservation-id	인스턴스를 포함하는 예약의 ID; 예약은 단일 요청으로 기동된 모든 EC2 인스턴스를 수집
security-groups	인스턴스에 첨부된 보안 그룹

유용한 값(인스턴스 ID, 공개 IP 주소, 가용 영역)을 검색하는 방법은 다음과 같다.

```
<dev>: wget -q http://169.254.169.254/latest/meta-data/instance-id
<dev>: wget -q http://169.254.169.254/latest/meta-data/public-ipv4
<dev>: wget -q http://169.254.169.254/latest/meta-data/placement/availability-zone
```

이들 요청과 인스턴스 메타데이터에 대한 다른 모든 요청은 인스턴스 자체에서 만들어져야 한다. 결과로 만들어진 메타데이터는 다음과 같다.

```
<dev>: cat public-ipv4
174.129.84.219
<dev>: cat instance-id
i-d830dfb0
<dev>: cat availability-zone
us-east-1b
```

EC2 인스턴스를 기동할 때 여러분 자신의 메타데이터를 제공할 수 있다. 이 데이터는 사용자 데이터(user data)가 된다. 사용자 데이터를 지정하기 위해 AWS 관리 콘솔, Elastic Fox 툴, ec2-run-instances 명령어 라인 툴을 사용하면 된다. AWS 관리 콘솔은 이 기능을 고급 옵션으로서 지원한다(그림 10.4 참고).

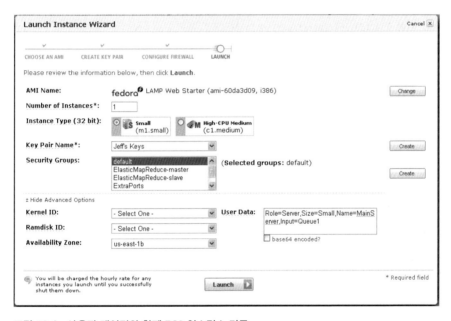

그림 10.4 사용자 데이터와 함께 EC2 인스턴스 기동

이 예제에서 "Role=Server,Size=Small,Name=MainServer,Input=Queue1"은 필자의 사용자 데이터에 포함된 문자열이다. 필자의 인스턴스가 기동된 후에 이 정보를 즉시 검색할 수 있으며, 정보를 사용해서 인스턴스의 행위를 통제할 수 있다.

일단 기동되면 사용자 데이터는 다음과 같이 검색할 수 있다.

```
<dev>: wget -q http://169.254.169.254/latest/user-data
<dev>: cat user-data
Role=Server,Size=Small,Name=MainServer,Input=Queue1
```

물론, 간단한 PHP 프로그램으로 사용자 메타데이터를 검색하고 처리할 수도 있다.

chapter_10/ec2_user_data.php(발췌)

```php
#!/usr/bin/php
<?php

$userData = file_get_contents(
    'http://169.254.169.254/latest/user-data');
$options  = array()

foreach (explode(",", $userData) as $userDataItem)
{
    if (preg_match("!^([a-zA-Z]{1,})=([a-zA-Z0-9]{1,})$!", $userDataItem, $parts))
    {
        $name = $parts[1];
        $value = $parts[2];

        $options[$name] = $value;
    }
}

print_r($options);
?>
```

file_get_contents 함수는 사용자 메타데이터를 패치한다. 문자열은 콤마로 나뉘며, PHP의 explode 함수가 사용된다. 이름-값 쌍은 Role=Server의 형식으로 된다.

사용자 메타데이터를 여러분이 원하는 방법으로 사용할 수 있다. 서버 이름, 서버 역할, SQS 큐 이름, 크기, 한도 등을 넘길 수 있다. 여러분 자신의 AMI를 생성할 필요가 있다.

동적 프로그래밍

이번 절에서는 실행 중인 인스턴스의 목록, 각 인스턴스에 첨부된 EBS 볼륨, 인스턴스의 스냅샷을 검색하고 간단한 시스템 다이어그램을 그리기 위해 EC2 API를 사용하겠다. 여러분은 이 프로그램을 원하는 대로 다양한 방법으로 확장할 수 있다.

시작해 보자. 애플리케이션은 많은 그림을 그릴 것이다. 필자는 모눈종이에 레이아웃을 스케치하고에 주요 크기를 PHP 상수로 인코딩했다.

chapter_10/ec2_diagram.php(발췌)

```php
#!/usr/bin/php
<?php

error_reporting(E_ALL);
require_once('cloudfusion.class.php');
require_once('include/book.inc.php');

// Define shape geometry
define('LEFT_MARGIN', 16);
define('RIGHT_MARGIN', 16);
define('TOP_MARGIN', 16);
define('BOTTOM_MARGIN', 16);
define('TEXT_MARGIN', 4);
define('TEXT_LINE_HEIGHT', 14);
define('INSTANCE_WIDTH', 128);
define('INSTANCE_HEIGHT', 64);
define('VOLUME_WIDTH', 96);
define('VOLUME_HEIGHT', 64);
define('SNAP_WIDTH', 96);
define('SNAP_HEIGHT', 64);
define('VOLUME_GAP', 16);
define('SNAP_GAP', 16);
```

실행 중인 EC2 인스턴스, 인스턴스에 첨부된 EBS 볼륨, 각 볼륨의 스냅샷을 연결된 사각형으로 표현하겠다.

인스턴스를 수직으로, 볼륨을 가로 행에, 스냅샷을 수직 열에 두기로 한다. 그림 10.5는 필자가 그린 스케치다.

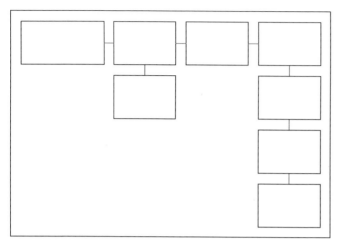

그림 10.5 레이아웃 스케치

각 인스턴스와 인스턴스에 첨부한 부분은 최종 이미지에서 사각형 공간에 들어간다. 사각형을 둘러싼 여백은 LEFT_MARGIN, RIGHT_MARGIN, TOP_MARGIN, BOTTOM_MARGIN에 의해 표현된다. 인스턴스, 볼륨, 스냅샷은 직사각형으로 그려지며, 인스턴스의 크기에는 INSTANCE_WIDTH와 INSTANCE_HEIGHT가 사용되고, 볼륨의 크기에는 VOLUME_WIDTH와 VOLUME_HEIGHT가 사용되고, 스냅샷의 크기에는 SNAP_WIDTH와 SNAP_HEIGHT가 사용된다. 각 직사각형의 가장자리와 텍스트 내부 사이의 여백은 TEXT_MARGIN으로 처리된다. 텍스트 라인 사이의 여백은 TEXT_LINE_HEIGHT로 처리된다. VOLUME_GAP은 볼륨 직사각형 사이의 가로 여백이고, SNAP_GAP은 스냅샷 직사각형 사이의 세로 여백이다.

항상 그랬듯이 EC2와 S3에 접근할 수 있는 객체를 생성해야 한다.

chapter_10/ec2_diagram.php(발췌)

```php
$ec2 = new AmazonEC2();
$s3  = new AmazonS3();
```

그다음에 EC2 인스턴스, EBS 볼륨, EBS 볼륨 스냅샷 목록을 다음과 같이 패치한다.

```
                                               chapter_10/ec2_diagram.php(발췌)
$resInstances = $ec2->describe_instances();
$resVolumes   = $ec2->describe_volumes();
$resSnapshots = $ec2->describe_snapshots();
```

이 작은 코드는 시스템 설정에 관한 중요한 정보를 모두 검색한다. 진행하기 전에 오류를 점검하는 것이 결코 해가 되지 않는다. 따라서 이제 그렇게 해 보자.

```
                                               chapter_10/ec2_diagram.php(발췌)
if (!$resInstances->isOK() ||
    !$resVolumes->isOK() ||
    !$resSnapshots->isOK())
{
    exit("Error retrieving system information.");
}
```

이 책에 있는 대부분 프로그램과 달리 여기서는 객체 지향 접근법을 적용한다. 필자는 EC2 지역, 인스턴스, 볼륨, 스냅샷을 표현하기 위해 클래스를 생성했다. 각 클래스에는 논리적으로 소유하거나 포함하는 객체에 대한 참조가 있다.

1. 지역은 인스턴스를 포함한다.

2. 인스턴스는 볼륨을 포함한다.

3. 볼륨은 스냅샷을 포함한다.

존재하지 않는 볼륨을 위한 인스턴스나 스냅샷에 첨부하지 않은 볼륨에 관한 정보는 저장하지 않기로 한다.

Region은 상위 레벨 객체이므로 먼저 생성했다.

```
                                               chapter_10/ec2_diagram.php(발췌)
$Region = new Region('us-east-1');
```

그다음 인스턴스 목록을 반복 처리할 수 있으며, 이를 통해서 각 인스턴스에 대한 흥미로운 어트리뷰트들을 모으고, 어트리뷰트로 Instance 객체를 생성하고 Region에 새로운 객체를 추가한다. 이의 처리 방법은 다음과 같다.

```
                                          chapter_10/ec2_diagram.php(발췌)
foreach ($resInstances->body->reservationSet->item as $itemSet)
{
    foreach ($itemSet->instancesSet->item as $item)
    {
        $instanceId       = (string) $item->instanceId;
        $state            = (string) $item->instanceState->name;
        $instanceType     = (string) $item->instanceType;
        $availabilityZone = (string) $item->placement->availabilityZone;

        if ($state != 'terminated')
        {
            $Region->AddInstance(new Instance($availabilityZone,
                $instanceId,
                $state,
                $instanceType));
        }
    }
}
```

코드에서 상태가 terminated인 인스턴스는 셧다운된 인스턴스이므로 그냥 넘어간다.

그다음 각 EBS 볼륨에 대해 같은 처리 작업을 수행할 수 있다.

```
                                          chapter_10/ec2_diagram.php(발췌)
foreach ($resVolumes->body->volumeSet->item as $item)
{
    $volumeId         = (string) $item->volumeId;
    $size             = (string) $item->size;
    $availabilityZone = (string) $item->availabilityZone;

    if ($item->attachmentSet->item)
    {
        $instanceId = (string) $item->attachmentSet->item->instanceId;
        $device     = (string) $item->attachmentSet->item->device;
```

```
        $Region->AddVolume(new Volume($availabilityZone,
            $volumeId,
            $instanceId,
            $size,
            $device));
    }
}
```

각 스냅샷에 대해서도 같은 작업을 수행한다.

chapter_10/ec2_diagram.php(발췌)

```
foreach ($resSnapshots->body->snapshotSet->item as $item)
{
    $snapshotId = (string) $item->snapshotId;
    $volumeId   = (string) $item->volumeId;
    $startTime  = (string) $item->startTime;

    $Region->AddSnapshot(new Snapshot($snapshotId,
        $volumeId,
        $startTime));
}
```

이 시점에서 데이터 구조가 만들어진다. 출력 결과가 알고 싶다면 다음과 같이 한다.

```
print_r($Region);
```

필자의 Region 클래스에는 Draw 메서드가 있다. 이 메서드는 인스턴스, 볼륨, 스냅샷을 메모리 내부 이미지로 만든다.

chapter_10/ec2_diagram.php(발췌)

```
$image = $Region->Draw();
```

최종 단계는 메모리 내부 이미지를 파일 시스템에 GIF 형식으로 쓰고, GIF를 메모리로 읽어 들인 후에 Amazon S3에 저장하는 것이다.

chapter_10/ec2_diagram.php(발췌)

```
$imageOut = tempnam("/tmp", "aws") . ".gif";
ImageGIF($image, $imageOut);
```

```
$imageOutBits = file_get_contents($imageOut);
$imageKey = 'ec2_diagram_' . date('Y_m_d_H_i_s') . '.gif';
if (uploadObject($s3, BOOK_BUCKET, $imageKey, $imageOutBits,
    S3_ACL_PUBLIC, "image/gif"))
{
    $imageURL = $s3->get_object_url(BOOK_BUCKET, $imageKey);

    print("EC2 diagram is at ${imageURL}\n");
}
```

메모리 내부 GD 이미지를 메모리 내부 GIF 이미지로 전환하는 직접적인 방법이 없으므로 이미지는 파일 시스템으로 써야 한다. 현재 날짜 및 시간과 함께 프리픽스 ec2-diagram이 추가되며, 확장자로 .gif가 붙는다.

필자가 이 프로그램을 실행했을 때 세 개의 인스턴스가 실행됐다. 인스턴스 중 하나에 세 개의 EBS 볼륨이 추가됐으며, EBS 스냅샷은 4개였다. 결과 이미지는 그림 10.6과 같다.

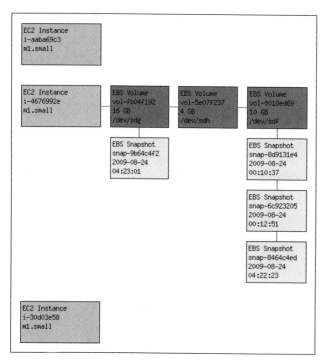

그림 10.6 실제 인스턴스, 볼륨, 스냅샷의 다이어그램

500줄의 PHP 프로그램으로 AWS 전체 자산에 접근하고, 자산 사이의 관계를 만들고, 탁월한 그림을 그렸다.

이 프로그램으로 수준이 높은 그림을 그렸으므로, 각 클래스를 살펴보자.

Region 클래스의 기본 구조는 다음과 같다.

```
                                        chapter_10/ec2_diagram.php(발췌)
class Region
{
    var $name;
    var $instances;


    public function __construct($name)
    {
        $this->Name = $name;
        $this->Instances = array();

    }
```

구성자는 Region 이름을 PHP 인스턴스 변수에 저장하고, EC2 인스턴스를 추적하기 위해 빈 배열을 생성한다. 배열은 인스턴스의 ID에 의해 인덱싱된다.

Instance, Volume, Snapshot 객체를 Region 객체에 추가하기 위해 세 개의 간단한 메서드를 사용한다. AddSnapshot 메서드는 스냅샷과 연계된 볼륨을 가진 인스턴스를 찾을 때까지 검색한다.

```
                                        chapter_10/ec2_diagram.php(발췌)
    public function AddInstance($instance)
    {
        $this->Instances[$instance->InstanceId()] = $instance;
    }


    public function AddVolume($volume)
    {
        $this->Instances[$volume->InstanceId()]->AddVolume($volume);
    }
```

```
public function AddSnapshot($snapshot)
{
    foreach ($this->Instances as $instance)
    {
        if ($instance->HasVolume($snapshot->VolumeId))
        {
            $instance->AddSnapshot($snapshot);
        }
    }
}
```

이 클래스에서 가장 흥미로운 부분은 Draw 메서드에 있다.

chapter_10/ec2_diagram.php(발췌)

```
public function Draw()
{
    $totalW = 0;
    $totalH = 0;

    foreach ($this->Instances as $instance)
    {
        $thisW = $instance->GetDrawWidth();
        $thisH = $instance->GetDrawHeight();

        $totalW = max($totalW, $thisW);
        $totalH += $thisH;
    }

    $image = ImageCreate($totalW, $totalH);
    ImageFilledRectangle($image, 0, 0,
        $totalW - 1, $totalH - 1,
        ImageColorAllocate($image, 255, 255, 255));
    ImageRectangle($image, 0, 0,
        $totalW - 1, $totalH - 1,
        ImageColorAllocate($image, 0, 0, 0));

    $startY = 0;
    foreach ($this->Instances as $instance)
    {
        $instance->Draw($image, 0, $startY);
        $startY += $instance->GetDrawHeight();
```

```
        }

        return $image;
    }
}
```

이 코드는 $instances 배열로 두 개의 단계를 만든다. 첫 번째 단계에서는 각 인스턴스의 너비와 높이를 요청한다. 이 정보는 적절한 크기의 GD 이미지 생성에 사용된다. 두 번째 단계에서 각 이미지는 적절한 위치에 그 자체를 처리한다.

Instance 클래스를 살펴보자. Region 클래스처럼 인스턴스 변수와 구성자는 매우 간단하다.

```
                                              chapter_10/ec2_diagram.php(발췌)
class Instance
{
    var $availabilityZone;
    var $instanceId;
    var $state;
    var $instanceType;
    var $volumes;

    public function __construct($availabilityZone, $instanceId,
        $state, $instanceType)
    {
        $this->AvailabilityZone = $availabilityZone;
        $this->InstanceId       = $instanceId;
        $this->State            = $state;
        $this->InstanceType     = $instanceType;
        $this->Volumes          = array();
    }
}
```

여기서 볼 수 있듯이 이 코드는 각 EC2 인스턴스의 여러 어트리뷰트를 추적한다. 각 Instance 객체는 첨부된 EBS 볼륨(볼륨의 ID로 인덱싱)을 추적한다.

EC2 인스턴스의 ID에 접근해야 하므로 접근자 메서드가 필요하고 인스턴스에 첨부된 볼륨 번호에 접근해야 한다.

chapter_10/ec2_diagram.php(발췌)

```php
public function InstanceId()
{
    return $this->InstanceId;
}


public function VolumeCount()
{
    return count($this->Volumes);
}
```

AddVolume 메서드는 새로운 볼륨을 인스턴스에 추가하고, HasVolume 메서드는 해당 인스턴스에 특정 볼륨이 첨부돼 있는지 확인한다.

chapter_10/ec2_diagram.php(발췌)

```php
public function AddVolume($volume)
{
    $this->Volumes[$volume->VolumeId()] = $volume;
}


public function HasVolume($volumeId)
{
    return IsSet($this->Volumes[$volumeId]);
}
```

인스턴스를 그리는 코드는 길어 보이지만 꽤 단순하다. 이 코드는 인스턴스를 나타내는 사각형의 윤곽선을 그리고, 사각형 안을 채우고, 일부 텍스트를 그린 후 각 볼륨 자체가 그려지게 요청한다.

chapter_10/ec2_diagram.php(발췌)

```php
public function Draw($image, $startX, $startY)
{
    ImageRectangle($image,
        $startX + LEFT_MARGIN,
        $startY + TOP_MARGIN,
        $startX + LEFT_MARGIN + INSTANCE_WIDTH,
        $startY + TOP_MARGIN + INSTANCE_HEIGHT,
        ImageColorAllocate($image, 0, 0, 0));
```

```php
ImageFill($image,
    $startX + LEFT_MARGIN + 1,
    $startY + TOP_MARGIN + 1,
    ImageColorAllocate($image, 0x66, 0xff, 0xcc));

ImageString($image,
    2,
    $startX + LEFT_MARGIN + TEXT_MARGIN,
    $startY + TOP_MARGIN + TEXT_MARGIN,
    "EC2 Instance",
    ImageColorAllocate($image, 0, 0, 0));

ImageString($image,
    2,
    LEFT_MARGIN + TEXT_MARGIN,
    $startY + TOP_MARGIN + TEXT_MARGIN + TEXT_LINE_HEIGHT,
    $this->InstanceId,
    ImageColorAllocate($image, 0, 0, 0));

ImageString($image,
    2,
    $startX + LEFT_MARGIN + TEXT_MARGIN,
    $startY + TOP_MARGIN + TEXT_MARGIN + (2 * TEXT_LINE_HEIGHT),
    $this->InstanceType,
    ImageColorAllocate($image, 0, 0, 0));

$startX += LEFT_MARGIN + INSTANCE_WIDTH;
foreach ($this->Volumes as $volume)
{
    $volume->Draw($image, $startX, $startY);
    $startX += VOLUME_GAP + VOLUME_WIDTH;
}
}
```

여기서 볼 수 있듯이 일부 기본적인 식에서 각 항목의 적절한 위치를 계산한다.

다음에 제시된 메서드는 크기를 계산한다. 이들 메서드는 인스턴스, 볼륨, 스냅샷을 그리는 데 필요한 공간(너비와 높이)을 반환한다. 너비는 볼륨의 수에 의존하고, 높이는 인스턴스의 볼륨에서 발견된 스냅샷의 최대 수에 따라 결정된다.

너비 계산 코드는 다음과 같다.

```
                                              chapter_10/ec2_diagram.php(발췌)
public function GetDrawWidth()
{
    $volumeCount = $this->VolumeCount();

    return
        LEFT_MARGIN +
        INSTANCE_WIDTH +
        ($volumeCount * (VOLUME_GAP + VOLUME_WIDTH)) +
        RIGHT_MARGIN;
}
```

높이 계산 코드는 다음과 같다.

```
                                              chapter_10/ec2_diagram.php(발췌)
public function GetDrawHeight()
{
    $maxSnapCount = $this->MaxSnapCount();

    return
        TOP_MARGIN +
        INSTANCE_HEIGHT +
        ($maxSnapCount * (SNAP_GAP + SNAP_HEIGHT)) +
        BOTTOM_MARGIN;
}
```

또 다른 간단한 메서드는 인스턴스의 볼륨에 있는 스냅샷의 최대 수를 파악한다.

```
                                              chapter_10/ec2_diagram.php(발췌)
    public function MaxSnapCount()
    {
        $maxSnapCount = 0;
        foreach ($this->Volumes as $volume)
        {
            $snapCount = $volume->SnapCount();
            $maxSnapCount = max($maxSnapCount, $snapCount);
        }
        return $maxSnapCount;
    }
}
```

Volume과 Snapshot 클래스는 Instance 클래스와 매우 비슷하므로 여기서는 이들 클래스를 설명하지 않겠다. sitepoint.com에 있는 이 책의 코드 아카이브를 참고한다.

여기 제시한 것처럼 코드는 매우 간단한 다이어그램을 그리고, 여기에는 확장할 여지도 충분히 있다. 몇 가지 아이디어를 제시하면 다음과 같다.

1. 각 인스턴스의 가용 영역과 같은 추가 어트리뷰트를 그린다(필자는 이것을 여러분이 해결할 수 있게 남겨 두었다).

2. 각 항목에 맞는 아이콘을 그린다.

3. 일래스틱 IP 주소와 같은 추가 항목을 검색하고 그린다.

4. 지역을 가용 영역별로 나누고 각 EC2 인스턴스를 적절한 영역에 둔다.

5. 인스턴스 메타데이터를 캡처하고, SimpleDB에 저장한 다음에 다이어그램의 애니메이션 버전을 그린다(시간이 지나면서 인스턴스, 볼륨, 스냅샷을 추가하고 제거했다고 가정).

6. 인스턴스의 CloudFront 메트릭을 다이어그램 일부로 캡처하고 그린다.

마무리

이번 장에서 AWS의 고급 특징 중 일부가 잘 소개됐기를 소망한다. 이번 장에서는 SimpleDB, EC2, S3, GD 라이브러리의 사용 방법을 배웠고, CSV 파일의 처리 방법도 살펴봤다. 필자는 모든 프로젝트에서 새로운 기술을 배우려고 시도한다. 이번 장에서는 데이터를 XML 형식으로 처리하기로 했고, PHP의 CSV 처리 함수를 사용했다. 필자의 이러한 시도는 새로운 함수, 라이브러리, 시스템, 언어를 배우게 되는 계기가 되고 있다. 여러분도 필자처럼 해 보기 바란다!

Amazon Web Service

11

최종 마무리: CloudList

이번 장에서는 안내 광고 애플리케이션을 만들 것이며, 그 이름을 CloudList라고 한다.
CloudList는 Amazon EC2 인프라스트럭처, S3, SimpleDB를 사용한다. 이번 장에서는 필자
의 개발 노력을 반영할 것이며, 이번 장을 통해서 애플리케이션으로 어떤 작업을 할 수 있는지
알 수 있을 것이다.

애플리케이션 설계

여기서 다룰 프로젝트는 간단한 안내 광고 애플리케이션 만들기다. 많은 도시에 있는 사용자
는 이 애플리케이션을 이용해 안내 광고를 승인하고 본다.

추적해야 할 데이터의 종류는 다음과 같다.

- 위치 : 주와 도시 목록

- 카테고리 : 안내 광고 카테고리 목록

- 항목 : 안내 광고 목록

각 광고에는 다음 필드가 필요하다.

- City

- State

- Date

- Price

- Category

- Title

- Description

- Image(전체 크기와 썸네일)

SimpleDB의 각 어트리뷰트 값은 1,024바이트로 제한돼 있으므로 설명, 이미지, 썸네일을 S3에 저장할 것이다. 간결함을 위해서 연락처 정보(이메일 주소와 전화번호)는 포함하지 않겠다.

각 유형의 데이터는 자체 SimpleDB 도메인이 필요하다. 따라서 몇 가지 괜찮은 이름을 선택한다.

cloudlist/include/cloudfunctions.inc.php(발췌)

```php
define('CL_CITY_DOMAIN', 'cl_cities');
define('CL_CAT_DOMAIN', 'cl_categories');
define('CL_ITEM_DOMAIN', 'cl_items');
```

상수 정의를 공통 파일인 cloudfunctions.inc.php에 저장하고 CloudList 애플리케이션의 모든 파일에 포함되게 한다. 이 시점에 애플리케이션의 모양과 기능을 어떻게 해야 할지 결정해야 한다. 그러나 이러한 고려 사항이 데이터 모델에 영향을 미치지는 않는다.

유틸리티 기능과 프로그램

다음 단계는 SimpleDB 도메인에 초기 데이터를 넣기 위해서 명령어 라인 유틸리티 프로그램을 만드는 것이다.

SimpleDB 도메인을 만들기 위해서 8장에 나왔던 createdomain.php 스크립트를 조금 수정해서 사용하겠다.

cloudlist/create_domain.php(발췌)

```php
    ⋮
$sdb = new AmazonSDB();

foreach (array(CL_CITY_DOMAIN,
        CL_CAT_DOMAIN,
        CL_ITEM_DOMAIN) as $domain)
{
    $res = $sdb->create_domain($domain);

    if (!$res->isOK())
    {
        exit("Create domain operation failed for domain ${domain}\n");
    }

    print("Domain ${domain} created.\n");
}
    ⋮
```

새로운 도시를 추가하는 스크립트는 다음과 같다. 실제로는 도시/주 쌍이다.

cloudlist/add_city.php(발췌)

```php
#!/usr/bin/php
<?php

error_reporting(E_ALL);

require_once('cloudfusion.class.php');
require_once('include/cloudfunctions.inc.php');

if ($argc < 3)
{
    exit("Usage: " . $argv[0] . " CITY STATE\n");
}

$city = $argv[1];
$state = $argv[2];
```

```php
$Key = $state . '_' . $city;
$attrs = array('City' => $city, 'State' => $state);

$sdb = new AmazonSDB();
$res = $sdb->put_attributes(CL_CITY_DOMAIN, $Key, $attrs, true);

if ($res->isOK())
{
    print("Added city ${city} in ${state}\n");
}
else
{
    $error = $res->body->Errors->Error->Message;
    print("Could not add city: ${error}\n");
}
?>
```

하나 이상의 카테고리 목록을 추가하는 스크립트가 필요하다.

cloudlist/add_category.php(발췌)

```php
#!/usr/bin/php
<?php

error_reporting(E_ALL);

require_once('cloudfusion.class.php');
require_once('include/cloudfunctions.inc.php');

if ($argc < 2)
{
    exit("Usage: " . $argv[0] . " CATEGORY ...\n");
}

$sdb = new AmazonSDB();

for ($i = 1; $i < $argc; $i++)
{
    $category = $argv[$i];

    $Key = $category;
    $attrs = array('Category' => $category);
```

```php
    $res = $sdb->put_attributes(CL_CAT_DOMAIN, $Key, $attrs, true);

    if ($res->isOK())
    {
        print("Added category ${category}\n");
    }
    else
    {
        $error = $res->body->Errors->Error->Message;
        print("Could not add category: ${error}\n");
    }
}
?>
```

이제 이들 명령어 스크립트를 사용해서 예제 데이터를 설정할 수 있다. 먼저, 도메인을 설정한다.

```
$ create_domain.php
Domain cl_cities created.
Domain cl_categories created.
Domain cl_items created.
```

그다음에 도시 몇 개를 추가한다.

```
$ php add_city.php Bethesda MD
Added city Bethesda in MD
$ php add_city.php Redmond WA
Added city Redmond in WA
$ php add_city.php Boise ID
Added city Boise in ID
$ php add_city.php "San Francisco" CA
Added city San Francisco in CA
```

그다음에 카테고리들을 추가한다.

```
$ php add_category.php Cars Trucks Homes Furniture
Added category Cars
Added category Trucks
```

```
Added category Homes
Added category Furniture
```

8장에서 설명했듯이 SimpleDB의 select 메서드가 호출될 때 반환되는 어트리뷰트의 크기 및 수에 따라 최대 2,500개의 결과가 반환될 수 있다. 그러나 긴 결과 목록을 만들 수 있는 SimpleDB 쿼리를 실행해야 할 것이다. 따라서 크기에 상관없이 결과를 쉽게 캡처하고 처리할 수 있는 함수를 만들어보자. runQuery 함수의 코드는 다음과 같다.

cloudlist/include/cloudfunctions.inc.php(발췌)

```php
function runQuery($sdb, $query)
{
    $next = '';
    $results = array();

    do
    {
        $res = $sdb->select($query, array('NextToken' => $next));
        if (!$res->isOK())
        {
            return null;
        }

        $next = IsSet($res->body->SelectResult->NextToken) ?
            (string) $res->body->SelectResult->NextToken
            : '';

        foreach ($res->body->SelectResult->Item as $item)
        {
            $attributes = array();
            foreach ($item->Attribute as $attribute)
            {
                $attributes[(string) $attribute->Name] =
                    (string) $attribute->Value;
            }

            $Key = (string) $item->Name;
            $results[$Key] = $attributes;
        }
    }
    while ($next != '');
```

```
        return $results;
    }
```

이 함수는 SimpleDB 쿼리를 문자열로 받아들이고, 모든 결과를 검색하기 위해 select 메서드를 여러 번 호출한 다음에 모든 결과가 포함된 PHP 연결 배열을 반환한다. 모든 도시 및 카테고리의 배열을 반환하기 위해 이 함수 주변에 매우 간단한 래퍼를 작성할 수 있다.

cloudlist/include/cloudfunctions.inc.php(발췌)

```php
function getCities($sdb)
{
    $query = "select * from " . CL_CITY_DOMAIN;
    return runQuery($sdb, $query);
}

function getCategories($sdb)
{
    $query = "select * from " . CL_CAT_DOMAIN;
    return runQuery($sdb, $query);
}
```

getCities 함수는 다음과 같은 도시 데이터를 반환한다.

```
Array
(
    [WA_Seattle] => Array
    (
        [State] => WA
        [City] => Seattle
    )
    [WA_Redmond] => Array
    (
        [State] => WA
        [City] => Redmond
    )
    ⋮
)
```

물론 새로운 안내 광고 목록을 추가하는 일은 도시나 카테고리보다 조금 더 복잡하다. 이 작업을 명령어 라인이나 웹 폼에서 처리하는 게 더 유용할 것이다. 따라서 명령어 라인이나 웹 페이지 스크립트에서 호출될 수 있는 새로운 항목을 추가하기 위해서 addCloudListItem이라는 이름의 함수를 생성하겠다.

addCloudListItem 함수에서는 4장의 thumbnailImage 함수를 사용하겠다. 이 함수를 cloudfunctions.inc.php 파일로 복사한다. thumbnailImage 함수는 THUMB_NAIL 상수에 있는 값을 사용해서 썸네일 크기를 결정한다. 따라서 이것을 cloudfunctions.inc.php 파일로 추가해야 한다.

```
                                          cloudlist/include/cloudfunctions.inc.php(발췌)
define('THUMB_SIZE', 200);
```

이미지 파일을 S3 버킷으로 업로드하기 위해서 4장의 uploadObject 함수를 재사용할 것이다. 따라서 이 함수도 cloudfunctions.inc.php 파일로 복사한다.

addCloudListItem 코드를 완전히 분석하기 위해서 하나씩 살펴보자. 먼저, 다음 내용을 살펴본다.

```
                                          cloudlist/include/cloudfunctions.inc.php(발췌)
function addCloudListItem($sdb, $s3, $city, $state, $date,
        $price, $category, $title, $description,
        $imagePath)
{
```

데이터가 SimpleDB로 가야 하므로 고유한 키가 필요하다. 일부 필드를 가져와서, 필드에 문자열을 넣은 다음 문자열의 MD5 해시를 계산한다.

```
                                          cloudlist/include/cloudfunctions.inc.php(발췌)
$Key = md5($city . $state . $date . $price . $category . $title);
```

다음 단계는 리스팅과 연계된 이미지를 처리하는 것이다. 함수의 $imagePath 인수는 원격 이미지의 URL이거나 로컬 이미지의 전체 경로 이름일 수 있다. 이것은 PHP 함수인 file_get.contents에 의해 만들어진다. 리스팅과 연계된 이미지가 없다면 인수에 null을 넘길 것이다. 이미지를 내려받고, 썸네일 버전을 생성하고, 두 이미지를 S3에 저장하는 코드는 다음과 같다.

```
                                      cloudlist/include/cloudfunctions.inc.php(발췌)
if ($imagePath !== null)
{
    $imageIn  = file_get_contents($imagePath);
    $imageMem = ImageCreateFromString($imageIn);

    $fileOut  = tempnam("/tmp", "aws") . ".aws";
    $ret      = ImageJPEG($imageMem, $fileOut, 100);
    $imageOut = file_get_contents($fileOut);
    $thumbOut = thumbnailImage($imageOut, "image/jpg");
    $imageKey = $Key . '.jpg';
    $thumbKey = $Key . '_thumb.jpg';

    if (!uploadObject($s3, CL_BUCKET,
            $imageKey, $imageOut,
            S3_ACL_PUBLIC, "image/jpeg") ||
        !uploadObject($s3, CL_BUCKET,
            $thumbKey, $thumbOut,
            S3_ACL_PUBLIC, "image/jpeg"))
    {
        return false;
    }

    $imageURL = $s3->get_object_url(CL_BUCKET, $imageKey);
    $thumbURL = $s3->get_object_url(CL_BUCKET, $thumbKey);
}
else
{
    $imageURL = null;
    $thumbURL = null;
}
```

함수의 시작 부분($key 변수)에서 SimpleDB 항목용으로 생성한 고유한 키를 조금 수정해서 S3의 이미지를 위한 키로 사용하겠다. $Key . '.jpg'를 전체 크기 이미지용으로 사용하고 $Key . '_thumb.jpg'를 썸네일용으로 사용하겠다. 이 방법이 편리하지만 안내 광고마다 하나 이상의 이미지를 처리할 수 없다는 의미이기도 한다. 이 방법이 지금은 괜찮다. 나중에 아이템당 여러 개의 이미지를 지원하고 싶을 때 쉽게 변경해서 사용할 수 있다.

항목 설명은 S3에 저장돼야 한다(여기서도 $Key 값을 다시 사용할 것이다).

```
                                    cloudlist/include/cloudfunctions.inc.php(발췌)
if (uploadObject($s3,
    CL_BUCKET,
    $Key,
    $description,
    S3_ACL_PUBLIC))
{
    $descriptionURL = $s3->get_object_url(CL_BUCKET, $Key);
}
else
{
    return false;
}
```

이제, 두 개의 이미지와 설명이 S3에 저장됐으므로 다음 단계는 안내 광고 자체를
SimpleDB에 저장하는 것이다.

```
                                    cloudlist/include/cloudfunctions.inc.php(발췌)
$attrs = array(
    'City'        => $city,
    'State'       => $state,
    'Date'        => $date,
    'Price'       => $price,
    'Category'    => $category,
    'Title'       => $title,
    'Description' => $descriptionURL);

if ($imageURL !== null)
{
    $attrs['Image'] = $imageURL;
    $attrs['Thumb'] = $thumbURL;
}

$res = $sdb->put_attributes(CL_ITEM_DOMAIN, $Key, $attrs, true);
```

위 코드는, 안내 광고에 이미지가 없으면 Image나 Thumb 배열 항목을 생성하지 않는다.

모든 것이 잘 돌아가면 함수는 true를 반환하고 문제가 있으면 false를 반환한다. 따라서 마
지막 단계는 put_attributes의 호출 상태를 점검하는 것이다.

cloudlist/include/cloudfunctions.inc.php(발췌)

```
    return $res->isOK();
}
```

addCloudListItem 함수가 처리된다.

이 함수의 명령어 라인 래퍼는 다음과 같다.

cloudlist/add_item.php(발췌)

```php
#!/usr/bin/php
<?php

error_reporting(E_ALL);

require_once('cloudfusion.class.php');
require_once('include/cloudfunctions.inc.php');

if (($argc < 8) || ($argc > 9))
{
    exit("Usage: " . $argv[0] .
        " CITY STATE DATE PRICE CATEGORY \"TITLE\" \"DESCRIPTION\" [IMAGEURL]\n");
}

// Get item info
$city        = $argv[1];
$state       = $argv[2];
$date        = $argv[3];
$price       = $argv[4];
$category    = $argv[5];
$title       = $argv[6];
$description = $argv[7];
$imageURL    = null;

if ($argc > 8)
{
    $imageURL = $argv[8];
}

$s3 = new AmazonS3();
$sdb = new AmazonSDB();
```

```
if (addCloudListItem($sdb, $s3,
    $city, $state, $date, $price,
    $category, $title, $description,
    $imageURL))
{
    print("Added item ${title} in ${city}, ${state}\n");
}
else
{
    print("Could not add item!\n");
}
?>
```

add_item.php 스크립트를 이용하면 항목을 다음과 같이 추가할 수 있다.

```
$ php add_item.php city state date price category  "Title" "Description" [image_url]
```

Get 함수를 하나 더 생성해야 한다. 다음 코드는 특정 도시와 주의 안내 광고 목록을 모두 검색한다.

```
                                              cloudlist/include/cloudfunctions.inc.php(발췌)
function getItems($sdb, $city, $state)
{
    $query =
        "select * from " . CL_ITEM_DOMAIN .
        " where City=\"${city}\" and State=\"${state}\"";

    return runQuery($sdb, $query);
}
```

테스트와 모니터링을 진행하기 위해서 세 개의 Get 함수를 모두 호출하는 유틸리티 스크립트를 작성하겠다. 애플리케이션의 나머지 부분이 원하는 대로 작동되는지 검증할 수 있다.

```
                                                                  cloudlist/dump.php(발췌)
#!/usr/bin/php
<?php

error_reporting(E_ALL);
```

```
require_once('cloudfusion.class.php');
require_once('include/cloudfunctions.inc.php');

$sdb = new AmazonSDB();

print("Cities\n");
print("======\n");
$cities = getCities($sdb);
print_r($cities);

print("Categories\n");
print("==========\n");
$categories = getCategories($sdb);
print_r($categories);

print("Items\n");
print("=====\n");
$items = getItems($sdb, "Redmond", "WA");
print_r($items);

?>
```

dump.php 스크립트는 모든 도시와 카테고리를 인쇄할 것이다. 그리고 특정 도시의 모든 항목도 인쇄할 것이다.

모든 인프라가 갖춰지면 명령어 라인 유틸리티를 사용해 항목을 삽입할 수 있다.

```
$ php add_item.php Redmond WA 2008-08-29 11000.00 Cars "Scion XB"
↪ "Mint condition Toyota Scion XB, all accessories runs great,
↪ amazing car, hate to sell it." http://upload.wikimedia.org/wikipe
↪dia/commons/thumb/c/c1/2006_Scion_xB_.jpg/800px-2006_Scion_xB_.jpg
```

새로운 항목용으로 저장된 데이터를 인쇄하기 위해 dump.php를 사용하면 다음 내용이 보일 것이다.

```
[8195daf1582a87084faf975d34e591e8] => Array
(
    [Title] => Scion XB
    [Price] => 11000.00
    [City] => Redmond
```

```
    [Description] => http://sitepoint-aws-cloud-book.s3.amazonaws.com/8195daf1582a87084f
➥af975d34e591e8
    [State] => WA
    [Date] => 2008-08-29
    [Category] => Cars
    [Thumb] => http://sitepoint-aws-cloud-book.s3.amazonaws.com/8195daf1582a87084faf975d
➥34e591e8_thumb.jpg
    [Image] => http://sitepoint-aws-cloud-book.s3.amazonaws.com/8195daf1582a87084faf975d
➥34e591e8.jpg
)
```

Image, Thumb, Description은 Amazon S3에 저장된 데이터를 링크하는 URL이므로 각
각을 웹 브라우저의 주소에 바로 붙여 넣어 내용을 검증할 수 있다.

웹 게시

데이터 포맷을 설계하고, 항목을 읽고 쓰는 코드를 생성했으므로 그것을 웹에 올리는 일은 매
우 쉽다. 여기서 컨트롤러 스크립트는 cloudlist.php다. 먼저, 이 스크립트는 모든 도시와 주의
배열을 조립하고, URL 쿼리 문자열에 명시한 도시와 주를 찾을 것이다. 하나를 찾으면 분류
된 모든 항목으로 된 배열을 조립할 것이다. 한 단계씩 살펴보자.

```
                                                            cloudlist/cloudlist.php(발췌)
<?php

error_reporting(E_ALL);

require_once('cloudfusion.class.php');
require_once('include/cloudfunctions.inc.php');

// Get city and state from request
if (IsSet($_GET['city']) &&
    isSet($_GET['state']) &&
    preg_match("/^[A-Za-z\+ ]{1,}$/", $_GET['city']) &&
    preg_Match("/^[A-Z]{2}$/",       $_GET['state']))
{
    $currentCity = urldecode($_GET['city']);
    $currentState = urldecode($_GET['state']);
```

```
    }
    else
    {
        $currentCity = null;
        $currentState = null;
    }
```

이 웹 페이지는 URL 쿼리 스트링에서 city 매개변수와 state 매개변수를 받아들인다. 따라서 첫 번째로 하는 일은 매개변수들을 검증하고 캡처하는 것이다. city 매개변수와 state 매개변수가 유효한 문자를 가졌는지 확인하기 위해 preg_match 함수가 사용된다. 이 검증은 중요한 단계로서 잘못된 데이터가 입력되는 것을 방지한다.[1]

코드는 SimpleDB에 접근할 것이며, 접근 객체를 생성할 필요가 있다.

cloudlist/cloudlist.php(발췌)

```
$sdb = new AmazonSDB();
```

이미지와 설명이 S3에 저장되더라도 S3 객체는 필요치 않다. 그 이유는 적절한 URL에 대한 GET 요청을 사용해서 이미지와 설명에 접근할 것이기 때문이다.

도시 목록이 필요하다.

cloudlist/cloudlist.php(발췌)

```
$cities = getCities($sdb);
```

그다음으로, 지정한 도시 및 주와 일치하는 항목 배열을 조립해야 한다($itemCat). 도시와 주가 지정되지 않으면 배열은 비게 된다. 또한, 배열을 재조직화해서 항목이 카테고리값에 의해 범주화되게 한다.

cloudlist/cloudlist.php(발췌)

```
$itemCat = array();
if ($currentCity != '' && $currentState != '')
{
    $items = getItems($sdb, $city, $state);
    foreach ($items as $Key => $attrs)
```

---

1   SimpleDB의 select 함수는 한 개의 문장만 수락하므로 전통적인 SQL 인젝션 공격은 불가능하다. 그러나 중요한 입력 데이터를 항상 검증하는 것이 최선이다.

```
    {
        $category = $attrs['Category'];
        if (!IsSet($itemCat[$category]))
        {
            $itemCat[$category] = array();
        }
        $itemCat[$category][$Key] = $attrs;
    }
}
```

컨트롤러 스크립트가 마지막으로 하는 작업은 HTML 템플릿을 포함하는 것이다.

cloudlist/cloudlist.php(발췌)

```php
include 'cloudlist.html.php'
?>
```

템플릿은 세 개의 메인 항목을 생성해야 한다. 위치 메뉴, 새로운 항목을 추가하는 링크, 카테고리에 의해 나누어진 항목의 목록이 그것이다. 먼저, 메뉴와 새로운 항목 링크를 보자.

cloudlist/include/cloudlist.html.php(발췌)

```php
<!DOCTYPE html PUBLIC "-//W3C//DTD XHTML 1.0 Strict//EN"
    "http://www.w3.org/TR/xhtml1/DTD/xhtml1-strict.dtd">
<html xmlns="http://www.w3.org/1999/xhtml" xml:lang="en" lang="en">
    <head>
        <title>CloudList Classified Ad System</title>
        <link rel="stylesheet" type="text/css" media="all" href="css/styles.css" />
    </head>
    <body>
        <h1>CloudList Classified Ad System</h1>
        <div id="menu">
            <ul>
                <?php foreach ($cities as $Key => $attrs):
                    $menuCity = $attrs['City'];
                    $menuState = $attrs['State'];
                    $link = "?city=" . urlencode($menuCity) . "&state=" .
                        urlencode($menuState);
                    $menuClass = (($currentCity == $menuCity) &&
                        ($currentState == $menuState)) ? "activemenu" : "menu";
                ?>
                    <li class="<?php echo $menuClass; ?>">
```

```
            <a href="<?php echo $link; ?>"><?php
                echo "${menuCity}, ${menuState}"; ?></a>
            </li>
        <? endforeach ?>
        </ul>
        <p id="newitemlink">
            <a href=\"add_form.php\">Add new item …</a>
        </p>
    </div>
```

위 코드는 모든 도시를 인쇄하기 위해 foreach 반복문을 사용한다. 도시 목록이 순서대로 돼 있지는 않으며 각 항목은 링크를 포함한다.

```
<a href="?city=Redmond&state=WA">Redmond, WA</a>
```

현재 도시가 일치하면 메뉴 항목에 특수한 activemenu class 값을 할당한다. 이처럼 현재 보이는 도시를 메뉴에 나타내기 위해 비주얼 스타일을 추가할 수 있다.

마지막 요소는 분류된 새로운 목록을 추가하기 위해 사용된 폼의 링크다. 애플리케이션의 이 부분을 곧 살펴볼 것이다.

마지막으로 처리할 일은 항목 목록과 형식을 적절하게 출력하는 것이다.

cloudlist/include/cloudlist.html.php(발췌)
```php
<div id="items">
<?php foreach ($itemCat as $category => $items): ?>
    <div class="category">
        <h2><?php echo $category; ?></h2>
        <?php foreach ($items as $Key => $attrs): ?>
        <div class="item">
            <h3><?php echo $attrs['Title']; ?></h3>
            <?php if (IsSet($attrs['Thumb'])): ?>
            <a href="<?php echo $attrs['Image']; ?>" target=\"new\">
                <img src="<?php echo $attrs['Thumb']; ?>"/>
            </a>
            <?php endif ?>
            <p class="date">Listed <?php echo $attrs['Date']; ?></p>
            <p class="price">Priced at
                $<?php echo number_format($attrs['Price']); ?></p>
            <p class="desc">
```

```
            <?php echo file_get_contents($attrs['Description']); ?>
            </p>
        </div>
        <? endforeach ?>
        <div class="clear"></div>
      </div>
    <? endforeach ?>


    </body>
</html>
```

위 코드는 두 개의 중첩된 foreach 반복문을 사용해서 모든 항목을 목록으로 표시하며, 카테고리에 의해 범주화한다. URL에 city 인수와 state 인수가 있으면 항목의 배열이 의존한다. 물론 배열이 비어 있으면 city 메뉴만 볼 것이다.[2]

S3에서 설명을 검색하기 위해 file_get_contents를 사용했다. 필자는 S3 API를 사용했지만 여기서는 그렇게 할 실질적인 이유가 없다.

CSS 스타일을 추가하고 싶으면 그렇게 해도 된다. 필요한 것이 있으면 이 책의 코드 아카이브에 있는 CSS 파일(cloudlist/css/styles.css)을 참고한다.[3]

그림 11.1은 최종 페이지이다.

2　이번 장에 제시한 코드를 조금만 수정하면 주별로 표시하거나 주의 도시별로 표시할 수 있다. 이 작업은 여러분의 몫으로 남겨둔다.

3　필자는 연한 회색에서 검은 갈색의 범위에 속한 색상을 선택했지만, 여러분은 여러분이 원하는 톤을 선택하면 된다.

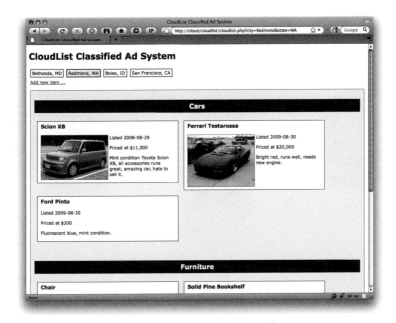

그림 11.1 WA, Redmond의 CloudList 페이지

새로운 항목 승인 폼

Add new item… 링크는 add_form.php 스크립트로 링크한다. 이 스크립트는 HTTP GET 이나 HTTP POST를 통해 호출되며, 각 메서드에 대해 다르게 작동한다. GET으로 호출되면 빈 폼이 생성된다. POST로 호출되면 SimpleDB와 S3에 새로운 항목 폼 값을 저장한다.

코드는 다음과 같다.

```
                                                        cloudlist/add_form.php(발췌)
<?php

error_reporting(E_ALL);

require_once('cloudfusion.class.php');
require_once('include/cloudfunctions.inc.php');

$s3 = new AmazonS3();
$sdb = new AmazonSDB();
```

```
if (isset($_POST['formsubmit']))
{
    : process POST data...
}
else
{
    $cities     = getCities($sdb);
    $categories = getCategories($sdb);
    include 'include/addform.html.php';
    exit(0);
}

?>
```

스크립트는 승인된 값인 formsubmit를 찾는다. 이 값이 있으면 폼은 승인돼야 하며, 그다음에 폼 데이터 처리 작업을 진행할 수 있다. 값이 없으면 빈 폼이 표시된다. 폼 처리 코드를 잠시 후에 살펴볼 것이다.

GET 요청에 반응하기 위해서 위의 코드는 데이터베이스에서 모든 도시와 카테고리를 검색한다. 그다음 HTML 템플릿을 출력한다. 템플릿을 살펴보자.

```
                                           cloudlist/include/addform.html.php(발췌)
<!DOCTYPE html PUBLIC "-//W3C//DTD XHTML 1.0 Strict//EN"
    "http://www.w3.org/TR/xhtml1/DTD/xhtml1-strict.dtd">
<html xmlns="http://www.w3.org/1999/xhtml" xml:lang="en" lang="en">
    <head>
        <title>CloudList Classified Ad System -- Add Item</title>
        <link rel="stylesheet" type="text/css" media="all" href="css/styles.css" />
    </head>
    <body>
        <h1>CloudList Classified Ad System -- Add Item</h1>
        <p>Please enter the new item information.</p>
        <form method="post" enctype="multipart/form-data" action="?">
            <input type="hidden" name="formsubmit" value="1"/>
            <input type="hidden" name="MAX_FILE_SIZE" value="2048000"/>
```

업로드한 파일을 처리해야 하므로 enctype에는 multipart/form_data 값이 있어야 한다. 또한, 앞에서 언급했듯이 formsubmit 필드에 의해 폼 프로세싱이 시작되므로 히든 필드인

formsubmit도 추가해야 한다. 또한, MAX_FILE_SIZE라는 히든 필드로 필요하다. 이는 최대 파일 크기를 2MB로 보장하기 위해서다. PHP의 제한 사항(php.ini의 upload_max_ filesize 변수)도 하나 있다. 최대 업로드 크기가 수용될 수 있게 PHP 제한이 이 파일의 제한 만큼 커야 한다.

HTML의 나머지 부분은 모든 폼 필드를 표시한다. 여기에는 위치와 카테고리 필드를 처리 하기 위한 〈select〉 메뉴도 포함된다.

```
                                   cloudlist/include/addform.html.php(발췌)
        <div>
            <label for="title">Title:</label>
            <input type="text" name="title" id="title" />
        </div>
        <div>
            <label for="price">Price:</label>
            <input type="text" name="price" id="price" />
        </div>
        <div>
            <label for="desc">Description:</label>
            <textarea rows="8" cols="40" name="description" name="desc"></textarea>
        </div>
        <div>
            <label for="category">Category:</label>
            <select name="category" id="category">
            <?php foreach ($categories as $Key => $attrs): ?>
                <option value="<?php echo $Key; ?>">
                    <?php echo $Key; ?>
                </option>
            <?php endforeach ?>
            </select>
        </div>
        <div>
            <label for="statecity">Location:</label>
            <select name="statecity">
            <?php foreach ($cities as $Key => $attrs):
                $city = $attrs['City'];
                $state = $attrs['State'];
            ?>
                <option value="<?php echo $Key; ?>">
                    <?php echo "${city}, ${state}"; ?>
                </option>
```

```
                    <?php endforeach ?>
                    </select>
            </div>
            <div>
                <label for="statecity">Photo (optional):</label>
                <input type="file" name="image"/>
            </div>
            <div>
                <input type="submit" value="Add"/>
                <a href="cloudlist.php">Cancel &amp; return ...</a>
            </div>
        </form>
    </body>
</html>
```

그림 11.2는 폼이다. 폼은 간단하게 구성돼 있다.

그림 11.2 Add Item 폼

폼 처리 코드를 만드는 일은 간단하다. 많은 일을 처리하는 addCloudListItem 함수를 이미 작성했기 때문이다. 승인을 처리하는 코드는 다음과 같다.

```
                                              cloudlist/add_form.php(발췌)
    ⋮
if (isset($_POST['formsubmit']))
{
    $stateCity   = $_POST['statecity'];
```

```php
$price       = $_POST['price'];
$category    = $_POST['category'];
$title       = $_POST['title'];
$description = $_POST['description'];

$date = date('Y-m-d');

$state = substr($stateCity, 0, 2);
$city  = substr($stateCity, 3);

if (isset($_FILES['image']) &&
    is_uploaded_file($_FILES['image']['tmp_name']))
{
    $imagePath = $_FILES['image']['tmp_name'];
}
else
{
    $imagePath = null;
}

$success = addCloudListItem($sdb, $s3,
        $city, $state, $date, $price,
        $category, $title, $description,
        $imagePath);

include 'include/addthanks.html.php';
exit(0);
}
⋮
```

여기서 마술이 일어나지 않는다. 폼은 도시와 주를 단일 스트링으로서 보낸다. 따라서 우리는 substr 함수를 사용해서 도시와 주를 처리한다. 폼에는 옵션 사진을 위한 파일 선택 기능이 포함된다. 파일이 명시됐다면 그 파일을 로컬 파일로 사용할 수 있으며, 이름은 $_FILES['Image']['tmp_name']으로 처리된다. URL이나 로컬 파일을 처리하기 위해 addCloudListItems를 만들었다는 것을 기억하는가? 이번에는 로컬 파일이 사용될 것이다.

인정하건대 여기서 데이터 검증 및 오류 보고서 작성은 조금 부족하다. 폼 매개변수를 검증한 다음에 적절한 오류 메시지로 폼을 다시 생성하려면 더 정교한 애플리케이션이 필요하다. 이것은 여러분의 몫으로 남겨둔다.

폼 승인이 처리되고 난 후 마지막으로 할 일은 승인에 성공했을 때 감사 메시지를 표시하는 것이다.

cloudlist/include/addthanks.html.php(발췌)

```
<!DOCTYPE html PUBLIC "-//W3C//DTD XHTML 1.0 Strict//EN"
    "http://www.w3.org/TR/xhtml1/DTD/xhtml1-strict.dtd">
<html xmlns="http://www.w3.org/1999/xhtml" xml:lang="en" lang="en">
    <head>
        <title>CloudList Classified Ad System -- Add Item</title>
        <link rel="stylesheet" type="text/css" media="all" href="css/styles.css" />
    </head>
    <body>
        <h1>CloudList Classified Ad System -- Add Item</h1>
        <?php if ($success): ?>
        <p>New item accepted. Thanks!</p>
        <?php else: ?>
            <p>New item not accepted!</p>
        <?php endif ?>
        <p><a href="add_form.php">Add another...</a></p>
        <p><a href="cloudlist.php">Home</a></p>
    </body>
</html>
```

마무리

여기서는 완전한 기능을 갖춘 것이 아니라 간단한 안내 광고 시스템을 만들었으며, 필자가 그렇게 했다는 것을 독자 여러분도 동의할 것으로 확신한다! 필자는 강력한 성능의 AWS를 활용한다면 500줄의 PHP 코드만으로 더 많은 기능을 구현할 수 있다고 믿는다. 스토리지는 Amazon SimpleDB와 S3의 조합에 의해 처리되므로 이번 장에 나온 애플리케이션은 수십만 명의 사용자와 수백만 개의 항목을 처리할 수 있다. 단일 SimpleDB 도메인에 대해서 요청 속도가 너무 빨리 증가하면 항목을 여러 개의 도메인으로 쉽게 분산할 수 있다. 아마 주당 하나 또는 도시당 하나로 할 수 있다. S3는 이미지를 직접 처리할 수 있을 정도로 충분한 용량과 성능을 가지고 있지만, 실제 애플리케이션에서는 CloudFusion을 사용할 것을 권고한다. 그렇게 하면 사용자가 이미지를 더 빨리 볼 수 있기 때문이다.

이번 장에서 다룬 애플리케이션을 더 크게 만든다고 하더라도 운영 상의 복잡성은 최소한으로 유지될 것이며, 남은 시간을 기능 추가, 마케팅, 사용자 편의성 확보에 들일 수 있을 것이다. 필자가 생각하기에, 클라우드 컴퓨팅이 여러분에게 줄 수 있는 훌륭한 예가 바로 이것이다.

•찾아보기•